北京故人

时光深处的北京文化

徐德亮 著

中国工人出版社

目　录　c o n t e n t s

c o n t e n t s

话剧、保安、导演及第一次热搜

如果拿京剧和话剧相比较来做文章，能写厚厚一本大书。话剧从京剧中吸取营养，从而成为中国的演剧学派，相关学术文章和史料已经很多。京剧从话剧中吸取营养，有价值的学术文章，我还没有看到，但新编的京剧大多会得到“话剧加唱”的评论。如果抛出一个“京剧观众多还是话剧观众多”的话题，大概也会引起讨论或争论，因为虽然都属小众，但各有一批“死忠”的粉丝……但我个人认为，不可否认的是，京剧和话剧，都已经式微了。

其实我挺爱看话剧的，大约三十年前，我妈就带我去看过人艺的《李白》，那时候我还在上小学，可能是第一次进首都剧场看话剧，所以印象中很多情节都模糊了。记得非常清楚的，一个是李白那句“王八蛋”——带起了剧场里的第一次热烈的掌声；一个是李白最后在白月光的后边摆个姿势，表示死去——让“艺术处理”这四个字咣当一下撞在我的脑袋上，那时候，我只知道李白是赴水捞月而死的；还有一个印象深刻的，就是节目单上印的（当然剧里也有）四句诗：“举头青冥天，低头绿水澜，有酒邀庄子，无诗赠屈原。”当时我觉得写得真好，过目感于心则成诵，直到现在还记得清楚，后来看李白的诗集，才知道是编剧改的，或者说叫化用李白自己的诗，当然也化用得非常妙。

我记得够清楚的无非就这三点；不过也差不多了，那会儿我才多大啊。

去年，我在首都剧场主持一个北青报主办的戏曲普及活动，濮存昕老师作为剧协主席讲话，大意是说“我们年轻时也是看了老艺术家们的表演才爱上戏剧的”，我接了一句：“二十多年前，我也是看了您演的《李白》而爱上话剧的！”当时是一个大“包袱”，观众都乐了，因为看上去我比濮哥岁数还大。其实我说的还真是实话。

大概在《李白》之前，我记得我妈还带我去人艺看过一次话剧，是写球迷的，韩善续主演，当时我更小，也不懂足球，所以对这个戏的印象就更加模糊了。不是戏不精彩，我记得是喜剧，观众一次次哈哈大笑。有一个桥段我记得很清楚：主角球迷的媳妇跟两个不认识的球迷聊天，就跟说三人相声似的。说到球赛胜利了球员把球衣扔向观众，媳妇说：“上次我爱人抢了一件几号的球衣……”两边两个人立刻眼都瞪圆了。媳妇接着说：“说是谁谁谁的。”两个人都露出了“贪婪”的表情，嘴里说着：“对对对。”媳妇说：“就给拿家来了。”两个人一左一右立刻拉住了媳妇的手，激动得上下晃动，一齐说：“祝贺你呀！”媳妇有点不知所措，接着说：“我一看，汗味挺大的，也挺脏的，就给洗了……”两人一齐做出万分失望的表情，一齐把手一摔，“嗨！”了一声，失望地说：“洗了就不是原装的了。”

后来再大一点，我就不爱看了，主要是觉得有的话剧说话的味道太酸。上大学期间，我加入了我至今热爱的北京大学京剧昆曲爱好者协会，自称“京昆社的”，经常对北大剧社的同学们表示鄙视，管他们叫“话剧队儿的”——这个儿化音真是加得出神入化，让那些成天酸了吧唧、自以为是、神神经经的哥们姐们很郁闷。当然，这还是开玩笑的成分占大多数，就像每次见着清华的哥们儿，我都要对他们做出鄙视——就为让他们骂我一顿。

再往后，我又对话剧文学进行了一些深入的学习，包括我学萨特都是从学他的戏开始的，于是，对话剧又有了兴趣，再后来，看了于是之的书，对话剧尤其是人艺的话剧，颇为高看一眼。

没想到的是，我们京昆社的社长女朋友，后来升为社长夫人，也是话剧队儿死忠成员的孙丹进入人艺工作，还高升为人艺宣传处的处长。而且就是她，介绍了她的同事——宣传组画画的郭娜跟我认识，从而成就了我们这一段好姻缘。我也成了人艺女婿，我和人艺的缘分也就接续上了。

班赞和我是怎么加上微信好友的我已经忘了，大概也就是在我去我媳妇办公室玩的时候认识的，他头大如斗，长相幽默，若论言谈，要多轻松就有多轻松，但要多深刻也能多深刻。加上之后，他看到我们的微信朋友圈里有个共同的好友，李燕先生的女儿李欣磬，这才聊起来。他才知道我是李燕先生的入室弟子，是李欣磬的师弟；我才知道他是李欣磬中央戏剧学院的同学。

我们虽然加了好友，平时聊得也并不多，有一段时间，我苦练书法，写各体的楷书，常在朋友圈晒，收获了不少赞。班赞有一天忽然给我回复：还是要叠格儿。

我从小学书法，练了三十多年，虽然说实话自己非常不满意，但被别人说还是有点儿不痛快。尤其是，叠格儿这种事往往是跟初学者说的，跟我说这个，我就觉得他没看出我是行家来。后来仔细想想，他说得非常对，而且一针见血。

我写字，从大学以后就基本不叠格儿了，但确实不工整，后来不怎么写楷书了，就更不叠格儿了。这回重头再练楷体，当然应该在弱项上下功夫——而且叠了格儿之后再练，果然有很大的进步。我想，这位班赞兄在书法上也是内行啊。

后来看了他在人艺后台小黑板上写的字，果然，果然！

班赞是1978年生人，比我大点儿，当过兵，1999年考入中央戏剧学院表演系，毕业后就进了北京人艺，当然是以演员的身份进入的。他演了好多人艺的戏，如《茶馆》《天下第一楼》，而且他演老北京人，就那么像老北京人，但他并不是北京人，用他的话说，这全是“演”出来的。他也演过人艺的外国剧目，就那么像外国人，当然这都是演出来的。

人艺的演员都得从小角色开始演，人艺有句话，没有小角色，只有小演员，班赞在《知己》里演过家丁，一句台词没有，也在《哗变》里演过陪审员，也没什么戏份。在排练场，他还帮着抬道具、搞舞美，就那么不像艺术家。

他在《北街南院》里演了个保安，戏不多，却很出彩。后来在电影《十二公民》中，他也演了一位保安。有一回，班赞穿着保安的衣服在剧场排练，嗓子不舒服，去找大夫拿药。大夫一看见他，就说：“你们保安不归我们这儿管。”

我与我夫人郭娜合作写了一部书叫《人艺海报的故事》，通过郭娜十几年来画的人艺的海报，讲这十几年来人艺排戏的故事。人艺的老艺术家的故事，于是之啊，曹禺啊，写得都太多了，倒是这十几年来，盯在剧场第一线的演员，没什么人写。

先写采访谁呢？跟班赞熟，自然先采访他。跟他约好了时间，他在一楼排练厅排完戏之后，上到三楼，在我媳妇办公室里，我们足足聊了一个多小时。我们聊了很多人艺排戏时的故事，也让我对班赞有了更深的了解。

班赞在经典的《茶馆》中演黄胖子一角，就是第一幕来给打架的两拨儿人“了事”的那个胖子，戏不多，但是很出彩。

我问他：“你们演《茶馆》，是什么感觉啊？”我觉得他应该说，能学到很多东西，很有成就感，等等。没想到班赞说：“我演《茶馆》？那就是一部血泪史啊！”

啊？这话把我都吓了一跳，为什么呀？

班赞演黄胖子是因为以前的演员去世了，他来接班。他说，就像一个小船在水里漂着，没有灯塔，不知道怎么演。

我问：“《茶馆》多经典呀，连电影都有，还有后来多少场经典录像，你照录像演不就得了吗？”

班赞说，不同演员，都是一人有一人的演法，虽然词都相同，可处理方式细看之下每人都不同。年轻演员刚一开始，你按哪个演？而且现场还有人给你说戏呢！除了导演之外，和你同台的有无数个菊隐，张菊隐、李菊隐、王菊隐……人家辈分比你高，年龄比你大，经验比你多，名气比你大。都在历次《茶馆》复排时演过，见过不同时期的各种高人。都给你说，一人一个说法，你怎么办？

我问：“这不是非常好的学习机会吗？”

班赞说：“是，但是人就分裂了。”

比如有一句词：“有我黄胖子在，谁也打不起来。”

剧本上，三版录像，都没有这个“在”字。

但是之前的一次复排，黄胖子有这个“在”字。同台的有些老同志，因为他听习惯了，非让班赞把“在”字加上。有这个“在”字和没这个“在”字，也许观众感觉不出什么，但演员的“劲头儿”是不一样的。

我说：“不就一个字吗？说不说没关系啊。”

他就立刻有点激动："那就不要谈什么对人艺的继承和发展了！"

班赞对艺术是热爱的，对人艺是虔诚的，而且水平确实高，后几年他又做了人艺的导演，也是任鸣院长着重培养的人艺"自己的导演"。

任院很信任人艺的演员，他说，能在中戏读四年，又能在人艺演很多角色的演员，不应该是一个没想法的演员。他们不但能当演员，还能当导演，他们现在也都开始导戏。

将来导成什么样，他们在导演方面能取得什么样的成就，那单说。但是他们导戏绝对对他们演戏有一万个好处！怎么把握人物？怎么理解剧本？怎么去创造？怎么去想象？他反过来再演戏，那可就不是一个演员在演戏了，他就有第二思维了，那演戏可比一般的人要厉害多了。

人艺有"青年导演计划"。包括班赞、闫锐、王斑、杨佳音、唐烨、韩清，都是。这些人真是从实践中杀出来的，导演系出来的导演是从书本、课堂、小品上杀出来的，而这帮人在人艺演了多少戏？一个戏一个戏地滚，而且他们本身的表演就传承着人艺的风格。

班赞当导演，导了几个戏，也获得了很大的成功。

后来，我写了一个很有京味风格的话剧《天命》，想导演人选的时候，我第一个就想到了班赞，制片人跟他联系的时候，他只有一个问题：为什么不是徐老师直接找我？

我们一起在小饭馆吃了个饭，评剧本，说设想，定演员，他真是个干活的人！

可惜，还没开始排练的时候，他忽然打了退堂鼓，说最近身体不太好，剧院里还有戏要演，两头跑怕身体吃不消，只好把我这头舍了。我素知他身体确实不太好，也是没办法的事。他一再说，这次本子这么好，不导可惜了，以后一定再给我导一出戏，先欠着我的。

忽然有一天，他在微信上跟我说："以后我得叫您师哥了，李燕先生已经答应收我为徒。"我大喜，说："太好了，以后更是一家人了，您千万别客气，您比我大，还是您做师哥。等您正式入门了，我请您吃饭。"

但没过多久，这顿饭还没吃上的时候，2019年9月3日上午，我正在首都经贸大学参加一个大型演出的联排，晚会总导演正是李欣磬，在导演席忙得不亦乐乎。我正在后台备场，忽然接到了我媳妇的电话，带着哭音儿说：“班赞没了。”

吓了我一大跳！因为首都剧场正在演出《玩家》，班赞在剧中出演重要角色魏有亮，每天晚上都演着呢，怎么就能没了呢？

我媳妇说：“好像是昨天夜里，心脏病，现在院领导什么的全去医院了。”

正好李欣磬的助手来催我上场了，我说先不说了，先演出。挂了电话，我冲旁边李欣磬的助手木然地念叨：“班赞没了。”

他也大惊，啊？

等我演完下来，头一件事就是找到他，跟他说：“千万别让李欣磬知道。”

她现在正是忙的时候，灯光、音响、演员、舞美、主持人、摄像……事全都在她身上，这时候她可不能分心。

当天，班赞的死，就在话剧圈里刷屏了，还上了新浪微博的热搜。而当晚，《玩家》依然还要演，戏比天大。

原来在凌晨一点多的时候，还没睡觉的演员队队长冯远征接到班赞病情的信息，和爱人梁丹妮一起往医院赶，在路上就跟几位院领导联系了，为了不影响《玩家》晚上的演出，立刻确定接替班赞的演员并通知其他有关演员第二天一早来排练。话剧，不是换一个人的事，是整出戏都要重新熟，重新顺。他们要把最好的状态和演出奉献给所有观众，也以此告慰在天上的好伙伴班赞。

这种情况下紧急排练的心情，大家能理解吗？每个人的心情都非常沉重悲痛，但大家都要入戏，该哭的哭，该笑的笑，而且要全力配合着临危受命的青年演员杨明鑫——这个角色的戏份很重啊！

傍晚，走进剧场的观众纷纷在人艺大堂的《玩家》大海报前合影，那个海报上是所有玩家演员的带妆照。我和班赞没有合影，但这个大展板上“玩家”两个书法字是我题写的，我上次去看戏时，跟这个大展板前边照了，也等于跟他合过影了吧。

晚上七点半，开场的钟声响起，大幕照常拉开，演出开始，演出顺利进行，演出结束。只是在谢幕时，很多演员泪流满面。

9月4日凌晨两点，濮哥发了微信朋友圈：

此时是班赞离开我们整一天的时刻，他的灵魂大概知道我们很多人在念着他。我数不清他来剧院演了多少角色，我眼前一下子会出现《白鹿原》中他拿着枪逼视我，又口念“天灵灵地灵灵……”，《原野》里他鬼鬼祟祟地走进金子家的身影，《茶馆》第一幕的黄胖子，《大将军寇流兰》中搀着我给一叠手纸让我偷偷擦汗……太多的同台演对手戏，他投入从不走神偷懒。他常与我在传达室门口相遇，骑着小电动车，一照面笑呵呵的，大脸庞一片真诚，若说他留下的最典型的表情就是没脱离学生般的谦笑。记忆中他也愤怒和急过，不记得什么事了，反正是为了别人的正义公平。他似乎不在乎别人看不看得起他，悄悄地与小爱人携手干起了导演，故事越讲越好，《伊库斯》是他导的第三个还是第四个戏，设计创意很有想法，在他指导下剧院出了一个好演员佳骏，我相信他一定很感激班赞。我真心地说我心目中人艺的后起之秀有班赞。

白发人送黑发人，真是不好，他告诉我们生命可以这么轻易地不经意就走了。只有一条还不错，没受大罪，但我们怀念他是因为对他充满希望，他若十年二十年后会多么了不起，真的，他会演戏，台词不是念，是很生动、准确、有人物的。

午夜两点了，不写了，他正躺在冰柜里，不知会不会感到冷。我要哭了——安息吧，老班（我常这样唤他）！

过了几天，我在我的《徐徐道来话北京》节目中，赶制出了一期纪念班赞的节目，这不仅是我对他的纪念，也是人艺同仁对他的纪念，更是话剧观众对他的纪念。在节目最后，我说：他是能成为于是之、林连昆的，但是没机会了。现在那些只会念“1234”的所谓流量明星，打个哈欠都能上热搜，而像他这样的演员，因为去世才第一次也是最后一次上热搜，不应该这样。

常宝华访谈

常宝华官称常四爷，我们亲切地称他为“四爷”——强调一下，在北京话里，这个“爷”字是轻声。

我应该管他叫师爷，他老说，不要叫师爷，叫老常，我还是个年轻人嘛！我就问：“老常，多大啦？”他说：“还小呢，才四十……公岁。”我再“翻”这个包袱：“哦，八十啦？”他再“缝”一个“楼上楼儿”：“嗯，那离死也远着哪！”

年轻演员都喜欢跟常四爷逗，有一回，王玥波当着常四爷的外孙子、相声演员杨凯给常四爷打电话：“喂，是大华吗？”杨凯在旁边自己念叨：“我姥爷又年轻了。”

常四爷解放以前在启明茶社演出了很多年，打下了坚实的传统相声基础，解放以后参军，一直在部队，后来给侄子常贵田捧哏，直至退休。是我国著名相声表演艺术家。

他的相声，我从小听得不多，因为当时“二常”的传统相声录音数量不多，新相声的内容以军营生活为主，电台里放得不多。而且常四爷主要是捧哏，虽然很出彩，但和逗哏能表现出来的艺术状态终究不一样。后来他退休以后和赵世忠搭档，在小剧场说了很多段传统相声，那是真让内行人服气的。尺寸、劲头、包袱、气口，以至于气质、风骨，都是绝佳的。

他由于解放前一直在相声家庭中生活，自己又以相声为生，接触的都是真正的相声艺术，水平非常高；但也对相声界或者说江湖里那些乱七八糟的事非常了解，甚为排斥。参军之后，他在部队的大熔炉中锻炼自己，学习文化，提高政治素养。可以说，他的综合素质比很多说相声的要高出不止一个层次。

也正因为这样，有些行里人对他不理解：都是江湖人，用过去的话说，都是臭下三滥，你们常家也是相声一大户，相声里什么事没有你们？现在你跟我唱什么高调、讲什么政治？

常先生也不争论，有的时候只是善意地指出其他人的不足，给出自己的建议，至于听不听，那是您的事，我的责任尽到了，如此而已。

我和他接触得不太多，但就我的认知来说，我认为，他是好人，是非常好的人。

他给我聊过“活”，就是讲解过节目；他给我“下过挂”，就是教过我；也给我指点过方向。我们也聊过一些相声的典故、内幕，还有他对一些人和事的看法，这些都是不便于落在文字上的。但“启明茶社”这个研究相声史不可避免的关键点，还是应该详细记录下的。为了便于行文，就以“答问”的形式记录如下吧。老先生已经过世，或有当时记录的不清之处，或因他的口误我没校正出来的，责任在我，请各位读者原谅。

徐：聊聊“启明”吧，它是怎么产生的？

常：那是在1937年，那时候我还跟着我大哥（常宝堃）在天津，我才7岁，我大哥已经红了，他11岁就红了。我父亲（常连安）在北京带着我二哥（常宝霖）说相声，他给我二哥捧。我三哥（常宝霆）刚刚起步，还没有起色。他们在新罗天游艺社演，后来改叫“开明”，再后来改叫“民主”，就在珠市口那儿。

在那个时候，有个观众跟我父亲说：“你们怎么不自己搞一个啊？”我父亲说：“您说得倒容易，自己搞没有本钱，再说我们赚了没得说，赔了我们可赔不起。”他说：“我给你们介绍一个地方，西单北边有个空地，你可以看看，咱一块研究研究，你就搞，赔了算我的，赚了算你的。”这个人爱好相声，又是比较有钱的。

后来我父亲就跟着那个人去了，一看，是个不错的地方，就开始筹划怎么盖起来——那时候盖房是很简易的，那边靠着墙垛子，这边围着厚的三合板，就盖起来了，里边也就能坐个一两百人，不是很多。

徐：相声史上著名的启明茶社相声大会就开始了！

常：不是，一开始，不是相声大会，是演曲艺。有高德明、绪德贵二位先生的相声，魏喜奎、郭小霞、曹宝禄，这都是鼓曲的名家。相声除了有高二爷，还有我二哥，有时候我三哥也上一上，还有什么顾荣甫、尹福来折唱八角鼓，郭荣山、韩永先的双簧等。

徐：当时是怎么收费的呢？

常：卖茶。你这一个座儿，连喝茶带听曲艺一共算多少钱票价，而且并不景气。这时候受欢迎的相声就是我二哥和高德明这两场——我二哥也就不到20岁，他们都红得早。

后来那个人就说了，你们这样下去不行，你们能不能搞一个“相声大会”？当时这词还很陌生，何为相声大会啊？大概就是大汇聚的意思吧。你们都说相声，聚起来不就是一个相声大会吗？我父亲就听从人家的意见，就先停演了。

徐：为什么要停演？

常：要开始筹备啊，要改成相声大会。办相声大会首先一条，就是你要有人，光有人不行，还要有人才，这一点很重要！当时王长友大哥跟赵蔼如学徒，赵先生带着王长友、罗荣寿在现在的东安市场里头，有个“明地”，在那演，有时候也赶赶庙会。我父亲就把他们都请来了。

到1938年就正式改成相声大会了，我父亲一封信把我从天津调到北京来，开始学习相声。我初到启明的时候，一下就认识了老中青三代相声人。第一代人就是我父亲，叫穴头也好，叫掌门人也好，叫班主也罢，他负责启明茶社。再一个就是刘德智刘先生，相声八德之一。还有华子元，专门演《戏迷传》，当年学龚云甫学得好。还有赵蔼如、吉坪三，他们一度走了，后来又回来了。那一辈的也就这么几位了，这都是启明茶社的元老、中坚。

徐：那时候这些老先生都多大岁数了？

常：那时候刘德智先生60多岁，赵蔼如先生也50多岁了。

年轻的有王长友、罗荣寿、我二哥，后来有了王世臣、孙星海，这是中坚力量。再有就是年轻一些的了，有我、我三哥、赵蔼如的孩子赵春田、侯一臣的孩子侯骥——后来他从政了，是哪个县的县委书记，很多年都没见了。孩子辈的就我们这些。

徐：当年王长友先生什么样？是光头吗？

常：王长友给我的印象是风华正茂。他原来可能也是光头，可是在我见他的时候他是个小平头，后来留的是大背头。那时说相声基本上都是光头，留平头的有，不多。孙星海是平头，原来也是光头，后来留起来了，那是跟着长友大哥学的吧。挺精神的，也挺时髦的，现在叫板寸，那时候没这名儿，也就是一寸多长。那时候没有人限制，这留头发也有一定的起因，以后有时间再谈。

徐：改成相声大会了，还是卖茶吗？

常：那就改成“零打钱”了。那时候，不管你是“撂地”也好，“画锅”也好，这两种状况你必须懂得“杵门子”，就是怎么要钱的方法。但是在我们启明茶社，不存在这个问题，所以到现在我也不会“杵门子”。为什么不存在呢？启明茶社的门口，上边是红匾黑字，写的是“启明茶社”，两边戳了两块牌子，这块牌子叫“文明相声”，那块牌子叫“零打钱”。

所谓“零打钱”，就是听完一段您随便给。在打钱的时候我父亲在台上有个铺垫：“您随便给，您没带零钱您也不要走，您听您的，咱们接着往下要，强迫人非给不可那不好。您就是坐那儿白听，也是捧场。”一再强调观众是我们的衣食父母，我们不找零儿、不凑数儿，不能够勒索观众。在这一点博得了观众的认可和肯定。

徐：演出时的情况如何呢？

常：启明台上有一溜花灯，红底白字，是我二哥写的，那演员名字都在上边写着呢。演员是很有压力的，他的压力是什么呢？每天下午两点钟开始——天热的话往后靠一靠，三四点钟开始，要是冬天的话就早一点，一两点钟开场，一直到晚上十点钟，就这么一直说着，你只会那十段八段的根本不行。尤其在观众“起满坐满”的时候，一两百座儿都满了，后边还站着很多人，像我们这样的一上去，人家一下都走了，那不行，你要有把握让观众留下，听下去。

徐：会得多。

常：不光要会得多，按咱们术语来说，“活得瓷实”！你得有拿手的东西，得有“杀手锏”。这样给年轻一些的演员一些压力，使你不得不学。

就拿王长友来说，当时他只有20多岁，他是一个什么样的人呢？一是虚心好学，二是博采众长。我们这些孩子那时候必须要在下面听相声，学习，比我们大的就不用在下面坐着了，只有王长友同志经常在下面坐着，谁的都听。他有一句话给我印象比较深，他说什么呢？“许我不演，不许我不会。”这是他常说的一句话。这段我不演可以，为什么呢？因为我没人家演得好，但是我不会不行。万一这个人不在这了，或者观众非要听不可，人家提出来要听什么节目，如果我们没有一个人会演，那就对不起观众了。

他在启明，断断续续长达十年吧，他比一般的年轻人会得多，也比较全面。他不仅仅会所有的贯口活，而且唱功也是很好的，你要说太平歌词他也唱，单口他也演，甚至三个人的相声，他都能演，按戏班来说叫文武不挡。

徐：那会儿他的嗓子好吗？

常：从我认识他的时候，他那嗓子一直不好，一直沙哑着。但他很有人缘，眼睛不大，一笑两道缝，观众一看他就挺喜欢他的。在学艺方面比我们要专，什么都要先行一步，凡是没听过的，他不会的，没学过的，他都要学。

徐：您跟他学过吗?

常：我向长友大哥学了不少东西！好多小孩的“活”我都是跟他学的，像什么《大娶亲》《反七口》啊，还有《倒插门》。还有这么个笑话，我说：“师哥您给我说说这块活吧。”他说：“什么呀？我就给你说说？宁给十锭金，不给一口‘春’，我这给你从头到尾带关键的地方都给你说了……你给我买个菜吧。”赶情买个菜就行，不是熘肉片啊，就是辣子肉丁。我记得长友爱喝酒，但是喝得不多，他爱脸红。

徐：在启明怎么吃饭啊?

常：吃饭就是自己带啊，离着近一点的就是家里送。我们家的饭就是文茂（苏文茂）去取，我们住皮裤胡同，出了西单商场，对面就是。

徐：请吃个菜就教块活，那他不保守。

常：他一点儿也不保守，不仅仅是我们去请教他，甚至对业余的，或者是同行之间，他都不保守，他都开诚布公地教给你。

徐：那会儿您大哥呢?

常：那时候我哥哥和赵佩如在天津的兄弟剧团，前面演相声，后面有喜剧。我哥哥一向好学，只要一到启明茶社，先要拜会一下师叔、师大爷，再和师兄师弟寒暄几句，一会儿你就找不着他了——到前面哪个犄角旮旯一坐，听相声去了。

当时这些个老一辈的也好，中坚、少壮派的也好，都有他们的绝活，比如说赵蔼如先生的单口《日遭三险》，观众经常点他这个节目。还有《拉洋片》的捧哏，那是一绝。后来我专门研究过他，怎么就是一绝？他绝在哪？好在哪？一句话，他演得很真实，体现了演员的艺术真实感。

徐：好多记载说王长友的脑子好。

常：特别好，可以说别人会什么，长友同志就会什么，我们很少看他和谁从头到尾地学一段，他还不是这么会的。怎么他就会了？我们叫“偷艺”啊。你这说着，他脑子里面就记下来了。长友没什么文化，就靠脑子，记忆力很好。再一个就是他悟性比较强。比如说，刚才我提到的，赵蔼如先生的《拉洋片》是一绝，张寿尘的《小神仙》单口，这是一绝，是观众经常点的。刘桂田的《斩经堂》《学英语》，那是一绝。

徐：刘桂田我还不太了解，相声史上记载得不多。

常：刘桂田这个人是位名家，从南边一直到北边来，后来到了启明茶社，他会的好多节目别人都不会。刘桂田同志在启明茶社仅仅一度，后来就离开了。可是他离开了以后，你要说再演他的那些节目，只有王长友能拿得起来。我们可以说王长友同志是个有心人，好学不倦。

当时刘广文有一个节目叫《哭笑论》，一度在启明茶社演得非常火。他后来离开启明茶社了，那么王长友把《哭笑论》学下来了。学了以后他又听说天津“地上”有一个《哭笑论》，他觉得好也学下来了，他就把几个人的《哭笑论》结合起来，变成一个崭新的段子，也叫与时俱进吧，是很贴切生活的一个段子《哭的艺术》。王长友的这个段子在当时是观众经常点的。

长友不光好学好问啊，另一个他好琢磨。这个包袱到他那就响，到我这为什么不响？比如说，刘桂田当时的《斩经堂》，从唱、表现人物、叙述、结构，都相当好，可遗憾的是他走了以后本子都没有，都靠长友记下来的。我大哥不光是《学英语》，还有很多活都是来向他请教，我还跟他学过这个《学英语》呢，但是我没演过。

再有一个，刘德智先生有个《屯土山》，这个《屯土山》是按对口那么演的，但是个“大单鞭”，这个我倒学会了，但后来我演得不多。这段，后来只有长友大哥演得好。怎么徐州失散，屯土山怎么约三事，曹操怎么给他上马金下马银，怎么古城相会……整个一段，倒背如流。

徐：按评书来说的？

常：对。

徐：那这里有包袱吗？

常：有，但是少。你别看没什么包袱，但是挺抓人。为什么我愿意学这段？就是我想这段没什么包袱，为什么这么有吸引力？

刘德智先生的《妓女打电话》也相当好，通过他的这个《妓女打电话》我们能够领悟到，老一辈的相声演员为什么好？别人没有掌握的元素他掌握了。这一点很难得的。

徐：您给举个例子。

常：比如说头等、二等、三等的妓女，名字叫什么，穿着打扮都是什么样的？他学头等妓女怎么打电话，二等妓女怎么打电话，到三等妓女这，她没有电话，得跟旁边饭馆借电话。那小伙计一喊："红宝，电话！"这妓女在楼上："谢谢你，小力巴。"你再看这个妓女的开脸，什么样的衣服，披散着头发，趿拉着鞋，叼着半根烟卷……几句话就把人物刻画出来了。跟着他就演这个人物，演进饭馆这一段。"谢谢你，给你这烟抽……账房先生……上回那个熘肉片炒着口沉了……哎哟，讨厌！"活灵活现，惟妙惟肖。

徐：这个节目的"底"是怎么样的？

常：三等妓女爱吐唾沫，为什么电话上有块绸子啊，就是怕她们喷。学这个，当"底"。

刘先生这段相当好。后来刘先生离开启明了，这段只有王长友演，他比刘先生演得还好。记得刘先生有一天下完了账、分完了钱，拿一口袋，里边装着钱，跟我说："走啊，老四。"那都晚上十一来点钟了。我问他："干什么去？"他低声跟我说："逛窑子去。"那时候我们家里管得很严，吓了我一跳，我说我不去，他说："你不是要学我这《妓女打电话》吗？你不去怎么演啊？"那时候他们也懂体验生活。这方面老一辈给了我们很多启示。

徐：他们都挣钱吗？

常：挣啊，他们都是受惠者，要不启明坚持不了十年。

徐：要不能有钱干这个。

常：不，他不是真逛，他也是去了解了解，他跟伙计混熟了，就是看看，观察，不一定花钱。

徐：原来刘德智不是给焦德海捧吗？在启明谁跟刘德智一场？

常：这时候焦德海就死了，不但焦德海，他儿子焦少海也死了。在启明的时候，刘德智逗哏，是赵蔼如老先生给他捧。刘先生年轻的时候，十一二岁，就在御膳房当差，干点儿洗洗涮涮的活儿。他跟我说，他还见过宣统。宣统怎么骂太监，怎么把太监绑柱子上，让那英国狼狗咬他……都是陈年往事了。

徐：华子元的《戏迷传》说得也特好。

常：好啊！

徐：华子元就说《戏迷传》这一个节目吗？

常：不，他这《戏迷传》有好多呢，一个大题目下边，专门说这戏迷，有好多小节目。《八大改行》就是《戏迷传》里边演变出来的。

徐：单口？

常：不，华子元也是对口，谭伯儒给他捧哏多一点儿。

徐：王长友先生开始就逗吗？

常：一开始他捧得多，为什么说捧得多呢？我二哥、三哥，后来包括我，台上演出。那时有流行歌曲了，社会上唱什么我们就会了，会了我们就台上唱。尤其是我十六七岁的时候，学唱流行歌曲，大行其道。这就是启明后期了。我们唱，谁给捧？老一辈的不行啊。他觉着这不叫玩意儿，“你在台上唱歌干吗？”那时候张寿臣先生就看不惯，说：“这叫什么玩意儿！”赵先生也是：“怎么了这是？你们怎么演这个啊？”可是那时候这样受欢迎。那我们找谁捧呢？我们只有找岁数和我们接近一点的，他给我们捧，一度是孙星海给我们捧。

长友后来就转逗哏了，他要是逗哏，谁给他捧呢？是谭伯儒先生给他捧，他跟孙星海多，刘宝瑞给他捧得多。

中间有个叫李宝麒的，这个人很可惜，很有才的，因为抽大烟死得早。

徐：您是喜欢这门艺术，还是您父亲安排您学的？

常：当时我不喜欢，我是误入这行，后来到部队以后才开始喜欢的。原来一直不喜欢，学这行太苦了。王长友老师收了赵振铎为徒，我真看过他打学生，就是恨铁不成钢。那真是一板子一棍子“科”出来的，我真见过振铎流眼泪。赵振铎的父亲交代得也好，就是赵四皇上啊，他说：“只要不打死，您怎么打都行。”

徐：赵振铎也是在启明学出来的？

常：赵振铎刚被送到启明的时候很小，我也就十四五岁。他继父经常上启明看看，不放心，对我们都有些交代，就说：“看他是不是这块料，是就让他学，不是就该干什么干什么去。”后来王长友老师发现他有他的长处，眼睛很有神，两个大眼睛，小时候很可爱的，就是嘴里面有点滚舌儿，吐字咬字不清楚，因为这个净挨打。所以后来就管得有点过了，你听他那录音，就是那时候打的。

徐：启明的孩子也不少。

常：我们有一帮孩子，和我差不多的有我三哥、于连仲、侯骥、赵春田，这四个都差不多，还有文茂，这都和我们差不多，这就五个了，杜三宝比我们大，他那会儿不小了，振铎就比我们小一号了。于世德比我小，但比振铎大，光孩子就这么多。

徐：这些孩子天天都上吗？

常：不一定。我后来跟谭伯儒先生学弹弦，我会弹弦，弹个西河，弹个单弦啊，我都能弹。那时候开场有那么几种方式。我们得早点去，尤其是冬天，或者年节，十二点以前就得吃完饭，吃完就往园子里赶。擦桌子，扫舞台，擦那汽灯，有时候爬上去擦玻璃，这都是我们的活儿。把后台都整理好了，十二点多，演员就来了。要是年节，十二点多就有观众了，进来三两个，有时候进来一个，我们就开场了，你不能让他走了啊。

开场呢，有的时候是苏文茂唱竹板书，有的时候是王长友唱太平歌词，后来他就不常唱了，再有一个，侯一尘唱西河大鼓。这一开场，到一点多钟就有三五十人了，我们开完场就得接上，说相声，这时候小孩的机会就比较多。等观众到一百多人了，小孩就不让上了。

我记得下午4点到6点，晚上7点半到10点，这个时间段总是由几个人来参谋，其中就有长友。

徐：参谋什么？

常：比如说下午4点了，一看上了一百来人，台上演完了，谁接？某人说我接，那你说什么节目，这节目行不行？行，你去吧，不行，那你换一个节目，或者换别人接……总之就是调兵遣将啊，想办法一个比一个好、一个比一个精、一个比一个叫座。你要“拢”住观众啊！

徐：您在启明的时候能挣多少钱？

常：我在启明茶社从学徒不拿钱，一直到拿零钱，就是分账剩下的零子儿，我们这堆孩子分，这个是第二步。第三步是拿“一角儿”。

徐：什么叫“一角儿”？

常：人拿十块钱，我拿两块五，这叫“一角儿”。再往后拿半个份儿，人家拿十块，我拿五块。从半个份儿到7厘，从7厘涨到一个份儿，等我涨到一个份儿了，启明也就奄奄一息了。

徐：王长友先生呢？

常：他到那儿就拿一个份儿，一直都是一个份儿，因为他一到启明就是中坚力量。

徐：这个“份儿”是怎么回事？您给说说。

常：份儿是怎么回事啊？比如我们收入一百块钱，跟前台二八下账，前台拿二，还剩下八。老板有半个“老板份儿”，这是我父亲的，他是管理者。剩下的再平均，一人一个份儿，这是在孩子们没拿钱的时候。孩子慢慢能拿钱了，是拿二厘五还是七厘，就是大家来评议的。

徐：您不是说一天演两场吗？也拿一个份儿？

常：一般人都是一天拿一个份儿，不管他上了几回，只要他来了，就拿一个份儿。说老实话，这一天能演多少个段子呢？能演十几个段子。跟你这么说吧，我们这启明三天两头不带换活的，今天你说我使个《菜单子》？不行，昨天《菜单子》有人使了，今天就不使了。就是因为这个，挤对得我们非学不可。多使活不多拿钱，但是都铆着劲儿使，他有一种荣誉感。

徐：那一般什么时候分份儿啊？

常：晚上，“二道杵门子”之后。怎么叫二道杵门子？就是说完了，要完钱了，再找大家要一回钱吧。

徐：你们不是不找零儿、不凑份儿吗？

常：我们要的是下一段的钱，您要愿意听，您就坐住了，掏钱吧。您要不愿意听，您可以走。这时候观众三三两两的就有走的，但是也有涌进来的，不一样。先把钱要下来，要完以后在这个时间到后面分账。这时候有的就“点活”了，谁谁谁演一个。“点活”一般都得加钱，用牌子的时候，有时候一“点活”把手里一把牌子都放那篮儿里了。

徐：什么叫用牌子的时候？

常：启明茶社前一度是零打钱，后一度是卖牌儿。什么叫卖牌儿呢？就是我们拿一个竹牌子，跟手指头这么大，打上启明茶社的钢印——我还烫过那个呢，在门口卖牌子。比如说你一块钱买两个或者四个牌子，等要钱的时候，你拿一个牌子往篮子里一搁，比较方便，主要是为了方便观众。

我记着启明前有将近70人，我说得上来的有几位名家，张寿臣先生、刘宝瑞、王长友、刘德智、华子元、吉坪三、郭荣起、陈荣启……

徐：陈荣启不是说评书的吗？

常：是啊，一到夏天是淡季，4点到6点，就交给陈先生了，说评书，单有一堂座儿听评书。

在那个时候我父亲搞这个启明茶社，他是有功劳的。一个是他净化了相声，使我们这个平民化的东西能有品位，招来一些个文人墨客也能够进来“洗耳恭听”。那时的启明茶社净化语言，有些个不文明的段子都不演了。于俊波给我们捧哏，他有口头语，“他妈的”，这都不行，给他记下来。下来跟他说：“您台上说了四个‘他妈的’！”你像《搞交情》这个节目，我很早就会，那里边净是“小王八蛋！”这还是王长友给我说的。最后我们都不演了。王长友说的，你可以不演，但是你不可不会，可你又不能让人家听着像骂大街，有些活咱们使着都害臊，那不行！他这句话是他对艺术认识的一个升华。再有一个，从零打钱一直到卖牌儿，这都是按观众的意愿，怎么方便怎么来，这样他就能够得到观众的拥护和支持。

启明茶社那时生意是蒸蒸日上，有时候都快到春节了，到年三十了，二十八九，我们演到夜里一点都不行，观众都不走。我们在台上说："您回去拜年吧。"台下观众说："我们就在这过年了！"就这样。

徐：节目精彩！

常：这是一方面，另一方面是这些个中坚力量，像长友大哥，也想了很多的点子。我们也演些小戏儿。那时候没有"群口相声"这个词，最多也就三个人，后来我们创造了一个《四四数来宝》，就是四个人说，王长友、我二哥、我三哥、我。再有一个《福寿全》，现场放焰口。当时有黄鹤来，他会这些。黄鹤来是一个没落的子弟，当年家里有钱，他学识很好，写一笔好字，画画也好，是书香门第的。那时候，凡是兰英斋点心铺，都是他们家的。一个他、一个孙玉奎，都是有学问的。我父亲招来他们，在我们家抄本子，抄来抄去他也喜欢了，得了，我也干这个吧。

一到年节了，黄鹤来就请假，白云观有六天庙会，当老道去。他会吹管子，吹得好。后来我们这些年轻的都起来了，改朝换代了，老一辈的就慢慢消逝了。像长友老师、罗荣寿、我二哥、孙星海……他们又成老一辈了。

徐：您二哥好像提得不多。

常：我二哥说得好！而且当时啊，我二哥受王长友的影响，也养蛐蛐，好多盆儿，后来我父亲不让养了。在后台，我父亲说："你把怀里那蛐蛐拿出来！""没有。""什么'没有'！我都听见叫儿了。让观众听见算什么？"

日本侵略的时候王先生给我二哥捧过一阵儿，剧场、电台都一起，后来一度给郭荣起郭先生也捧过。我十三岁就给我三哥捧《黄鹤楼》，文茂也给我捧过一阵儿，大概有三年。

徐：您还记得您拜师的情况吗?

常：我看了马季的《一生守候》，有一回我看见他，我说你的观点我特别赞同，就是"我爱相声，但我不爱这行人"。所以我对拜师这些事不大以为然。我的徒弟就不见得"摆知"什么的。当年，有人给我介绍了一个刘国健，二炮的，说好多年相声了，想拜我为师。我让他给我送来个简历。我一看，这个人很好。我主动给他打电话："你想拜我为师，咱们不但是师徒，还是战友，你上我家来，给我敬个军礼，就算拜师了。"

我拜师我记得，一开始是我大哥给我说的，他跟赵佩茹说："宝华就算赵大哥代拉一个师弟吧。"我就算焦少海先生的徒弟，可那时候焦先生已经故去了，就是口头上那么一说。

在没解放的时候，马三立先生就带着我演出过，唐山、保定，都带着我演出过。我那时十二岁。我喜欢这个老人，这个老人很有个性，相当幽默，有时候给我使个包袱能把我乐坏了。

徐：他那会儿也不大吧？

常：那时候他才三十多岁，和长友大哥差不多。

到了解放以后，我时常看他的演出。后来他问我："老四，你爱不爱我？"我当时一愣，男女之间才有爱与不爱的，怎么这个老头问我爱不爱他啊？我说："我倒是很喜欢您。"他说："喜欢我就是爱我，爱我的话不给我磕头就不对！"我说："我不是有师父吗？""你师父是谁啊？"我说："我师父是焦先生，焦少海。""你见过他吗？""没见过。""没见过，他怎么教你啊？""没法教啊，就是赵大哥教。""赵大哥也没工夫教，拜我拜我。"我说："行。"他说："你告诉你爸爸，也不用他掏钱，叫他放心。"

北京有个"一亩园"饭店，方笑文，还有任笑海，我们一块拜的。

我认真地向马老师请教过。这是在解放以后。拜马先生的时候我21了。后来我就到了天津，从青年剧团转到天津曲艺工作团，也就是天津曲艺团的前身，我父亲是团长，我搞业务。

徐：马先生在启明干过吗？

常：马先生没在启明干过，他弟弟马四立在启明干过。

徐：我听说王长友也从启明离开过？

常：从行业来分析，我认为相声是小农经济，小农经济有它的优势，但也有它的弱点。它的优势是一分耕耘一分收获，我不学不行，我不学好不行，我不学精不行，这是它的优势，农民也知道改良品种嘛。但是它有它的局限。正是因为它单打独斗，靠天吃饭，有点听天由命的感觉。它的局限在哪呢？就是此处不养爷，还有养爷处。它有它自私的一面，这应该承认。缺乏集体观念。锯木头都得“两人主义”，两人锯，上头一个，下一个，它没有集体主义，它有“两人主义”，唯有说相声的连“两人主义”都没有，这是它的阶级本能的局限。

一般年轻人恐怕看不到这一点。年轻人一听“阶级”“革命”，先就不爱听了，实际上按阶级分析，它确实有它的局限。在当时来说，产生了“七君子罢工”。

徐：这名字太可乐了。

常：郭荣起、孙星海、王长友、刘宝瑞、王世臣、罗荣寿、白全福，七个人集体不干了。号称“七君子罢工”。如果我没记错，是在1946年，他们跟我父亲提出来。我父亲说：“你们走我欢送，有朝一日你们再回来我欢迎。”

徐：他们为什么罢工呢？

常：也是因为钱的问题，简单一句话，就是认为常家拿钱拿多了。常家拿钱确实是多，因为常家人多啊。除去“下账”以外，还有老板份儿，除去老板份儿，还有我父亲一个份儿、我三哥一个份儿、我二哥一个份儿、我半个份儿，加上文茂拿“一角儿”，这都是常家的。那个时候已经有“常家相声窝子”这样的说法了，还有人说“分赃不均”。总之他们就走了。

这里面和孙少林有点关系。北京产生了启明茶社，有好多连锁反应。天津有个东兴市场，有个连星茶社，尹寿山他们搞的。南京也有了。话说在山东济南，大观园有个孙少林，你不是搞一“启明”吗？我搞一“晨光”，这名字都跟你靠一点。你是椅子我是沙发，你零打钱我也零打钱，你茶水要钱我不要钱，不但不要钱，你不爱喝茶水我还有咖啡！

孙少林就把他们一块约走了，也确实在山东红了一阵，轰动一时。他们走了以后，我们这的阵容就有了一个很大的漏洞，后来我们就约了刘广文、刘桂田、刘宝瑞的兄弟刘立光等补充，可再补充也不行了，走的这几员是大将啊！去了有一年多一点，慢慢地，那边也不行了，他们又回来，找了我父亲，我父亲说："我不是说了吗，你们走我欢送，你们来我欢迎，来吧！咱们一块干吧。"

这种波折在启明茶社来说，还是有的，有的不明显，"七君子罢工"是很典型的，因为都是名家。

徐：启明确实在社会上影响也比较大。

常：启明茶社应该说是"庙小净接大神仙"，怎么讲呢？就是说它的观众档次比较高，不仅仅是平民百姓。我们那时离北大比较近，北大就在沙滩。离中国大学比较近，就在皮裤胡同里边。还有辅仁大学，一些个学生和教授都来听。

还有这么几种人：清末的遗老遗少，民国的达官贵人，搞商业的，搞金融的，有钱的，他们也都经常来听。正是因为这样，在1945年，日本投降以后，启明茶社100来人扩充到300来人，"压压插插"能装得下400多人。

在京剧界来说，常去的有侯喜瑞先生，还有金少山，抱着他那只猴去听。言菊朋这一家子就不用说了。言菊朋死了以后，言夫人还带着小朋、少朋、兴朋去听。四大名旦里面荀慧生先生去得最多，他的车我们都认识，金色的。再有一些很有名的书画家也常去，像于非闇先生，那是国画大师。那时候经常到我们那去的也有好多影视界的，像白光、石挥、欧阳莎菲、袁美云，高占飞、谢添、李景波等都去，还有著名的滑稽演员关宏达、韩兰根、殷秀岑都到过启明茶社。

徐：他们一去，观众都看他们了，不影响演出吗？

常：他们是很令人瞩目的，那白光多漂亮啊，她就在侧面坐，一坐那儿就是聚光点啊！大伙都得多瞧她几眼。但台上有台上的精彩，观众也是经常去的，都见怪不怪，不以为意了。

再有就是李翰祥也老去，他是台湾的大导演，1947年的时候，他是东北的流亡学生，只身到了北京，他经常到启明茶社，这一段历史是他给我讲的。他说他到启明茶社，就在旁边，"你们一管我要钱，我一歪嘴，后面去，我没钱，我是穷学生。”我们也就不要了，在那“沾光”听相声。“王长友说的《偷论》，后来到了台湾，我写了一百集。”

美国现在有一个叫吴兆南的，在台湾号称什么相声大师，他也是启明茶社的观众。

往后一点呢，那就是李文华，常到启明茶社，那就是到了最后残灯破庙快解放了。还有马季，马季去的时候呢，也就十二三岁的样子。他沾什么光了？那时候他家里很贫穷。他认识一个班长，跟我是亲戚，我还得叫人家一声小叔呢。他没赶上零打钱，就赶上卖牌儿了。

徐：您给说说启明是怎么结束的吧。

常：日本投降，到了1947年以后，国民党很腐败。到了那个时候，张寿臣先生才有点失落感。张寿臣在启明也使“单”的，就是说单口相声，听他的是另一种观众，不管你有包袱没包袱，观众就是爱听，专门有一堂观众，就听张先生。为什么到那个时候他失落了呢？那时候流行歌曲、靡靡之音已经充斥市场了。跳舞，什么探戈各种舞都有了，那时候我们都懂了，可是张先生脑子就有点僵化了。那个时候我们演《耍猴》，孙星海、王长友都演过。我们要使这活，先练跟头，我们这几个人都有跟头。白全福、郭全宝、我，都有跟头。

徐：《耍猴》就是《安南舞》吧？

常：对，就是《耍猴》，现在没人使了，那时候很火的。和《学跳舞》差不多。台上唱歌，什么《夫妻相骂》《天涯歌女》，甚至于《夜来香》，我们都唱，很火。张先生就不服了，在后台说：“这乌七八糟的什么都上啊？咱们这相声有没有人管啊？”有时候他还跟我父亲商量，我父亲说观众欢迎怎么办啊？他们还点呢。

启明结束的时候，我们就各奔前程了。当时演艺事业已经不是那么繁荣了，社会上人心浮躁。你看电影里演解放军进城，好多老百姓去喊解放军万岁，这不符合事实，平心而论，他还不了解共产党呢，怎么今天刚一进城就欢迎你了？

这跟天津解放还不一样，解放天津，解放军一个动作，就把老百姓教育了。在巷战之后，风平浪静，一点炮声都没有了，老百姓出来一看，一马路牙子都是解放军，在那儿躺着，一点都不扰民。尤其那些老人，什么样的军队都见过，哪见过这样的军队啊？

北京是解放以后，1950年，封闭三馆——烟馆、白面馆、妓馆，加上修龙须沟什么的，慢慢地，人民群众才真正认识了共产党。

那个时候，园子不上座。同时，演艺界开了讲习班和扫盲文化学习班，都是共产党组织的，我们都参加了，我就亲自听过邓颖超同志讲红军二万五千里长征。

徐：那具体启明是怎么停的呢？

常：在日本投降以后，我们确实热闹了一阵，很快，大家就发现国民党太腐败了，那些接收大员胡作非为，社会是一塌糊涂。后来物价一上涨，人心惶惶，我父亲便说咱们见好就收，各奔前程，到此为止吧，这样就结束了。

那时候有王长友、罗荣寿、王世臣、我二哥、我三哥、我，还有几位老人，我们在什刹海荷花市场搞了一个大棚，由我二哥花钱，把我媳妇的手镯都卖了，换成大头，两百二十块钱，弄了一个大棚。演了一期，也不上座。我们得想办法赚钱啊，启明茶社上不了座，我这再试试。结果也不行，都赔进去了。

后来我父亲就想，干脆我们弄个北城游艺社吧。有我二哥、我三哥、我，又找一些个演员，其中就有赵世忠了。我第一次认识他，他才十六七岁，我们唱戏，他打小锣。同时，侯先生搞相声改进小组，我们都参与进去了。

徐：相声改进小组行了？

常：慢慢地，我一看，也不行，狼多肉少，就靠“新华”楼上那一百多座儿，一分份儿，按现在说，给五块钱十块钱，也不行。

徐：相声改进小组怎么分份儿啊？

常：相声改进小组也是一人一份儿，侯爷拿得多一点儿，也是天天演。那时重点就放在“改进”两字，如何去改进相声。

徐：怎么卖票呢？

常：也是零打钱，打钱的时候我们不说“谢谢”。我们是劳动，他给钱，我们凭什么谢谢他？

我就走了，奔天津了。

等到这个实在坚持不了了，后来就有了北京曲艺团迎秋茶社，我们和黄迎秋是街坊，那儿是计时收费，不零打钱。

徐：您给说说参加识字班的情况。

常：那时候的老一辈啊，说实在的，文化素养都太差了。我记得那时候一提出文化学习，没有不愿意学的，为什么呢？他大字不识是很可怜的。我还上了八个月的学呢，我在我们哥儿几个里是学历最高的。按长友大哥的话说：“参加这个文化学习好，多认识几个字没坏处，咱们将来得写活啊是不是？咱们跟老师说说算术免了吧，那玩意儿没用。”老师说：“数学怎么没用啊？”王长友说：“我们又不在银行，学数学干什么啊？”脑子就那么简单。反过来说，老师也尊重我们艺人。

解放前不识字的人多，党要求普及文化，我们就都学。

徐：那不影响演出吗？

常：那时就是夜校啊，不影响晚上的演出。而且那时就没有什么演出了。有时候十点钟开始，今天上课一个半钟头。有时上午，比较灵活。

徐：那怎么组织呢？

常：按团体组织。那时候我们还有曲艺公会，这曲艺公会是曲协的前身，分鼓曲、相声啊，分门别类。像鼓曲类的班他们参加，相声类的班我们参加。

徐：那会儿就一点演出也没有了？

常：也有演出，那时候也有到庙会去演出的，有组织慰问团什么的。那时还有讲习班，我们也都参加。王长友写过一个段子叫《新名词》，他挺能跟时代的，像《不离婚》也是他写的新相声。

又说到王长友了，他真是一个好学不倦、博采众长的人，他说，不光要学得多，还要学得精。所谓“精”，我们有个标准，叫“瓷实”，叫“准”。怎么叫“准”呢？我今天这么说“响”了，明天我还这么“响”，我到任何时候都把握这个效果的度，这叫“准”，这是很难得的。

他不仅仅是学得多，而且他考虑在多的基础上如何去创新。从这一点来说，在当时是难能可贵的。他也掌握了相声的一个真谛，所谓相声表演真谛就是表情演理。所谓表演就是我表的是情演的是理。怎么去掌握人物的内心活动，在这一点上老一辈没有总结，他没有从原有基础上提高一步，去认识去升华。而今天我们反过来一看，确实他是从那方面走过来的。

再有一个，你要把“准”理解为“死”就错了。我就是死词，一分一秒都不带差的，这不对。咱们管节目叫“活”，这个太难了！相声演员在台上使活，使活，得使它活起来，根据天时、地利、人和、观众、捧哏、逗哏以及（他们）之间的关系来演，不仅仅是体现了它的准，更体现了它的灵活性。

所以我时常说相声要提倡灵活性，反对随意性。有人把灵活当随意，把随意当灵活，这概念就错了，随意和灵活是两个不同的概念，里面又有很多难分难解的东西。

我跟耀文谈了一次，他就有随便的地方，毛病太多。最近我看电视，他的臭毛病，没事扽扽领带，捋捋西装，这毛病都没有了，进步了不少。

徐：不提倡灵活性就没有“现挂”了？

常：说到“现挂”，侯先生的“救火车”和“法国话”两个“现挂”你们都知道，你们没听过的好“现挂”，我听得太多了，要是没有灵活性，就没有现挂了。

当年，张寿臣先生认识吉鸿昌以后，那时候的观众多敏感啊，小报也经常登一些张寿臣和某个党派的关系这样的文章。那个时候做艺的就怕这个，我没有什么党派，我就是做艺的。那时候比较严重的是《北京时报》《新生报》《天津时报》《天津晚报》《三六九画报》《二五八画报》《一四七画报》。原来，他上台“铺纲”是说前边一场，“刚才是荣剑尘的单弦《细侯》，唱得真不错，下边我给您说一个……”这一天，他一上来，观众鼓完掌了，议论纷纷。他心里也知道昨天报纸登什么了。于是他第一句就说：“今天我差点来晚了。”这一句观众就安静了。“那位说怎么差点来晚了，家家有本难念的经，最近我得了个大孙子。一般演出我老提前来，唯有今天来晚了点，‘赶赶罗罗’地就上台，就因为我那孙子。我要上园子，他非让我抱抱。我一看，隔辈人疼不过来，得抱抱啊。抱就得了吧？他穿两只鞋，这小腿这通蹬，我一看，我大褂都脏了，一会儿我演出怎么办啊？他还在那蹬，我说：‘孙子，别蹬（登）啦，给爷爷留饭吧。’”观众哄堂大笑。

单弦名家常澍田逸事

曲艺界老前辈白奉霖先生，官称白五爷，去世已经五年了，当年我颇受他老人家的教益。2020年是他的百年诞辰，我回忆一些他讲过的北京曲艺的掌故旧事，供好古者与好曲艺者品读，也算是对他老人家的纪念。

白五爷是曲艺世家出身，自己也是著名弦师，给当年的一众宗师名家都弹过。说起单弦的各位前辈，可说是如数家珍，近百年前的旧事，讲来颇觉可笑可叹。

单弦“常派”的创始人常澍田唱得确实不错，在民国时期颇大红大紫了好多年。但是，角都有角脾气，常澍田的角脾气就体现在“闹弦儿”上。什么叫“闹弦儿”，就是老嫌弦师给他弹得不好，弹得不准。这有点像说相声的，有的“逗哏的”一下场，就埋怨“捧哏的”没给他捧好，没配合好，没“翻”好包袱。其实两人配合当然很重要，但如果一场演出“泥”了，效果不佳，主要责任当然在逗哏，逗哏应该多从自己身上找问题才对。

单弦的伴奏只是一把大三弦，而且从技术性上来说，伴奏单弦比伴奏京韵大鼓什么的容易多了，一般不会出什么大问题。而且到了常澍田这种级别的演员，一般也不会出现节目效果不好的问题。说我们行话，就是“蔓儿保着呢”，用平常话解释，就是有“明星效应”。

20世纪40年代初，白五爷给常澍田弹弦。当年的常澍田已经垂垂老矣，但毕竟红了一辈子，说现在话，是曲艺界的老牌明星；而当年的白五爷只是二十岁左右的青年。所以常澍田这“闹弦儿”的毛病就加了个“更”字。

白五爷说：“常澍田这‘闹弦儿’，又可乐又可气。这个人挣包银不少，但是他在钱上最清楚。我们是按‘三大堆’分，就是剧场把演出的钱给他了，他给我这个伴奏的三分之一。比如给他八块钱，三八两块四，应该给我两块四。他能跑出去一里地换零钱，就为这四毛钱！他也不给你三块，也不给你两块，准就是两块四。但是跟着他确实挣得多，人家都是看在钱的面子上‘傍着他’（专门给他弹）。我们那会儿下午晚上演两场，白天给他弹完了，我连晚饭都不吃，骑车上他家去，跟他学晚上他要唱的段子。在家里弹的时候，他也挑不出毛病来，他也给你说得头头是道；就是晚上一上台，他演的跟在家给你说的就完全不是一回事了。”

对一般观众来说，这可能不太好理解，为什么排练的跟舞台上演的不一样？因为曲艺是讲故事、唱故事，要随时根据观众的情绪随机应变。相声更是如此，同样的节目，甚至同样的台词，在面对不同观众的时候，处理都是不一样的。但学的时候要按“板眼”来，要按“谱子”来，不能有一丝马虎。就像学书法一样，临帖的时候，必须临得像；自己创作的时候，就得随机应变了，如果自己创作的时候也要按“写的和帖子完全一样”要求，写出来就死板了。

之所以以前相声演出很少写节目单，就是演员要看观众的反应来决定演什么节目。上台说一个小“垫话”，就能试出这场观众喜欢什么节目，后边就随机应变地“转入”适合这个场合说的段子。现代演出一般都印节目单，但在节目单上，也多印有“以现场演出为准”，就是这个道理。

有一次我跟王文林在后台对词，我说：“《歪批三国》，咱们老没使了，待会使这个吧。”王先生说：“好啊！我跟着我跟着。”因为我们配合了十几年，非常有默契，所以我说演什么，他都摇着秃脑袋说：“我跟着我跟着。”这在后台都成包袱了。我说：“咱们老没演这段了，得对对。”后台年轻演员一听，都说：“那我们可得听听。”就都围过来了。因为对词的时候，是最标准的时候，哪是重点，哪是关键，哪是“节骨眼儿”，哪是“包袱口儿”，都真而且准。我也不能让人家失望，仔仔细细把这段跟王先生对了一遍。

结果一上台，没说完“垫话”呢，我就发现，今天的观众都不是知识阶层，而且不太了解相声，大概以南方的旅游团居多，如果还说这段，效果不能保证。于是我就把话题转到“我们两人谁聪明”上，说了一段类似《打灯谜》这种“薄皮大馅”、能保证现场效果的节目。

效果倒是不错，就是演完鞠躬一到后台，王先生就乐了，说：“你跟我对了半个小时的词，我问你，刚才你说的这些，哪一句是《歪批三国》呀？”

年轻演员也过来了，说：“徐老师，我们仔细学习您台上说的了，跟刚才对词时候说的吧，似乎有那么一点儿不一样。”其实他们也都明白这其中的道理，这就是使包袱，故意逗笑的。

说回常澍田“闹弦儿”，白五爷说：“他最不讲理的地方，是他在‘怯快书’这个曲牌上挑毛病。伴奏‘怯快书’的弹弦方法是‘敞弦儿’弹，就是弹弦子的空弦，没有按得准不准这些问题。他唱《驱怪》，唱到‘猛听得吱扭咣当门开放，吓得个公子他往被窝里头藏’，后边是腔，‘唉……’，这块就是弹弦子的空弦配合，可他老唱得比弦儿低一点。他手里打着节子板，嘴里唱着，回头瞪着弹弦的。那意思是你按弦按得不准，你听着我这音高，得按照我这个来。可问题是这里不按弦啊，定多高就是多高。”

五爷说，常澍田老嫌他弹得不好，又说不出不好在哪里，就在后台黑板上写了“朽木不可雕也”几个字，白五爷说，我也不明白什么意思，我就给他加了一行，“纽襻儿不可解也”。每次提及此事，他都哈哈大笑。

那个时候也是常澍田艺术生涯的末期了，由一个青年给他弹，可能让他多少有点怀念从前，他老跟白五爷说：“当年韩德全给我弹，我就跟驾云似的。”那意思就是伴奏得好，他唱得那么舒服。

五爷跟老人儿们一打听，其实当年韩德全给他弹，他每场下来也都发脾气。

后来韩德全也养成习惯了，每场演出之前到后台，摘帽子，把帽子挂在挂弦子那里（当时曲艺的后台墙上有钉子，弦子都挂墙上）。等给常澍田弹完一下场，拿弦子把帽子捅下来，挂上弦子、戴上帽子就走。常澍田是角啊，每场下来，都有人给递过条手巾来，他擦完脸，回头再找韩德全，走了！

你不是“闹”吗？我在后台一分钟都不多待，让你逮不着我！

常澍田也真有主意。第二天下了台，他接过手巾来，拿着那手巾就站在后台门口了，你不是要走吗？我等着你！韩二爷要走，一看他在后台门口呢，连想都没想，转身上台一掀台帘，顺台前就走了。

一般后台人要不演出，是绝不能上台的，这对台上演员的表演有很大的影响。看来韩先生也是实在受不了常先生的“闹弦儿”了。

当年常澍田确实“大火”过一阵。二十世纪二三十年代，他在南京著名的曲艺园子鸣凤茶楼演，李广武给他伴奏，弹得也好，他嗓子也好，唱得也火爆，园子的生意好得不得了。鸣凤那楼也老点，说是楼，就是一般老戏园子常见的样子，有点像湖广会馆那样，所谓二楼，就是围着四边的墙，出来一块，底下就是一个四方柱。那天观众也多点，柱子也糟点，“哗啦”一下，柱子都折了！这下报纸上这么一宣传，《常澍田唱塌了楼》，嗬，那观众就更多了。

常澍田这一火，脾气就更大了。给他伴奏的李广武号称北城的白凤岩，脾气也大着呢。常澍田这一“闹弦儿”，李广武那一还言，两人话赶话就吵起来了，李广武一弦子就抡到常澍田的腿上。弦子也折了，李广武也走了！

这可把前后台两个老板都急坏了，这么好的生意，包银也都给了，现在两个人这样，这怎么演啊？没办法，得给解决这个事啊。两位先把李广武找着了，直央告：“他是个攒底的角，您看我们前后台几十口子都指着他吃饭。无论如何，我们同您一块到他那去，见面也别打架了，说点好的就得了。”说好了，就一起去了。

到了常澍田的住处，二位老板没敢让李广武进去，说：“我们先进去，给说和好了，你再进去。”二位进屋一看，常澍田躺坑上抽大烟呢。二位战战兢兢，站旁边就说了：“常先生您看，本来咱们生意挺好的，今天一闹这事，晚上怎么演啊？我们把广武同来了，给您赔个不是。您看怎么样？”“同来了”是北京话，意思是“同着一块来了”。其实这都是二位老板中间了事的话，人家李广武也没说这话。常澍田抽着大烟，也没言语。二位一看他有允意了，赶紧出去，让李广武进来。

没想到，李广武一进来，常澍田就站起来了：“嘿，广武，我这烧好了烟等你呢，你怎么不来呀！快来快来，咱们一块抽！”

了事的一看，人家敢情没事啊？“得了，那我们走了，你们二位聊吧。”

这也是艺人之间“了事”的方法吧，都是快一百年的旧事了，说来还是很有意思。

常澍田确实够个大角，在单弦界，到今天都数一数二，但是他的臭脾气坏习惯也确实不少。他在电台唱——那个时候都是直播——左边是弹弦的，右边是给他报广告的，他坐中间。唱着唱着，他把弦子“蹭”抢过去了，他自己弹，自弹自唱，弹弦的空着两只手，在旁边看着——那意思就是嫌弹弦的弹得不合适。唱着唱着，“蹭”，又把弦子塞过去了，那位赶紧接过来，还得接着给他弹。

报广告也是这样。过去电台直播，都是唱一会儿，报一段广告。报广告有时间限制，你不能老报广告啊。有一个专人在旁边负责报广告，就是照着念。人家报着报着，他可能嫌人家报得慢了，“蹭”，他把那张纸抢过来了，他要报。可他直接拿过来，又找不着“趟儿”，就是找不着报到哪行了。好歹报一条，“蹭”，又推过去了，人家接过来再报，也找不着趟儿了。他就这么折腾。

常澍田红了一辈子，最后的结局挺惨的，白五爷说：“我们有缘啊，最后见了一面。”那是抗日战争末期了，常澍田在北京的演出生意不好，就去天津演了一个时期。在天津他不知为什么要戒大烟，可把大烟戒了以后，嗓子就哑了。唱单弦的嗓子哑了哪还行啊？他又复吸，可是再抽回来嗓子也好不了了。他只能跟园方告假，回北京了。

那时候白五爷他们一家在西单商场开了一家叫“鸣园”的曲艺园子，长期演出。常澍田到北京很落魄，先到西单找的白五爷。

常澍田一进门，白五爷一看他就吓了一跳：都脱了相了。常澍田说：“老五，你先给我找一点大烟来。”那时候，西单商场后门就有“土泡店”，就是大烟店，一块钱，买了手指头这么长、这么粗的一段大烟。“鸣园”有柜房，是一间小屋子，有一张床。也没有烟枪啊，找一个苇棍儿，一个蜡头，常澍田躺那就抽。

怎么抽大烟，烟枪、烟灯、烟盘子这一套，我是一点不懂，以上是我完全记述五爷的话。有一次我跟某位曲坛前辈逛古玩店，有一套民国老红木的烟具，放在一红木盒里，特好，好几件东西，都是“原来当儿”的，就是原装一套的。人家开价五千块钱，老前辈跟人讲价，说：“你这里少东西啊。”把人家都吓了一跳，赶上真抽过大烟的买主儿了。还价还得太低，到了也没买下来，估计现在也没人能挑出这毛病了。

说回常澍田，抽完了大烟，他跟五爷说："我饿了，你给我找点儿吃的来。"五爷出去买了一碗馄饨、三十个锅贴儿，常澍田吃完就走了，临走时说："我要是好了，再来咱们'鸣园'唱——也许咱们以后就见不着了，见你哥哥（白凤岩）给我问好。"他走了以后就去西直门外的朝阳庵住着去了，没多久就去世了。

据我师章学楷先生补充，常澍田回京后是我师爷赵俊亭先生帮着，在朝阳庵地区租了间房养病，后来还是回了天津，在天津去世的。

凤翔天外麟已逝　世间何处觅高贤

一

说实话，现在欣赏曲艺的氛围比20世纪90年代初的时候强多了，所谓传统文化和那会儿比确实是复兴多了。爱曲艺也算是一个圈层，而且是绝不会被鄙视和异化的圈层；就像爱京剧爱昆曲，旁边人就算不爱，也会尊重，不会像20世纪80年代末，电视的大型晚会上，好像是演小品，公然就说京剧演员那腿抬上去半天不下来，一个字“咿咿咿啊啊啊”半天，就是嘲笑京昆跟不上时代、太慢了等。

以现在的审美再看20世纪80年代的时尚，如果不受怀旧情绪的影响，有多少还是时尚的？再过三十年，以那时的审美再看现在的时尚，又有多少是时尚的？倒是京昆等传统艺术，依然跟在时代身后，不紧不慢地走着。

我小时候，20世纪80年代中后期，在游园、庙会上演出，两个小孩说相声都有大批的人听，但是往上一端唱大鼓的鼓架子，下边的人就轰然散去——所有人都是听“你就像那一把火”的观众，都拿曲艺当最底层的乡土艺术，不时髦，唯恐避之不及。

在我们这一代热爱曲艺的朋友里，我算岁数大点的，而且爱上这些艺术的时间比较早，机缘巧合，很早就认识了很多位“老剑客”——这也是我的幸运之处，也能给比我小的、比我晚来的人说说古——连我都说古了，现在曲艺的状况看来也没好到哪去。

传统评书里，有壮士、义士、侠客、剑客等分别，一般的新派武侠小说之中，则有高手、大高手、绝顶高手之分。如金庸《射雕》中的“天地五绝”，东邪、西毒、南帝、北丐、中神通，都已经是武功绝顶的高手了，但郭靖最后又使出了一招降龙十八掌，在至阳之中生出一种至阴之力，已经是当年洪七公领悟不到的神功……这就已经进入了哲学范畴。在《天龙八部》中，北乔峰、南慕容已经是绝顶高手了。他们上边儿，还有一个萧远山、一个慕容博。不但把家传武功练到绝顶，而且还偷学了数十年少林寺藏经阁中的七十二绝技，这样的修为在练武术的里边儿已经顶了天了。这两位高手对打，从小说自身的编排来说，已经不好把情节进行下去了。于是，金庸又写出了一个扫地僧，又比这二位不知道要高出多少倍。可是他是什么时候练的武？怎么样与别人对打得的经验？谁是他的老师？怎么能够在高手云集的少林寺中隐瞒了数十年？如何练成这么高的武功等，这都是不好解释的。

所以武侠小说容易被人攻击为荒诞不经。

还好，扫地僧说出了一番佛理，就是本寺武功每练一门，都要有一定的佛法修为化解戾气，等等，这倒很符合中国佛学的路数，大家也就不去计较情节上是否合理。其实大家是拿他当一个佛法的符号看，至于他本人是绝世高人还是仙佛下界，读者也就不会去深究了。

可见在一般人心中，是可以并且愿意认同世界上有这样一种人物，那就是水平高得远在尘世之上、又恰在尘世中出现、给人以幻想和希望的人物。白五爷，在我接触到的鼓曲界的那些大高手里边，就是扫地僧一类的人物。

二

在年轻一代的嘴里，白奉霖先生官称白五爷。五爷，其意义近似于排行第五的“五先生”。

他的头衔有很多：著名弦师、著名音乐家、著名曲艺教育家、著名曲艺理论家、著名曲艺音乐研究创作专家等。他弹三弦的技术比一般的高手还要高几个档次，虽然他自己说“比我大哥白凤岩差远了”。在鼓曲这个范畴内，他的头脑中可以说是包罗万象，而且他亲身经历了几乎所有关键性的历史事件。他既是曲艺技艺的宝藏，又是曲艺历史的宝藏。

更神奇的是，他居然出现在了我的生活中，居然还对我青眼有加，言传身教，共处斗室，促膝而谈，口吐珠玉，手挥五弦，足足教了我六七年。这都是我人生中的奇遇，不敢想象的事情。

我第一次知道“白凤麟”这个名字是在20世纪90年代初，我十一二岁跟马增锟先生学艺的时候。

那个时期我学相声，但是很迷京韵大鼓，电台一播当时尚红的那些角儿的录音，我都听得如痴如醉，还有一次居然在电视上看到了——要知道那时候电视上播一次鼓曲有多难！每次听完我就很兴奋地跑去找马老师聊，但几乎每次都被他当头一瓢冷水浇下。我说：电台又播了段儿什么什么，谁谁唱的，真好！马大爷——马老师官称马大爷——必要长长地“嗨”一声，这个“嗨”里包含着无尽的不屑和为我的审美水平感到的遗憾。

他总是说，谁谁谁？那差远了，还得听刘宝全、白云鹏的。

问题是那时候根本没地儿去听这两位的呀。当时，我就有一段儿刘宝全的《华容道》，而且“吱扭吱扭”的根本听不清楚。那是民国时期的老唱盘，两面一共六分钟，在中央人民广播电台的《空中大舞台》播的，播的时候儿我就赶紧用录音机录了下来。白云鹏的则一段儿也没有听过。现在想想，那些老唱盘的音质根本不符合播出的标准，又没有修复的技术，又没有网络，上哪儿去听呢？后来，天津音像出了一盘儿刘宝全的磁带，都是转的老唱片的录音，我听说之后，骑自行车跑了好几个书店和音像店，买来之后，如获至宝，差点把磁带听坏了。

马大爷还说，除了这二位的，就得听你三爷爷白凤鸣的，那太好了！

马大爷从心往外五体投地地佩服他的干爹白凤岩，每次提到白凤岩必说“你白爷爷”，从他那我才知道白爷爷是老大，有个三弟叫白凤鸣，唱的是“少白派”的京韵大鼓，可问题是白凤鸣我也没地方儿听去。他的录音本来传世的就很少，电台播的就更少。后来我大四的时候，去首都图书馆查资料，还在资料库中转录了一盘儿白凤鸣的珍贵磁带，大概花了三块钱，才让这段完整的《博望坡》流传于爱好者手中……这是后话。但从马大爷那儿，我就知道亲近少白派了。当然，令我对少白派艺术神驰的原因还有侯宝林先生的《学大鼓》里那几句惊艳的学白凤鸣的《马失前蹄》。

有一天马大爷给我拿了一盘磁带，跟我说：你把这盘带子给我翻录一下，这里边儿都是特别珍贵的资料，你也录一盘，好好听听。那是你白爷爷弹的《风雨铁马儿》，还有《柳青娘》《万年欢》。尤其是《风雨铁马儿》，三弦要弹出琵琶音、古琴音来，太高级了！

《风雨铁马儿》是白凤岩先生独创的三弦独奏曲，弹这段需要非常高超的技术。那也是我第一次知道“铁马儿”是什么意思，就是房檐前挂的响器，铁的，做成马形，风雨一刮，当当作响，如同响铃一般。风雨欲来，铁马儿叮当，最能引人忧思。

我回家，用双卡录音机一录。那盘磁带一面儿是弦子音乐，那时太小，也听不太懂。可那一面儿是一个苍老而雄浑阔大的声音，唱的一段儿京韵大鼓《斩华雄》。又是说书，娓娓道来；又是演唱，激昂慷慨。中间一大段“白口”更是引人入胜，一派正大雄浑的气象。真好！

但是，这段录音的音质不太好，有点儿杂乱，交流声大，而且后边一到“上板”，弦子声音太大，演唱的内容就有点听不清了。我兴冲冲地听了好几天，一句一按暂停键，把词全抄下来了。当然听错的地方也很多，尤其是上板后，抄本上更是有好些空格。

抄完了去找马大爷，问他：磁带的那面儿是谁，怎么那么好？

马大爷的个性是永不服人，对于弹三弦，他只服去世的白大爷与韩德福。他曾经给我把天津、北京两地有名儿的弦师都过了一遍。北京，谁谁谁。跟我比不行吧！谁谁谁不行吧！谁谁谁不行吧！天津的谁谁手太软不行吧！谁谁谁会的太少不行吧！谁谁谁不行吧……当然，这是他和我一个十一二岁的初中生，自己说说心里话，他当着别人大概不会说这些的。

那次他最后一个说的是“白老五”，我记得特别清楚。他是“滑”过去的：

“白老五也那什么……”

这是我听他第一次说到白五爷。

后来我问他：那个《斩华雄》是谁唱的？他说：白老五。

多说一句，马大爷和白五爷是“大小辈儿”，当面他肯定叫五叔，但他和白五爷只差八岁，而且白五爷当年的官称就是白老五，就像马大爷在评书里说白玉堂是白老五，没有不敬的意思。

我说：真好啊！他没有直接“嗨”一声儿，这在他来说已经是很“捧”了。他想了想，那意思就是要挑毛病，说：“老啦，嘴里不行了。他那一上板就听不清楚了。”

对这个评价我是深以为然，因为对一个初中小孩儿来说，扒了好几天词儿，最后好多句都差一点，不是差一个词儿，就是差半句话，也颇有些“腹诽”。哪知道这听不清楚是另有原因的呢，这得下文再说。

无论如何，从那开始我爱上少白派了。

没过多久，马大爷又给我找了一段儿白三爷唱的《狸猫换太子》，那唱腔真是受听。马大爷会少白派的一些个“点儿”，就是特定旋律，弹出来也好听。我就没事给他小声唱唱，他弹弹那些旋律过过瘾，唱得完全不对，弹得也未必完美，就是我过瘾，他也过瘾。

因为太小，我完全没想过求马大爷来认识白五爷。一者，他不见得支持我去跟别人学。二者，我对有名的人不太上前儿。虽然白五爷不算太大的名人，但是他的家族在曲艺界实在是声名赫赫。不但他，有一回李国盛去东花市文化站的门房儿打公用电话，马老师是看电话的，还聊了半天。当时笑林、李国盛正是年年上春晚，最火的时候，在文化站里众人传说纷纭。

小花团的指导老师之一赵亮老师说，嗨，他是我们的师兄弟儿啊，他是罗荣寿的徒弟，都是自己人哪。马老师更是不以名角视之，只以同行视之。好多人都觉得，哎呀，没去见见李国盛，太遗憾了。但是我从来没想过去认识一下这样的名人。从小到大，我就是这么一个人。

我爱京韵，还写了一段儿《走马荐诸葛》的京韵大鼓的词儿。马大爷看了以后，非常高兴，晚上还抱着弦子上我们家来，就在我的写字台前，用我的录音机，对着词儿边弹边唱录了一段儿。他的唱法，颇有苍凉古朴之美，却不太受听。里边儿有很多少白派的点儿，但他弹弦子的声音有刚性、有力度而美度稍差。所以我也没太上心跟他学京韵，只学了一个小段《八爱》，搞清了一板三眼的问题，如此而已。

那时候儿，根本就没想过能有一天和五爷共处一室，倾心学习。

一听到白凤麟这个名字，我就想到是凤麟这两个字。虽然我当时不大，但是我熟悉传统文化，因为他大哥叫白凤岩，三哥叫白凤鸣，显然是凤鸣岐山的典故。他们兄弟五个应该都排凤字辈，所以他肯定是这两个字，而且他应该还有个四哥叫凤麒，后来证明我的直觉是完全正确的。

后来看到有的书上是奉林两个字儿，还奇怪呢，后来也明白那是时代使然。

京城单弦名票律宁兄（也算马大爷干儿子）比我大六岁，住白桥大街，离我很近，我在那时候常常去找他玩儿。马大爷离开东花市文化站后没有工作，还去律宁家的饭馆儿干过几个月的门房儿。就在那儿个月，应该是1994年，律宁经马岐三叔介绍，拜天津的单弦名家李廼鹏先生为师。在家里的饭馆儿大摆桌，搞拜师会。因为他跟我说，你太小，没有请柬的我们就不接待了。我就没去。那天，京城曲艺界的名家前辈大多去了。后来，我去律宁家玩儿的时候，他给我看了那天的集体照。

好像马大爷站边儿上了，虽然照上了，但是感觉不想照的样子。

律宁跟我说，大爷闪了，说："你怎么给我找了个镇物？"说白五爷往那儿一坐，他不进前儿。

连马大爷都承认白五爷是他的"镇物"，可见白五爷其人。

我看着那个照片儿，那是我第一次看见白五爷，比较瘦，尖脸儿，70多岁的人了。非常精神，完全不是曲艺老艺人的气质——其实那是必然的，刚解放就参军，师级待遇退休，跟老艺人的气质肯定不同。怎么形容呢？不知怎么，我脑子里出现了"英气逼人"四个字。

经过了这么多年，现在我写这篇文章，斟酌再三，准确形容当年的白五爷，还是要写这四个字。

想不到白五爷是这样一位老人，想不到那么美妙、刚柔相济的弦子声是从这样一个老人的手里弹出来的，那么苍凉、浑厚的演唱，是从这样一个老人嘴里唱出来的。

我跟少白派有缘。

三

我在单弦上一向不缺少好老师。无论是启蒙的蔡芳先生，还是后来的赵俊良、刘宝光、刘秀文、刘耀东诸位先生，都是高手。我正式“摆知”拜的师父章学楷先生更是岔曲和联珠快书的大高手。但是在京韵大鼓上，似乎老是“找不着家”。跟马大爷开蒙不提了，后来又跟李家康先生学了几段儿。

李家康先生是盲艺人，会得非常多，艺业纯熟，是各个票房的坐弦儿。我上烂漫胡同他家里去，要学什么，他都自弹自唱给我录整段儿，对我非常好。但毕竟他眼睛看不见，不太方便教。

大学期间我又见到了杜三宝先生，听了他唱的《宋江坐楼》，让我大惊大喜，终于看见男京韵了，而且似乎是少白派。跟杜先生一说，杜先生欣然允诺要教我。我跟他学过多次，《层层见喜》《包公夸桑》《宋江坐楼》等，后来明白他也是天桥的路数，也算是刘派，但说句不该说的话，算不得京韵正宗，跟少白派更是没有什么关系。

我从1991年就去“集贤承韵”票房玩，这是一个持续了20多年的家庭票房，是北京城当年硕果仅存的家庭票房。高三高考完，我又去了。每周一晚上活动，在那里，我认识了弦师李岩。他比我大20多岁，人非常好，却是个长不大的孩子，说话办事儿，不太着调，就是让人觉得又可爱又可气。他弦子弹得不错，总是不自觉地“犯葛”。比如，人家唱完岔曲不想唱了，他就一边不停地弹着弦儿一边儿说：“唱吧，这弦子弹得多棒啊！”发自内心地夸自己。他就是这么个人，怎么想怎么说，毫无心机。

我听说他是白五爷的学生——当时还是学生，我听说白五爷秉承军队的作风，不搞封建收徒那一套，后来为了艺术的传承，在多方面的努力下也收徒了——大喜，和他多多交往。他给了我《罗成叫关》的录音，说，这是我们老师自弹自唱的，你听听这个。

我拿来一听，从没听过这段，唱词美唱腔新，都无可挑剔，但还是音质不太好，尤其上板以后，很多地方听不清楚。但这已经“珍逾拱璧”了。我回家把词儿扒下来，反复听，那盘磁带都被听坏了，一听就容易卷带子。我照着录音，自己一句一句跟着唱，手里数着一板三眼地这么学着。自己唱熟了，又去找李岩唱，请他伴奏。

我觉得我学得不错，可是跟他一合，完全合不上。李岩就住新街口，我晚上骑车找他去，去的时候小风一吹，20世纪90年代末北京晚上街上的人不多，骑多长时间都不烦。但在屋里我越唱越发愁，他不行，我也不行，哪都不对。

一会儿他放弃了，弹起了单弦过门儿，说：你来个岔曲吧。我说：咱们研究京韵，你弹什么岔曲啊！最后我说：你能不能带我上白老师家学学去？他说：他住得太远，在军区呢，怎么去呀？你又没车。

李岩有车，是一辆残摩儿，就是残疾人摩托车，他骑着这车颇为得意，一点不费力，去哪都方便，后边的座位封好了，还能带着弦子和演出服，赶寸了还能带个女演员。而且，“就发了这些牌照，后来你要不是残疾人就不发了！”

之后又说了几次，总之是不能去。

终于有一天，我受不了了，一定要去。正好张卫东兄也要找白五爷聊天儿——那个时候卫东兄已经接替他师父何剑峰当了集贤承韵的“置场的”，我们常见面——于是我们就相约一同去。

我们和李岩相约在西四环的某地见面，我从北大坐车到相约的地点，再坐上他的小摩托儿，一路西行。那条路很荒凉，地上有可能正在施工，全是黄沙瓦砾，颠簸不已，真有点西天取经的意思。

跑了半天，到了一个叫杏石口的地方，一个大院大门冲南，大概就是北京军区干休所之类的。

进院以后往北走了很远，在一处居民楼进屋。似乎就是一楼，窗外树影阑珊，屋中深沉雅致。阳光透着树影，照过窗帘儿，屋里一派沉静的绿色。在我看来，完全是一派仙境。当年那个照片中英气逼人的老人，现在就坐在我的面前。当然，他已经老了。

他说话一听就是老北京人，温文尔雅，风趣幽默，没有后来有些北京年轻人说话的痞气，还和蔼地让我喝茶。卫东兄和李岩对白老师当然都不陌生，他们先聊了很多曲艺方面其他的事，我也表达了我对少白派的热爱之情。白五爷点了点头儿问：你唱过没有？李岩说：他唱得棒着哪！白五爷拿起弦子说：你唱一段我听听。

我真是第一次听见那么好的弦子音儿，也可能是人的心理作用。不像马大爷弹得那么硬，也不像李岩弹得那么赶。

京韵的弦子定调，本来就低，但白五爷把三根弦上每个声音都弹得那么婉转动听，柔中带刚。确实是好听！在他弹“过门”的时候我就想，我唱什么呀？《八爱》？太短。别的？心里没准儿啊。要是第一次就唱得荒腔走板的，恐怕以后也就没有什么机会学了。

大过门弹完了就得张嘴唱了。我就唱了《层层见喜》，这段据杜三爷说是所有唱京韵的小时候都得唱的段子，是打基础的小段。

“山长青云云罩山，山藏古洞洞藏庵。庵观紧对藏仙洞，洞旁松柏甚可观，观音堂盖在山中间。涧下水响雷一般……”

唱完了。

我自觉完成得不错，而且跟白老师的弦儿居然完全合上了！说明我学得对呀。而且当时这段儿绝大多数人都没听过，录音在外边儿都没有，我能唱，不也说明我的水平和热爱的程度都够格吗？

五爷弹完，沉吟片刻说：你这段儿啊，是跟赵玉明学的。

我说：不是，杜三宝。

五爷一愣，还“嚯”了一声儿。其实杜三爷看着特老，但比白五爷岁数还小呢。我心里有点暗喜。那意思是我这个学生有点水平，应该够格了吧。后来我才知道这个“嚯”另有深意。

后来五爷说，你唱个岔曲吧。我说，辛苦您了。五爷说，嗨，玩嘛。

五爷这种态度，跟票房里那些老先生没有区别。一辈子拿艺术当消遣娱乐并不容易，是真的爱这个，而不是只把这个当挣钱的工具。要那样的话，一辈子了，对这些早就没兴趣了。

李岩说：“他会得挺多呢。”

正好我当时新上了一个岔曲，是溥叔明的词儿《一声水调解兰舟》，跟卫东兄新学的“卧牛儿”那个特殊的腔。我正好儿唱唱。白五爷随手弹了一个特好听的点儿，走底把的把位，这个点儿我没听过，但跟这个腔特别合适。

五爷的手似乎特别大，分得特别开。不听声音，光看他的手指在弦子担子上跳舞，就是一种非常美的享受。

把这段儿岔曲儿弹完了，五爷说：“挺好。”万没想到李岩在旁边儿说：“这段您没听过吧？”那意思是我刚才说他会得挺多对了吧？五爷有点儿尴尬：“啊，也那什么……”就过去了。用评书的方式说，这是一个伏笔，后文还有书，按下不提。

后来他们又聊了些个另外的话，我也插不上话，中午一起出去吃了个饭，我看五爷身体不错，还能上高台阶儿呢，就是显得有点儿腿软。一路上兴致勃勃地讲，在这军区大院里的街道上，汽车兵怎么能够找角度直接“蹭”一下就从路中间儿的减速带开过去。

在大院里的饭馆儿吃的饭，点了一个狮子头。李岩说这个不错，南方的菜。五爷说一个叫狮子头，两个叫双元，四个叫四喜丸子。他边吃边聊，很是健谈，而且思维非常敏捷。

我忽然意识到，他已经80岁了。

四

在那之后，有很长时间我都没有再见到五爷的机会。李岩后来给了我几段五爷的录音。余江兄知道我喜欢少白派，也给了我几段儿白五爷的录音，《七星灯》《建文帝》。慢慢地，我也知道这些录音都是五爷为了把少白派艺术留下来而自弹、自拉、自唱、自录的。

因为三弦、四胡和演唱，都有各自极大的难度，而且在艺术上是非常不同的领域。五爷可以说是全面地掌握少白派艺术的唯一的一个人，这使我更加钦佩他了。

因为大爷白凤岩，能够弹，肯定也能小声唱，但是不能大声儿唱，不能上台表演唱。三爷白凤鸣当然是表演艺术家，不过他在弹上就未必有多高明，但是五爷连弹带唱带拉四胡，而且每样都好。

我把一段儿《罗成叫关》都背下来，每天在家反复唱。但李岩的“活”始终没“上”下来，就是没把这段背下来、练下来。每次要约定去五爷家学的时候，他又常有事。还跟我说，让我也买个残摩儿，要不去不了。

这事现在听着是个笑话，在当时也确实没有更好的办法，太远了。不像现在开个车，路也好走，哪都能去，别说去杏石口，就是去顺义、平谷都是一脚油门的事儿。

2000年夏天，在我的“逼迫”之下，我们决定再去。他老说他弹不下来，是因为少白派弦子的指法太难，把位都不一样。我出了个主意：找一个录像机，把白五爷弹的录下来。你回家就可以照着录像练了。

这是个主意，可是上哪去找录像机呢？当然，我说的其实是摄像机，可是我们家连放录像带的录像机都没有呀。当时我还没上大四，刚从敦煌实习归来，又黑又瘦，正是穷的时候。可不像后来，家家都有DV，到现在好点的手机都能录得很好。那个时候儿录像都是用标准的录像带，都得用大摄像机，就是得扛在肩膀上的那种。

我旁边儿的朋友只有律宁家经济情况良好，有一台摄像机，于是我就去律宁家借摄像机。他既怕我不会使，又怕我弄坏了，他也愿意来见五爷，于是，他亲自带着这个摄像机和架子，我们三个人一起，去了五爷家。

好在这个时候，五爷的家已经从军区搬到了鲁谷，通地铁。所以虽然也要花一个多小时才能到，但好歹不用买残摩儿了。

到五爷家，当然李岩早就在电话中说明了来意，五爷问：你要录一段儿什么呀？

我说：咱们就录《罗成叫关》吧。

五爷同意了。李岩要求在弦子担子上画上几道儿，表示“1、5”等音的位置，就是上手按弦的把位，以便回去看录像的时候能够学习。五爷不同意，说画上线也没用，手上下一动，你也看不清楚，而且还容易把线儿抹了，你就这么录吧。

我先唱了半段儿《罗成叫关》，真唱上大段可就明白自己水平不成了，腔也不对了，板也不准了。听我自己唱的和弦子老不在一块，有的时候能听出弦子在旁边领着走，自己都跟不上。唱了一半儿，我说：您先歇会儿吧，今天我唱得好像都不对。五爷“嗯”了一声，说：有几句没板。

字是骨头腔是肉，板是老师父，唱曲艺的落了“没板”两个字，那就别唱了。

后来聊了聊，又把后边也录了。总体来说那次录像，从水平上来说不太成功，但是五爷居然在我唱得全都不对的情况下，还肯给我从头到尾弹下来，实在是让我很出乎意料。

后来，我请人把这盘录像带串了一盘儿给李岩，李岩依然没把这个节目拿下来。再后来又串了一盘儿，给了另一个弦师，他直到后来也没拿下来，大概主要原因就是不爱。

因为我家里自始至终就不趁录像机，虽然有一盘录像带，到现在我也没见过这盘儿录像带里我是什么样儿。

大概我这少白派是学不上了。

五

大概是某部外国文学作品里说的，只要你全心想着这件事，所有人都会帮你完成的。如果用中国的老话说，虽然听着土一点，但是更准确，就是：皇天不负有心人。

从五爷那回来之后，我到处“折腾”这盘录像带，一者是自己想看看，二者是想让弹弦儿的多听多看。李岩说，学不了，那上手有好多都没录上，不知道怎么弹。完了他还说了一句：我们老师还问你呢。

我说：你拿不下来，咱们再去唱什么呀？

李岩说：我慢慢来吧，上次咱们去完了，我们老师给累着了，还说心脏不舒服了半天呢。

唉，毕竟80岁的人了。

没想到没过多少日子，余江兄跟我说：少白派你还想不想学呀？我说：想学呀！您能带着我去五爷那吗？余兄说：五爷还问你呢。那天我去，五爷说有这么个小伙子，什么模样长相，能唱，想学少白派，你认识吗？我说我认识啊，他叫徐亮。五爷让你去呢。

我当然是大喜过望，余兄把电话给了我，我去找公用电话给五爷打了电话，约了哪天去，五爷特地说，你自己来就行了。

我特地带上录音机，心想如果能把跟五爷学的录下来，多听，肯定比光学进步快。而且还不知道隔多长时间能去一次呢，这去一次就得多抢点宝贝回来。

多说一句，我的第一台小录音机是我上初一时父亲给买的，说实话我们家庭条件一般，买那么一小件不容易，买来是给我听英语的，但我用它听相声曲艺的磁带听了个昏天黑地，把英语全耽误了。有一次把我爸爸惹急了，把那个小录音机给摔了。

后来我知道收藏资料的必要性，尤其是在曲艺方面，多一段录音，就是一份宝贝，而且平时骑车的时候听，又是高级的娱乐。于是我上大学之后，打工攒钱，买了一个很不错的小录音机，得小几百块钱。要求只有一个，就是交流声一定要少。因为从小到大，听曲艺听的大都是串的磁带，磁带录磁带，录几回，交流声就越来越大，后来几乎没法听了。所以我要求我录的音一定从根本上音质就得好点儿。

在“集贤承韵”等票房里，我用小录音机可没少录老先生的东西。慢慢地，这个录音机录出来交流声大了，市场上又有更好的小录音机了，也有了新词，叫“随身听”，我就又换了一个更好的，日本的，非常薄，音质很好。我去录五爷的时候，用的就是这个。

过了半年，市场上出现了一种叫MD的东西，纯电子产品，不用磁带了，据说播放的时候都是CD级的，录出来的音质奇佳，而且不限时间。不像磁带，过半个小时就要一翻面，翻面的时候可能有重要的东西就录不上了。但我记得最便宜的也要小两千块钱，咬了好多次牙，实在没舍得买。

所以我存的五爷的资料都是用磁带存的，多年以后请谢岩贤弟一下拿走了十几盘，转成电子文件。但也肯定有没留下的、误删了的等各种各样的情况。

几年以后，我在外企上班，工作顺利了，先攒钱买了一个小摄像机，再找五爷的时候就录像了。这在当时已经觉得非常宝贵了。在录像里，五爷指着镜头说：过去那东西丢得多了，甭多了，二十年前，别说这个了，就是有个录音机，能多留下多少东西！

但是现在又发现问题了，当年的录像机现在看来录的效果非常差，可能是播放器越先进，录像带（当年的小摄像机用的也是磁带，要用特定软件转到电脑上成为电子文件）的效果就越差，画面很小，极不清晰。声音更不行，如果光听声音，比用录音机录的差远了。

而且电子文件也有问题，就是一旦硬盘坏了，或者文件损坏什么的，也就没了。我印象里五爷说过的好多话，后来再在录音录像中查都没有，所以这些文件肯定也丢了一些。

总之，有就比没有好，留点儿就比不留好。

哪怕就是当个念想呢。

六

我到了五爷家，可能只有保姆和他在，保姆开完门就躲开了，五爷跟我热情地打招呼，我就进了五爷住的北屋。落座，五爷是个实在人，直来直去，没有其他客套、聊天等，直接就说：你想学少白派？

我说：是，特别想学。

五爷说：可老是要李岩给你弹，你提高不了，为什么呢？李岩在“唱”这个问题上解决不了。他不学唱，不背词，说他唱不了。可那一担弦子你都能弹了，你唱不了吗？可是不会唱，就弹不了。

这句话我记得很清楚，我也跟李岩说了几次。到现在，我写这篇文章，还是要把它写出来，可不是为了骂他，我跟李岩到现在关系也不错，他都六十了，还跟小孩似的呢。但他，当然不光是他，还有其他不学唱的弦师，在给祖师爷传道这个问题上，都需要批评。

五爷接着聊：这个少白派啊，纯粹是弹出来的，伴奏的得比唱手高，就好像那鞋得拿楦子楦一样，他给你规定了范围，他得带着你走。弦子就是指挥棒，该快该慢，该阴着点该响着点。快慢阴阳，就这四个字。可是他不会唱，他就不知道哪该快点、哪该慢点。就算他会唱，他唱不好，他不是由内而外地讲故事，他都分不清楚人物，那他怎么楦你呢？

这个问题，在后来几年我和五爷学少白派的过程中，理解得越来越深刻。

五爷说：李岩他们能识谱，也能弹，但他们老认为我不用学唱，你用哪个“点儿”弹的？把这些“点儿”教给我就行了。他哪知道啊！我教给你，你不会唱也弹不上。

我说：明儿我自己攒钱买一个录像机，省得带别人来。

五爷笑笑，说：不是怕你带别人来，带谁来都没关系。但像现在这样，单独地跟你说，虽然时间少点，但是重点都能说，还能拿弦子带着你，哪快哪慢的，找找音准的，都方便。

然后又聊了一个李岩的问题，五爷是聊天随口聊出来的，我一听，这里还有我的事呢。但五爷也不是怪他，那是他自己的学生，五爷太了解李岩这个长不大的小孩的心态了。后来五爷聊到他的时候，曾经说过：他是烈属，他哥哥是烈士，所以从小大家都宠着他，宠来宠去，宠成了这么一个性格。

第一次我去五爷那，唱的那个《一声水调解兰舟》，有一个特殊的腔，五爷那弦子点儿要多好听有多好听，第二天李岩就又去五爷家了，说，昨天那个点儿好，我没学过，您给我弹弹。五爷一头雾水：哪个点儿啊？李岩说：就您昨天弹的那个点儿。五爷说：哪句？什么腔，你唱唱。李岩也唱不上来。五爷拿弦子给他弹了好几个点儿。弹一个，不对。弹一个，不是这个，弹一个，还不是。五爷最后说，那可能就是我随手弹的，根据“唱手”的腔，随手就弹出来的点儿，也不是为了追他那腔，能跟他在音乐上合得上就行了。

结果李岩说：你保守！

五爷跟我聊的时候，是当笑话聊的，结论就是，他爱说什么说什么吧，然后又接着聊曲艺弦师的问题。

伴奏分为三种：弦师、伴奏、随手。最差的是随手，你爱唱什么唱什么，我这有个音儿就完了。比如谁谁谁，那真是随手，一辈子就那样，可是唱单弦对于弦子要求还不这么高。第二等叫伴奏，我从头倒尾也弹得下来，但我不做主，都听你的。最高级的是弦师，这两个字包含着“教练、指挥”的意思，台下是教练，他得能教唱主儿，台上是指挥，你看那多少人的大乐队，都得听指挥那根小棍儿的。所以弹弦的你要自己都不会，那怎么指挥呀？

我说：可是现在没有能弹少白派的，怎么办呀？

五爷说：就是这个问题不好解决。别说少白派了，现在哪一派，那弦师的水平也都不够，顶多够个伴奏，都够不上弦师。你喜欢少白派，想学《罗成叫关》，想学《建文帝》，我都能教给你。但你得先学两段他们会弹的。功是功，法是法。法是方法，功是什么？简单的动作不断地重复，日久天长，达到与别人不同的境界，这就是功。这《三本长沙》你会多少啊？

《三本长沙》就是《马失前蹄》，我说我照着词能唱，听得挺熟，没背过。但听的不是少白派，白三爷就一个唱片，跟后来的唱法还不大一样，我都是听别人的录音。

五爷叹口气说，《马失前蹄》《华容道》这些小段都是不错的段子，他们唱的都没有“地儿”了——就是没有好的地方了。会是会，对是对，好是好，绝是绝，他们连“会”都说不上，“会”的还都不“对”呢。哪去找“好”和“绝”啊！

我心里想，少白派这段连完整的录音都没有呀，我怎么个学法呢？

也确实，直到现在，五爷去世都好几年了，他生前的录音资料里，都找不到完整的这个段子。

五爷接着说：你先练这两个小段，再上个《斩华雄》，这里边有大段的话白，练嘴里的力量……这些李岩都会弹，你没事找他唱去。到我这来，是学这个方法。找他们唱去，是练功，你得长期地唱，才能把嗓音和嘴里练出来。

好啊！我心里暗喜。

五爷说：学习计划是这样，你两个星期来一次，一次一个半小时，这两段学完了，学《叫关》，然后学《建文帝》。现在学习有好处，有录音啊！我们当年学，没什么好方法，全都是靠听，一天到晚老是听这个，所以有很多东西我没唱过我都能弹。现在有录音了，你回去，想听几遍都可以，哪不对还可以倒回去听。

好啊！我是激动加感动啊！

开始想的是，能来见见五爷，学点东西，等于是听听讲座就很牛了；没想到连学习计划他都帮我制定了，这是直接就成了登堂入室的研究生啊。

我很兴奋，五爷也高兴，兴致勃勃地聊起了老年间的事：

我们过去学，那老艺人都不认字啊。来了，就给你上四句词，念去，背半天，忘不了了，回去，今天的课就算上完了。明天来，还是这个，这四句一“打奔儿”，回去接着背。后天来了还是这四句，能念下来了，很顺了，再往下念四句。光背词就得几十天。说如果谁认得字，把词儿给谁，让他直接背去？那就“犯规”了。为什么呀，三天他背下来了，你就得教唱儿了。

之后，五爷弹着弦子，我唱了“一落”，就是《马失前蹄》的第一段。弹完了，我自己知道好多地方合不上。五爷就说了：“你这就叫会，但是不对。”

然后五爷弹着弦子，一句一句，一个字一个字地教我。乍一学，真学不会，脑子没那么快呀，嗓子也没那么盯劲。还好，五爷一指录音机：有它呢，你回去多听。

我唱，就是光唱，五爷教我，可得弹着弦子，自己还得唱，给我示范。手里除了弹伴奏的点儿，我实在唱不准音的，还得给我弹每个字的音，用弦子的“搓儿”给我当钢琴，找音准。

我写这篇文章的时候，距那时已经过去了二十年，我也好多年不唱京韵了，我重新翻出录音，听到此处，眼泪都下来了。人家都八十岁了，你就是一个普通的大学生，又没交情，又没交钱，人家凭什么这么教你呀！

练了半天，“一落”唱完了，我这嗓子也差不多了，我说：我这嗓子不行呀。

五爷说：嗓子是天生的，但气是后练的，你不要贪高弦儿，越高气越浮。唱大鼓的嗓子讲究跟买布一样，愣要宽一寸，不要长一尺。你的嗓子本质不错，但有点儿还没过变声期。早起可以练练气，练练嗓子。

然后五爷随口就聊到了刘宝全：刘先生的那个高腔就是从喊嗓子的旋律出来的。他每天喊嗓子喊“马”。这个字的声音是个上音，就是第三声。这马的拼音有个M，在鼻音，一出这个声，气就往下沉，它是浊音韵母，声母是声音之母，这是韵母，没有音。把这“马”完美无瑕、从高到低地一唱，最练气。后来刘先生才把这个喊嗓子的旋律兴到唱腔里去了，就是《大西厢》里“懒梳妆”的这个腔。

这不单是学唱，也是学曲艺史啊。除了五爷，还有谁能知道这些！

我刚想接着聊，既能休息一会儿，又能多知道点儿旧事。五爷又抄起了弦子：来，再唱唱。

我的气息不对的地方，五爷就给我示范用气。他说：我从年轻时候就练气，现在我的声音可以这么长。过去叫丹田发声，现在叫腹式呼吸，得用底气唱。别用高弦，用高弦气就浮了。

我唱得不准的时候，五爷就给我示范音准。他说：你唱哪个音就得是哪个音，1就是1，2就是2，用钢琴都能找得到。唱大鼓，要求的就是这个准确性。你看，“仔细留神瞧”这句，弦子的把位都不一样，是“4”把位，所以这一定得唱准，唱不准不是少白派。

我技巧不对的时候，五爷就给我反复示范，比如“气难消”的“难”字，在最后用嗓子的“嗖儿”系一个小“疙瘩”，这个小疙瘩里的每个音还都得准，那是声音的技巧，真难啊！

五爷说：别说你了，那些后来的所谓名家们都把这个腔儿免了，为什么呀？他们来不了啊。我说：三爷的唱盘就没有这个腔啊。五爷说：唱盘是时间挤的，为了赶着把这两段唱完，好多腔儿就都免了。所以要跟着录音学的，那好多东西就都丢了。

一直到几年以后，我再去学，再唱类似的腔儿，五爷都说，你这有点儿了，但还是得练。

我唱得情绪不对的时候，五爷又给我讲：这段子短小精悍，干净利索，跟《刺汤勤》不一样，这东西一唱起来就得是冲的，一张嘴就得硬，你这唱得都太软。而且得是讲故事，进人物，半说半唱，有轻有重，让人听着才有感情。

一个半小时，都是足足的干货，没一分钟是浪费的。我都累了，那位八十岁的老人呢？

好像是保姆推了一下门，也好像是把药拿来，我就记不清了。我赶紧说：“您该吃药了吧。”因为上回来我就知道五爷的心脏不好。

五爷说：没事，三点半吃，我两点钟吃了；就这五片，剩下全仗着救心油。

我赶紧说：我今天就学到这吧，回去复习去。

五爷说：好，有录音，你多听，下回来再往下学。你先别忙着走。

说着，他又抄起了弦子，说：打头再唱一遍。

七

接下来的2000年秋冬和2001年春夏，整个大四，我都很忙。各单位实习，找工作，我在暑假和刚开学的时候，曾经天天去崇文门一家网络书店上班，当网络编辑。其实离我家不远，但我不想家里人知道我这么早就去上班挣点钱，每天都骑三个多小时的自行车，从北大骑车上下班。当然，耳朵里少不了随身听的耳机，全是曲艺的唱段，也反复听五爷的课。

我还得完成我的毕业论文《清中叶至民国北京地区俗曲研究》，后来这篇论文得了95分，写了十万字，这也颇得益于我去五爷那里上课，有什么问题随时就向他请教了。再后来这论文我自费出了书，当时我已经出点名了，要出曲艺类的论文还得自费出书，去曲协求爷爷告奶奶，人家也不管啊。

别说我了，五爷的书也都是自己花钱出的呀。有一次五爷说：现在没事我就写，但眼和手都不给劲儿了，有时候写了半天手一抖就都给勾了。我出书还花钱呢，我就是想给这行留点东西。

我还得补英语，英语不及格毕不了业啊，花费了大量的时间，以至于我们系的老师知道我因为英语成绩不好保不了研，都说“痛恨英语”。

但是我基本上都按“两个星期一堂课，一堂课一个半小时”的学习计划去找五爷学习，我这么爱少白派，又有这样的机会，怎么能错过呢？

各种腔调、吐字之类的课程记录我就不写下来了，文字不能发声音，写也写不清楚。就像我跟李燕先生学画，先生说，无论学画还是学其他什么都得动笔，要不说不明白。

再者是太过专业的问题，一般读者也不爱看，反倒是各种历史更值得记录。

我正在写论文，就问他子弟书的问题。五爷说：按我们知道的，子弟书是鼓词，八十句一段，一换辙。为什么要换辙？就为语言新鲜，老用一道辙难免在用词上“翻头”太频繁。子弟书头八句是诗篇，像律诗一样。可有人说石玉昆那个就是子弟书，这事我不服。他是唱《三侠五义》的，那唱词的词格和篇幅跟子弟书都不一样，那是个大书，跟子弟书合不到一起。刘吉典挖掘出来的“西城板”，那就是石韵，说它就是子弟书，这我不服。

我说：我们北大图书馆有好多车王府子弟书的抄本，首都图书馆也有一批，我现在主要查岔曲单弦的老词，子弟书没时间去翻。

五爷说：唉，有一位姓王的工作人员，约我去看那些曲本，约了我三次我都没去，为什么？眼睛也不行，去了也说不明白，一进屋都是书也看不过来呀……这都是十多年前的事了。

我又问他："百本张"本人您见过吗？

这么问是因为我去天津，在古玩摊上买了几本百本张的小唱本，里边的资料很珍贵。

五爷看着我拿去的唱本，一页一页地翻着，我想，那些小唱本都是民国年间的东西，很久远，可也就是五爷年轻时候的东西呀。五爷就是活着的历史啊！

五爷说：百本张的后人，在我十几岁的时候，他就天天在天桥转，跟大家聊。你给他一段什么词，他出来一版之后，就给你一本书。他的词的来源很广。那是一九三几年，他的后人已经五六十岁了，在街上摆一小摊，上边用线儿横上，书本在里边，怕风给吹跑了。那里边好多都是过去天桥唱的东西，刘宝全唱的词就少了。

聊到了出版。我问他：章翠凤出的那本自传您看了吗？她算刘派吗？

五爷说：唉，这人我太熟了。她是王德纯的徒弟，她师哥是王文川，接的白凤岩的班儿，给刘宝全弹过十年弦子，主要是王文川教的她。她有录音啊，你听听，那是正经刘派。1940年在天津，是白大爷给她弹三弦，我给她拉四胡，1941年还是1942年，她到北京来，就是我给她弹了。她差点没把我拐到南京去！

啊？还有这么段历史！五爷好像就是一个时光通道，没有他，那些历史的人物就在历史中，有了他，他把那些人物和现在就联系起来了。

我问：怎么回事啊？去南京这事？

五爷说：她去南京演出，得带把好弦儿啊。她就跟我说了，但是我大哥不让，我大哥说："我可离不开老五，除了台上，还有业务什么的，他还得给我办好多事呢。"结果到南京去她就嫁给一个有钱人了。那个人啊，说是做生意的，其实是国民党特务，后来国民党撤退的时候就跟人家一块走，到台湾去了。后来她在台湾穷困潦倒，是加拿大的学者石清照给她出的这本书，等于是拿稿费救救穷。这书里边有好多不实之处。

我说：她书里说她是刘宝全徒弟，有人不承认，到底是怎么回事啊？

五爷说：她愣说她是刘宝全的徒弟，她都不一定见过刘宝全。

我说：可她唱得确实不错。

五爷说：那是，唱得确实不错，当年在天津跟骆玉笙“啃”。

“啃”也算戏曲曲艺的行话，相互用能耐斗法的意思，你好，我比你还得好。你能卖钱，我比你还能卖钱。能“啃”到一块的能耐肯定差不多。骆玉笙当年大红大紫，可见这位章翠凤也确有过人之处。

说到骆玉笙，我问：她唱的段子怎么好多都是少白派的？

这下五爷又打开了话头：刘宝全的头一任弦师是韩永禄，那是老前辈，宋五、胡十、霍明亮都给弹过。后来因为钱的问题分手了。

我们正经的账头，是三七开，挣了十块钱，弹弦的落三块。假如他今天挣十块，给弹弦的三块，他觉得值。可是今天挣三十了，给弹弦的九块，他就觉得不值了。尤其是后来他出去一场挣一百块钱，要给弹弦的三十，他就不乐意了。当然一般弹弦的一个月也挣不了三十。

后来就是白凤岩给他弹，弹了十年，二人可说是珠联璧合，后来还是因为钱分手了。

平时刘先生就很“剋”，最后的导火索是去曹锟那儿唱，唱过之后，曹锟给了三千块钱。这应该还是三七分，哪怕你少给点呢。结果他一到后台就说：这是给我的养老费。那意思是不能给你们，都是我的。那年是1926年，他五十八岁。

白大爷那年二十八岁，实在觉得过不去了，就跟刘先生“告假”了。刘宝全也不在乎，他认为，我是鼓界大王，我找谁在旁边扒拉出个音儿，我还是刘宝全。可你要离开我，你可就不是白凤岩了。

过去真是这样啊，多好的弹弦的，没好演员，也发挥不出来。

我听到这，心里想，跟说相声的一样，多好的捧哏的，没有好逗哏，也是不怎么值钱。

五爷接着说，白大爷就在家里足一通改革，改新词，谱新腔，培养他弟弟，足足三年。白凤鸣十四岁拜的刘宝全，那也是因为他大哥。常旭久老大，白凤鸣老二，谭凤元老三，这是刘宝全的前三个徒弟。1926年白大爷离开刘宝全，1929年他带着白凤鸣到天津就唱红了，曲目新、唱腔新、演员新，就得了少白派的名号了。

1933年，白凤鸣到南京唱，他的师父韩永禄正在南京“鸣凤”坐弦。坐弦最难，会的得多，开场就得去，谁唱什么你都得能弹，直到后场有角儿上了，有自己带弹弦的了，才能休息；而且挣得最少。白凤岩为报师恩，让他给白凤鸣弹一场琵琶，一月给三十块钱。

京韵大鼓的伴奏用琵琶，始自刘宝全。过去的账头是三七账，自带三弦，弦师得三成，再自带四胡呢，就是六三一的账，四胡得一成。可是一般演员都用园子的“官中”四胡和琵琶，逢年过节给个三块两块。大角才自带四胡，带琵琶的绝对没有。只有刘宝全去南京带过琵琶，但此人是为了游山玩水，只要求吃住，不要钱。

所以白凤岩请韩先生弹一场琵琶，就是为报师恩了。

韩四爷是有心啊，那是第一代的三弦圣手，天天跟白凤鸣在一起，连演出带聊天。后来说，你这几段我挺爱的，在家里唱唱，我给你弹弹《红梅阁》《七星灯》《击鼓骂曹》《斩华雄》这几段。可那老头弹三弦的水平太高了，一弹就连谱子都记住了。这时候骆玉笙还没拜师呢，等白凤鸣从南京走了以后，骆玉笙才拜的韩四爷，她的嗓子条件太好了，前无古人后无来者这么一条嗓子。韩四爷又给刘宝全弹过，又学了少白派的这些，就都教给骆玉笙了，连老白先生的《孟姜女》《焚稿》《哭黛玉》这些段子，都教给她了。

我问：骆先生跟白三爷差十五岁，也算师兄弟？

五爷说：算啊，那没错。但是她唱的这些都是少白派的段子，她得承认，但她没跟白家学过，是通过韩四爷学的。有的文章说她直接跟白凤鸣学的，这她肯定不承认，也不是真实的历史。还有文章写，她和白凤鸣互相偷艺。我看了都乐，就她那条嗓子，就白凤鸣那条嗓子，能偷她什么呀？

《京韵大鼓四大派》的那个周某，是天津音乐学院学生，胆大妄为。那本书里的序就说骆玉笙跟白凤鸣学的，我看骆玉笙也就是署个名，估计她连看都没看。而且这个周某，把我给她提供的词全改错了，可署的是我的名。《抱妆盒》就一本，她就愣敢说有两本。《听琴》里边说“徽金”岁月，那是古琴上的品，按十二个月，加一个月。她给改的“挥尽”岁月！《刺汤》里边，“我再贺君秦楼千里跨鸾凰”。那是秦王之女弄玉会吹笛子，想找个男人合奏，来了一个叫箫史的，说我不会笛子，我会吹箫。二人一合奏非常美妙。箫史说，我是神仙，其实你也是仙人，我是来度你的，这样，两个人一个跨龙一个跨凤上天了。她愣给改的“青楼千里”，成了妓院了……人家骂也得骂我，因为署的是我的名。

我要退出，这事我不干了，词我白给你，你爱出什么出什么，但是这里边没我，你别写我的名。这中间还有个导演叫刘某，一个劲儿说合——因为这是姜昆给拿的五万块钱出书，我要退出姜昆就不给钱了。唉，那里边错的多了……

有时候聊一会儿典故，五爷主动说：你再唱唱，功是功法是法，得多唱。可不单是我唱，他得弹啊。

八

我刚开始跟五爷学的时候，去了几次，《三本长沙》总算从头到尾都拿下来了，这是少白派形成初期的第一个唱段，也是我学的第一段少白的唱段。

说实话，之前我听过几个演员唱这段，自己也背过，学杂了。学这段，一句句改错，比学一点不会的，难多了。如果一上来就学只听过五爷录音的《建文帝》《七星灯》等，应该简单一些。但也正因为这样，几乎每句都得改，都得记，也让我这段很扎实，也比较能理解少白派的精华所在。当然，理解和自己能干，是两码事。

有一次又上课，五爷说，你还是得练，平常不唱，功就练不出来。这样，我按你的调门，给你弹一遍。然后我耳机里听着这个录音，再拿弦子弹一遍，你录下来，这就是你的伴奏带。你每天在家，拿这个伴奏带就可以练唱。

我真是感动坏了。五爷居然想到这个主意，白五爷啊，老前辈啊，什么身份地位的人，居然要给我做一份伴奏带。

于是，我唱，他弹。这一唱就听出问题了，有的地方不扎实，有的地方也不知道怎么就唱了别的腔儿了，大概是紧张。这一段弹完了，五爷定了定神，说，先别录了，再从头唱一遍吧。

这次没有从头到尾不能打断的压力，反倒唱得好了，大多数刚才错的地方，又对了。五爷弹完了，问：怎么这回跟上次又不一样了？

我说不出什么来。五爷说：你这就是听杂了，唱《叫关》肯定没这样的问题。词也得随时背，张嘴就得有，不能现想词。

后来这事就过去了，我这辈子也没有一段五爷专门给我录的伴奏带。

后来再学《叫关》《抱妆盒》的时候，也有问题，就是我拿来的和我抄的词，好多地方都不对，五爷得现改。有的时候是从小的印象，一唱，就老唱错的那个词。

我说：我那个录音的音质不好，您一上板就听不清楚。

五爷叹了一声，说：那个都是20世纪80年代录的。就是因为白凤鸣的录音社会上都找不到，我就是想把少白派，包括刘派，这些好东西传下去。我才录的这批资料。可费劲了，我得先用这个录音机，把弦子的伴奏录下来。然后用一个录音机放这个磁带，这边放的弦子录音，这边我打着鼓唱，那边还得一个录音机录，都是我一个人干，差一点就录不到一块了。然后，再把这个有伴奏、有唱腔的磁带用一个录音机放，我这边再拉着四胡，那边再用一个录音机录下来。

我问：那怎么不直接自弹自唱啊？跟着录音的伴奏，那多不好发挥啊？

五爷说：这跟单弦不一样，单弦能自弹自唱，可是弹京韵多难啊！小声唱对付着还可以，又得弹，又得大声唱，又不能爬着唱儿走（完全和唱腔一样的旋律），还得弹出精彩，自弹自唱就不行了。所以，那时候录音机的效果也就那样，又转录了这么多次，音质就不行了。可是呢，前边慢板的时候，可以这么录，后边一上板，那就必须自弹自唱了，半说半唱讲故事，弦子就必须跟着唱儿走了。可是呢，那录音机一录自弹自唱的时候，弦子声就太大了，你这一条肉嗓子，怎么也盖不过弦线子去，再加上四胡，有的时候就听不清楚了。

我问：那也有一些你低八度小声唱的录音，就是刘派的那些，那是您自弹自唱吧？那是嗓子“塌中”以后唱的？

五爷说：那不是塌中，也都是当时录的。因为开始我是先录弦子再录唱这么录，可是真一唱起来，有些地方总有两个腔都能用的，或者情绪到了可以“长点儿短点儿”的地方，跟弦子就撞了。这一错，或者一撞，就又得从头录。后来，我就先弹着弦子，小声唱。然后我戴着耳机听这个录音，手里再大声弹，把弦子录下来。等录唱儿的时候呢，我还是听着这个，再大声唱，就都合拍了。

真是不容易啊！

五爷接着说，所以那里边有唱错了的，比如《叫关》里，形容大雪有一句，“鹅毛蝶翅”我唱成了“鹅毛蝶片”，后来听出错来了，再想改可也改不了了。还有《别女》里边，“战兢兢的弱体惨淡淡的花容”我唱成了“战兢兢的玉体惨淡淡的花容”，这都是没办法的事。

我说：我听三爷唱盘《建文帝》，比您好像多两句词。

五爷说：唉，那是我找不着这个词了，自己从头捺，也串不起来了。我就去找白凤鸣，他那时候岁数也大了，老不唱了，最后这两句就没想起来。等后来，这唱盘有人给找出来了，我一听，也想起来了，也加不上了，就落了这么两句。

现在想起来我真是感慨啊！当年谁有个什么录音，都当宝贝似的，秘不示人，连白家自己都找不着白凤鸣的录音。哪像现在，网络发达，网上什么都有，而且越来越多的珍贵录音录像都被有心人放到网上了。

我说：当时三爷是中央广播文工团的团长，他怎么没把自己这些录个音都留下啊？

五爷说：唉，他后来当团长，净是业务上的事，天天开会还开不过来呢。不过他这少白派的十四段都录了音了，《换太子》《击鼓骂曹》，还有刘派的《听琴》《单刀会》什么的，都录了，录这音都是给陈云送去的，那老领导最爱听曲艺。

我问：这是什么时候的事？

五爷说：录音是在20世纪50年代末，那里还有我的事呢，《狸猫换太子》那四胡是我拉的。

啊？原来我幼年时迷上的那段《狸猫换太子》的四胡是五爷拉的，我跟五爷还真是有缘。

五爷说：这些段子陈少武和钟德海不会，为录这些音，现从部队里把我借出来的。还有《金定骂城》，这都是我拉的。

之前说过，我在大四的时候，为了写《清中叶至民国北京地区俗曲研究》这本书，抄了大量的资料。当知道民国初期刘半农等抢救出来的车王府数百万字的曲本都收藏在北大图书馆时，我非常高兴。当年我们文献专业的学生还可以直接去善本室调原本出来看，这些个手抄本虽然年代不远，但是历史价值非常高，而且都是孤本，当然算是善本。但是善本不能外借，而且复印一页就要五元钱，实在花不起，所以我每天都拿出一部分时间去图书馆抄这些文字，我的同学王文特也去帮我抄过不少，因为他也觉得我做的这项研究非常有价值。

后来等我毕业之后再去看，就需要拿介绍信了。而且那些书抄本都已经照了胶卷儿，你只能在机器上看放大的胶卷儿，不能去看那些原本了。

当时我查了一些资料，发现这些曲本有一大部分都在北大图书馆，另有一小部分收藏在首都图书馆。我要查的主要是子弟书和八角鼓方面的文本，这在首都图书馆也有一些。于是我又利用周末骑车去首都图书馆，那时首都图书馆还在国子监，到那就查到了，用北大中文系的介绍信也能借出来，于是我也抄录了很多。从北大骑车去国子监不容易，所以我往往一抄就是一天。

中午的时候，人家借阅处休息，我就要在外边溜达一个小时。当时，首都图书馆在国子监和孔庙，那些个中午，我把院里历代的进士题名碑都看了一遍，目的倒不是研究书法，是看看到底有多少个姓徐的，消磨消磨时间。

有一天，马上就到一点了，我就要回去接着抄了，忽然发现旁边儿有一个屋子挂着类似“音频资料查阅处”的牌子。我心里一动，进去查了查目录，在那些小纸板儿里，发现居然有白凤鸣的一段儿《博望坡》。

第二天，我拿了一盘儿空白磁带，请工作人员给我转录了一份儿。一盘儿两面儿，大概收了三块钱费用。我拿回来一听，这一面儿是全本儿的《博望坡》，那面大概是骆玉笙的《听琴》。

我对骆先生不太有感觉，但对白三爷的《博望坡》却是未料世间有遗珍，这等于是我得了意外之宝。我记得很清楚，当时复制用的机器不是双卡录音机，是比较大的一个机器，上边也有两个卡，串带子的工作人员还特地把两边儿的磁头都清洗了一下儿，这也让我非常满意。

串完之后，我自己又串了一盘给余江兄，余兄说：这我还真没有。后来谢岩贤弟他们这些爱收藏曲艺资料的人也都是从这儿串的。五爷也不知道三爷的这个录音还能在社会上流传，后来他听了这个录音，也很高兴。

余江兄还跟我说：除了这一面儿是三爷的《博望坡》，那一面的《听琴》，其实我们也没有。现在流传的《听琴》都是骆玉笙老了以后的录音，这个是她年轻时的录音，外界还真没有，这两个录音都很珍贵。

当时中国收藏曲艺录音资料的，敢说比他们二位多的几乎没有。所以我敢说，这也是我为少白派在爱好者中流传一些做的贡献吧。

说回五爷，五爷说：白凤鸣的那些录音都没有了，我为了把这些传下去，才自己录的。他的十四段我都录了。《红梅阁》和《战代州》是我嗓子哑了以后录的，很难。《骂城》和《哭祖庙》没录，当时我都记不清楚了。

我说：《哭祖庙》这段哪也没有了，您给我录录呀，不管什么效果，就是留下这一段。

五爷说：我来不了。

五爷做事从来非常认真，他录那些录音的时候，有时候都唱到最后了，错一个地方，就不惜全抹了重录。

我不死心，说：您给来来吧！

五爷说：这不是保守，我说来不了就是来不了。那一个《红梅阁》我弄了多少日子啊。现在嗓子也不行了，脑子也不听使唤了，怎么我也八十多了。当年白云鹏也有这段，但是腔调完全不一样。

我说：哪怕您照着词来一遍呢。这里头好多三字句，你不唱，不知道是什么腔呀。

五爷说：这你都能给装腔儿呀，都是少白派的这些东西，你都会了。

我说：那不是原装的呀，您给录录吧，要不以后这活该丢了。

五爷说：丢的多了！

我只好另找话题，说：我听白三爷的《战代州》的唱盘，头两句和您唱的不一样啊，那是不是解放以后改的新词？

五爷说：原词是“大厦将倾”，那是子弟书的词，太文，1936年左右就改成“忠孝将军世无双”了，那不是解放以后改的。白凤鸣的一段《贞娥刺虎》，一段《战代州》，解放后他就不唱了。那会儿天津鼓楼东有个小胡同，里边有一个木牌坊，写着“前明费宫人故里”，解放以后就都给拆了。

我问：您那些伴奏带还有吗？

五爷说：有的有，那会儿磁带也少，有的就抹了。

我说：您把伴奏带给我，我跟着它唱，不就准了吗？

五爷说：对，《叫关》就有伴奏带，我给你录，你回去跟着它唱能不“走迹”。以后就不会别人给你一弹，你又跟别人走了。

我说：其他的伴奏带你也都给我录录吧。

五爷说：你别贪多，贪多嚼不烂，先把这几段学扎实喽。

我说：不是，我为留资料啊，以后万一您百年之后，我上哪找去呀？

五爷说：行，我都给你录了。不过这儿没有，都在家呢，我得回家的时候给你录。

对了，此时五爷已经去了敬老院，全称是石景山区社会福利院。那个敬老院的条件是不错的，我还见过墙上宣传园地的照片，五爷跟其他几个老头在内部活动中还组建了老年乐队，非常可乐。但毕竟是去敬老院了，好像有点好说不好听。

五爷看得很开：这条件比跟家还好呢，而且也是谁都来，跟家一样。主要是因为我那保姆走了，别人都得上班上学的，我这一个人太不方便。再找保姆，总也找不着合适的。那天我看电视节目，一个保姆，老看她照顾的那老头从柜子里拿钱，保姆就把这老头杀了。完了一看，那柜子里，一共放了七千块钱。

总之，石景山区社会福利院后来就成了我一个刚毕业的大学生常去的地方，这也是一件挺魔幻的事儿。

九

大学毕业以后，我在报社当记者，后来又去广告公司当策划，刚开始工作一直不太顺，忙于世务，从学校到社会的落差也有点大，钱挣得也不多；但是多难的时候，曲艺也没放下，因为我爱这个。

但是一上班，别的事一多，去学习的时间就不能保证了。有一次，我跟五爷约好下午一点去福利院跟他学习，我当然也得提前复习功课什么的，但是在时间上，我从思想上就没太重视。我觉得反正他在敬老院也没什么事儿，也不会出去，稍微晚一点儿也无所谓，而且还能让他中午多休息休息。因为脑子里是这么想的，加上再有点别的事，就耽误了。

等我赶到敬老院的时候，已经两点了。我走到二楼，穿过他们的活动大厅，要去他的房间找他。在活动大厅见到了一位女性服务人员，她见过我，一看见我，赶紧说：那个，白老师出去了。我说：奇怪呀，他跟我约好了。他知道我要来的。人家说：他就是出去了。

我疑惑着，走到了他的门口儿，门锁着呢。我很奇怪，一般这些老人房间的门都不锁啊？我敲了敲门，屋里没人应声，再敲门，还是没有回音。这可怎么办呢？

我从楼道往外走，又到了他们的活动大厅，服务员说：你看，我说出去了吧。

旁边过来一个老太太，很热心，主动问我：你找谁呀？

我说：我找白老师。

老太太说：哦，找小白呀。

小白！白老师虽然当时已经80多岁了，但是在敬老院还真不算年纪最大的。

老太太说：我给你叫他去。她就从阳台那边的一侧楼道走过去了。敬老院的老人的房间两边都是门，这一侧有楼道，阳台那边也有楼道。一会儿她又出来了，看面色有点儿暗含着笑意，说：他不在。

我觉得很奇怪，但也没办法，就只能走了。

从敬老院往地铁口走的路上，我越想越不对。跟我约好了，他怎么能出去呢，别是生气了吧？我打个电话试试吧。

在我刚毕业当记者的时候，还是在报社的要求下，买了一个数字的BP机，那会还是这个水平呢。这时我已经买了诺基亚3310这一款人生当中的第一部手机，白老师屋里也正好有座机。我一打，白老师屋里的电话还真通了，有人接听：喂。

我一听声音就是白老师，我说：白老师，是我呀，我是徐亮，我来找您学习来了。

没想到白老师一听是我，说：你打错了！一下就挂断了，听声音是非常生气。

这可把我吓坏了，我知道因为我迟到了，所以把老师气着了，这可怎么办呢？万般无奈之下我就想起余江兄了，我赶紧给他打了个电话。还好余江兄接了，要不当时我真不知道怎么办了。我把事情一说，余江兄也乐了，说你看你还招老头儿生这么大气。你等会儿吧，我给老头儿打电话吧。

我就在敬老院门口儿等着，一会儿余江兄又给我回电话了。说：你上去吧，好好儿说，说点儿好的。我自然是千恩万谢，重新又来到了敬老院二楼。服务人员见到我都含着笑意——她们肯定知道是怎么回事儿啊。等我一敲门儿，里边儿熟悉的声音说：进来。

我进去一看，白老师坐在椅子上，瞪着我不说话。我说：白老师，我错了，我迟到了。五爷余怒未消，问：咱们约的是几点？

一点。

你几点来的？

两点。

你迟到了一个小时，你跟我这80多岁的人定约会儿，还迟到一个小时！当然了，可能有你的原因，但是就跟那相声里说的似的，怕晚到你早出来呀！我就为了等你，我12点之前就吃完饭了。我还特地让他们赶紧给我洗了澡，中午我连觉都没睡。就为等你！到一点你没来，一点十五你没来，一点半你还是没来。快两点了，你还没来！我就恼了。

之后我说的什么我全忘了，总之就是赔不是，赔礼道歉。说完了，白五爷眉头也展开了：行了，以后你得注意啊。我这80多岁了，等你一个钟头。这不像话呀！你把你“那个”开开吧。——他一指我的录音机——咱们接着说，上回学到哪儿啦？

嘿，这事儿就过去了，但是可给了我很深刻的教训。

下午走的时间比以往还要晚一些。因为之前迟到了嘛，服务员送水果进来了，都是切好了的。五爷吃了一两块，一指剩下的，说：你把这些吃了吧。大概就是完全原谅了我的意思。

说到水果，我去五爷那儿学习，不但一分钱没交过，而且就送过一次还是两次水果。五爷说，再也不要送了，因为我也吃不了什么，你送来的也都是给他们（服务员）吃了。可以说，我和我的这些位老师学习，都没花过钱，甚至都没送过礼。

他们挺安心，我也挺安心，大概我就是这样的人。

十

行文至此已经写了两万多字。从录音和录像中整理出来的，以及我记忆中的，五爷留下的各种表演原则、演唱技巧、史料珍闻，还能再写这么长的文章，但是，这篇文章就到这里吧。

一直到2007年，我还去五爷那学唱。后来因为没有弦儿的问题，又需要自己给自己挑毛病，我还特地买了四胡，跟五爷学拉四胡。五爷说我的音儿有的跟着弦子就准，不跟他的弦子就容易不准，四胡的音长，可以给我管着点。拿四胡给我上过几次课以后，我确实有很大的改观。

我说：我倒是从小学弦子，但是因为手伤过，上手就一直没抻开。要不我学学四胡，您看我学得会吗？

五爷说：没问题，这比弦子容易多了。

真拉上才知道，容易是他说的，他的水平，看什么都容易了，我嘛，这地方得上韵，“惭愧！”

学拉四胡从定弦开始，这四根弦的不好定，定准两根之后，再定另一根，一定会带得之前已经定准的那根又差一头发丝儿，又得把原先定过的再定一遍。

他说：乐器就是有难有易，千年的琵琶万年筝，一把洋琴气中风。那洋琴你能把弦儿定准了就会了，琵琶你试试。

我还真又跟他学琵琶了。学三弦儿是肯定学不会了，能拿琵琶对付一下也行啊。当时我想的还是，如果以后我给弦师说活，总得会个乐器，不能光拿嘴哼哼啊。

他说：曲艺里的琵琶跟三弦没有多大区别，就是上手的手形变一点。下手的轮儿得单练。我说：我这轮指还真练出来了，就是不太圆。

二十多岁才练轮指，我真下了点功夫的。

他说：当初杨大钧说练轮指要数“一二三四”，就是用五指分别弹挑，但是数四下，哪一个指头轮到最后，就是重音指，轮着来，就能把五个手指头练得平均。你新买的琵琶，二十四品，我这种老琵琶是十三品，我大哥管这个叫“北琵琶”，先练《开手板》，就是《老八板》。

于是他就弹了起来。兴之所至，还弹了一段《剑阁闻铃》。用音乐讲述唐明皇仓皇西逃、赐死杨贵妃，在剑阁中住宿，听这一路凄风苦雨敲打金铃的情形。

我说：好啊，《闻铃》！

他问：你怎么知道这个？

我说：我小时候马增锟先生给我录过。

他的思绪又拉远了：马圣人，很聪明，手底下也不错，说评书也不错。当初，白凤鸣给他介绍济南军区，后来复员到高碑店文化馆。他能顺高碑店骑车来，追白大爷追得厉害。材料真是个好材料。山东军区有个人叫刘秀德，嗓子很像刘宝全，当时就非常努力，想出来个部队的“刘宝全”。长得也是方面大耳的，外号叫老佛爷，就要了这么个弹弦的，很尊重他。但是他后来出了些问题，要复员的时候，真是很舍不得。

又说回了琵琶，五爷说：你得有个小弓子，没事就练轮指。

我说：我有琵琶。

五爷说：那也得弄个小弓子，随时练。在屋里没事，你哪能老抱着琵琶啊，我这都有个小弓子。

说着，他还拿出来给我看。

什么岁数了，还练呢！

后来，我说相声出了点名，在我名字中加了个“德”字，“徐亮”改成了“徐德亮”，再去五爷那的时候，他还跟我开玩笑：你这“德”字一加，我还得管你叫点嘛。

越来越忙了，也想挣钱了，也就忘了“爱好”这个初心。

渐渐地，我就不去学了，学过的东西，也都忘得乱七八糟，拣不起来了。

那时候我自己想想都觉得可乐，我在相声上下的功夫不少，在八角鼓上功夫也没少下，拿那两样都挣着点钱了。在少白派上下的功夫也一点不少，可在正式营业性的场合，我一回都没唱过。

白三爷的儿子白佳林，说相声算于俊波的徒弟，那也是老前辈了，我们在票房认识好多年，但是因为他家庭内部的一些问题，从来不跟我提少白派。但在他去世前一年，他找了我好几次，约着我干园子，干“少白专场”。我说：谁弹啊？他说：孙鸿宴能弹，还有谁谁谁愿意学。我说：弹也弹不了，学也学不了，我也唱不了，再说吧。

果然，孙先生见着我就说：白佳林给我打了好几次电话，他干吗老要弄他们那少白派大鼓啊，那东西费工夫挺大，上哪唱去呀！

那意思就是，上哪挣钱去呀？

本来嘛，谁都得吃饭。

而且连一般的大路活都继承不下来，谁有时间弄这些高级的又没人听的呀？

没有弦儿，少白派就完了。所以我年轻的时候，在网上说自己是“京韵大鼓少白派唯一传人”，纯粹是胡说八道，往脸上贴金，而且幼稚得可笑。

现在白佳林先生也去世了，孙先生现在年过八十，还活跃在演出一线，努力传帮带，每次见着我都说：你把那少白派拣起来呀，咱们弄弄这个呀。

孙先生现在教徒弟，大花心血，也大见成效，不想钱的事，初心就拣起来了。可问题是，现在这社会，年轻点的，你不想钱的事，真活不下去。尤其是干这行的，在家都吃窝头了，还得贷款买辆好车呢。

其间得有七八年没见五爷。

最后一次去五爷家，也是余江兄带着去的，余江兄说，五爷从敬老院回家住了，你还不去看看？我说太应该了！于是我们约着去了。

一进门，五爷坐在客厅的沙发上，看见我就笑了，问：你怎么老不来了？我看见网上你说你跟我学《罗成叫关》了，我心里真是五味杂陈。他真是见老了，毕竟九十四岁了，重听，说话也有点底气不足、接续不上了。

余江兄有备而来，问的都是当年的典故实事、古旧的唱片文本。而我跟五爷说会儿话，只不过问问平安聊聊天而已。这些年，我已经忘了那些热爱少白派的日子。

第二年，五爷就去世了。在八宝山，我鞠完躬，瞻仰他的遗容的时候，恍惚间，我看见的还是当年那个“英气逼人”的老者。

我对不起少白派。

老西单商场的“茗园”

20世纪40年代，在西单商场有两个著名的曲艺演出场所，一个是常氏家族主办的相声园子“启明茶社”，一个是白氏家族主办的曲艺园子“茗园”。对于“启明”，因为它演出的是“相声大会”，是曲艺里的“显学”，又是相声史上绕不过去的一个点，而且出现了很多在解放以后依然声名显赫的相声演员，所以相关的回忆文章和史料都不少。但对于在曲艺史上同样比较重要的“茗园”，则显得门庭冷落，知者寥寥。我曾经和白奉霖老师（五爷）仔细问过“茗园”的实情过往，如今记录下来，既是对曲艺史的一个补充，也是对旧京风情的一个侧写。

茗园是1940年著名弦师白凤岩带着三弟凤鸣和四弟凤麒、五弟奉霖等开办的曲艺园子，位置在西单商场后头，有个二层楼上。园子的房主叫董子元，他开的百货店叫子元百货店，就在西单商场里边——西单商场都是一间屋一间屋地租的，跟现在的大商场、古玩城什么的差不多。

这些商户把房子用于开“园子”，不但不要房租，每天还倒给演唱的场所一些钱，最早，由董子元承头，其他家都拿一点儿钱，每天给“茗园”十块钱。为什么呢？为了有流水的观众。这商场里有娱乐场所，就有人专门为了看节目而来的，到这里甭管听不听的，随便买点东西，商家就赚了。西单商场几百家商户，一家给一毛钱就够了，但是因此引来了人流，他们受益可不是一毛钱的事了。

到后来，董子元不想给这钱了，白凤岩就带着兄弟们在楼下，另一个商场（也叫西单商场）后边一个空地，继续干园子。那是大华饭店的一个场地，两边谁也不给谁钱，场地你们爱怎么用怎么用。那是1942年的事，字号就用的白凤鸣的“鸣”字，改叫“鸣园”了。鸣园一直坚持干到1947年才结束。

同时，鸣园的前边有个平台，白家在平台上边又开了个“麟园”，就是白奉霖（当时叫白凤麟）主事了，什么约角、派场，加上台上伴奏，都是他的事，前台依然是大哥白凤岩掌管着。

荣剑尘、常澍田、谢芮芝、谭凤元这些单弦名家，都在鸣园演过，唱京韵大鼓的白云鹏、白凤鸣、小岚云、马书麟，都在鸣园“攒过底”，就是当过唱最后一场的主要演员，鼓王刘宝全1942年去世的，一众名家里只有他没在鸣园演过。鸣园的开幕式是特请小岚云唱的，她当时非常年轻，但也真红。

鸣园坐满了，是一百二十八个人，卖水牌子（大概就是按演出档次卖票收费的意思），有一块、一块二的，一开始才六毛。每天都演，一般晚上能上八成座，白天是四五成座。

演员中除了白凤鸣是自家能够“攒底”的名角，其余都是约来的，差一点的给个固定的演出费，当然不算很多；有名的演员就是拿包银了。拿包银的都自己带弦师，跟弦师下账。比如唱单弦的是“三大堆”，就是把包银分成三成，演员拿两成，弦师拿一成。因为主要都是白家兄弟伴奏，所以可以只给演员包银的三分之二，比如演员本来是挣二百四，实际从园子拿走一百六就得了，因为有八十的弦师的钱直接给白家留下了。

唱京韵是三七账，就是演员拿七成，弹三弦的拿三成。京韵大鼓的伴奏需要三大件——三弦、四胡、琵琶。一般有点儿名的演员演出时，只有三弦是“傍角的”给弹，拿一成，拉四胡的和弹琵琶的就是后台的“官中”弦师了，等于是谁赶上了谁来。

再有最顶尖的名角儿，最多多带一个“傍角的”四胡，分账就是“六三一”了，就是等于演员少拿一成，分给四胡。像“女鼓王”林红玉一月挣四百块钱，五爷给她拉一场四胡，是四十块钱。可一般的“官中”弦师，就是“座弦”，前几场谁唱都得弹，弹什么都得会，一月都挣不了二十块。

无论怎么分，鸣园的伴奏基本都是白家兄弟包了。白凤岩是三弦圣手，白四爷、白五爷也都是个中高手，各种乐器全拿得起来，水平还都很高。各位名家都愿意让白家人伴奏，甚至不是顶尖名家的，一般白凤岩还不给弹。

五爷说："鸣园之所以能干那么长的时间，就是因为都是我们家给伴奏，小岚云从天津来，挣十八万日本钱。我们等于十二万日本钱就把她约来了。大爷给她弹三弦，我给她拉四胡。"

底角都是拿包银的，可是底角都长不了，因为时间一长，观众一掉座，他自己就告假了，就得再约底角。

下午只能上四五成座，园方肯定是赔钱的，但如果一天只演晚上一场，演员就只能拿一半的钱，演员就不干了。所以一天安排两场，晚上前台赚，白天前台搭，演员也合适，一天挣两场钱。所以一讲包银就是一天唱"黑白天儿"两场的钱。

偶尔谈到隔壁的"启明"，五爷说："常家挣钱就比我们挣得多多了。他们跟园子是二八下账，后台得到的八成票款里边，常连安拿一个半份儿的'老板份儿'，还有一个'演员份儿'，他一个人就两个半份。他们家能演的有多少人啊，小孩儿都能垫场演出，托边杵（收点零散观众的钱），单有一个箱子，把小孩挣的钱都放那箱子里，他们那些小孩每天平均分。三蘑菇、四蘑菇、苏文茂、于世德，还有侯一尘的孩子叫侯大马，能有十来个孩子。还没开演的时候，下边有十来个人，你要不说，他就走了，就让小孩上，也练，也能挣点儿钱，正式开演的时候观众还能多。后来这些孩子都成名了。"

至于演出的时间，鸣园是下午一点半至五点半、晚上七点半至十一点半。为什么演到那么晚呢？因为老北京那时候晚上没地方去，您就是唱到十二点他也在这听，听完回家睡觉去。

五爷说："现在谁出去呀，那电视，三十几个台还不爱看呢。"这可是2001年的话了，现在，六十几个台都不止了，可也没什么人看电视了。时代在变化，艺人们也得想自己的法子。

顺带说说白五爷后来的历史，1946年底，国民党一来，生意就全歇了。白凤岩带凤鸣、凤麒去了沈阳，五爷给东安市场凤凰厅干，自己也组织演出。东安市场二楼有一层空楼，让五爷组织演出，也是免费用，连用电都不要钱，就是为了繁荣那个市场，那里边还有台球厅和小旅馆呢，起名叫东单世界游艺社。不断地演出，也能活着。除了大鼓界的名家，马三立、侯宝林、王世臣这些相声名家也约来演，半月一给包银。

谁知有一天来了一个人，说是国民党十九团的，说十九团从北边撤下来，要占这儿当兵营。他们想占房子，五爷以“正在装修”为掩饰想保住房子，说“我们这要掀顶子了”，把他就对付走了。结果没几天他又来了，一看并没有装修，上楼一看，灰、瓦、工人都没有，到楼下，这小子拿起墩布，抡圆了一下就打在五爷胳膊上了，五爷那会二十七八岁，身体正棒，胳膊打肿了，那木头也断成了三截。国民党兵就把五爷抓走了，锁在东单的一个铁笼里，逼迫他交房。几天后，五爷才在兄长的多方走动之下被放了出来。

国民党兵在那住了两个多月，把屋里的椅子劈开烧火，将鞭炮放在茶壶里，崩开壶盖取乐，弄得一团糟。

东单世界游艺社垮了，北京不好干了，1948年，五爷到天津给京韵名家孙书筠拉四胡，孙书筠不唱后，五爷又回到了北京。1949年快到年底了，他又去了天津，1950年跟单弦名家张伯扬回北京，又去跟张伯扬、孙书筠、王世臣、钟翠云等去了上海，演了不到三个月，正赶上抗美援朝，加上“三反”，不上座，就又回了北京。

1951年秋，在前门外鲜鱼口里的“迎秋茶社”，白五爷带头成立了北京市实验曲艺团。大角有王世臣、联幼茹、马书麟、良小楼、谭凤元等，头里有几场女班儿，也有变戏法的、抖空竹的，节目阵容很强大，也很丰富。这是北京解放后成立的第一个曲艺团。那时候关学曾、魏喜奎还在前门箭楼上演呢。

都成立好了，曲艺团的辅导员、文化局的干部关士杰找五爷谈话，说：“团是你成立的，但你得让王世臣当团长，他爱跳槽，你让他当团长，他就不走了。你给他当秘书。”于是这个团就这么成立起来了。

“迎秋”原来是澡堂子，改造成曲艺园子以后能坐一百二十多个人，票钱也就是两三毛钱，也是“黑白天儿”两场演出。当时演出团体跟园子怎么分呢？好一点儿的团体二五、七五，差一点的团体三七，再好的还有二八账的。

当时这个团是按文化局定的“低薪分红、民办公助”的政策办的，联幼茹、谭凤元、王世臣这几位角，一月挣六十元。一般的人都是一月四十元，“挣不够这些钱，国家补给你，让你保证一个月有这些收入，能多挣，你们自己都可以按级别分，就是设一个低薪，让你们好好干的意思……到十一月份我就参军走了，后边的事我就不知道了。”

那以后，五爷穿上了军装，参加了抗美援朝慰问演出，军旅一生，最后以师级待遇退休，那就是另外的故事了。

白五爷聊典故

白五爷给我聊过不少典故，他自己就是很多历史事件的亲历者。五爷教了一辈子学生，有很多他自己总结的艺谚和教学方法。我尽量回忆，记录如下，如有错误，尽可罪我。

曲艺得名的由来

在民国时期的说唱艺人，有自己的组织，叫“鼓曲长春会”。东晓市有个药王庙，里边偏殿供着个周庄王。传说他是个孝子，国家政事办完以后回来都跟母亲说，母亲岁数大，老冲盹，他就找了一个鼓，一打，母亲就清醒了。而且他打着鼓，把政事都编成书给母亲说，让母亲爱听。所以后来，唱大鼓的就供周庄王当祖师爷。

周庄王是四月十八的生日，不但鼓曲艺人，杂技艺人也拿他当祖师爷。过去曲艺、杂技在一块演，叫“什样杂耍”。那个时候每个杂耍园子后边都供着佛龛，写着“周庄王之灵位”，掀台帘上台之前都要给他行礼。所以一到他的生日四月十八，曲艺界这些人都去，一些老艺人组织，每人得拿点香资，两毛钱或者几吊钱，请大家吃炒菜面。赚了留着，亏的明年还在这里出。有名点儿的演员都是给两块钱，可是“角”们都不去，去的都是一般的。

说来说去，这就是一个松散的组织。每年到时候祭祖，其实就是四月十八聚会一次。

1940年的时候，有位老艺人王文瑞找到白凤岩，说：“凤岩啊，咱们北京三百多个艺人，有钱有名的很少，大多都很穷苦。有的家里有个生病的，有个婚丧嫁娶的都没钱。尤其人死了以后，连棺材都没有。你有这个能力，你给组织组织，咱们唱一回‘搭桌’，演一场。买一块‘义地’，谁真有困难，给他点钱，死了埋到咱们这义地里。”

于是白凤岩就挑头把这事办了，成立了“鼓曲长春职业公会”，再找个会址。有一张合影的照片，向当时的政府领凭证——你是结社嘛。唱义务戏，约人，都是白凤岩办的，果然在左安门外买了一块两三亩的义地。等成立起来白凤岩可就不参与了，跟王文瑞说：“我给组织起来就完了，剩下的事都是您办。”

曲艺公会有九个理事，以曹宝禄为首，侯一尘、侯宝林、于少章、连阔如、全国华、顾荣甫、尹福来，1945年以后就有白五爷了。药铺的一个人也当了理事，因为用他的地方，一楼是药铺，二楼是个“落子馆”，就是坤书馆，都是女演员，三楼空着，会址就在这，所以他也是理事。

公会还找了个先生，叫李中元。他跟这些人都单线联系，事后证明他是国民党特务。

是公会，就要收会费，这就引出矛盾来了。天桥的杂技艺人说，你们这叫“鼓曲长春职业公会”，跟我们练杂技的有什么关系？为什么我们也要交会费？就拒交。这一下有一半人不交，就把意见交到理事会研究。

这时候日本投降，国民党来了。国民党政府对“长春”两个字也有想法，说“长春”是会道门，不是你们的行业，你们改名吧。于是，这才重起名字，叫“曲艺”，曲就是鼓曲，说说唱唱的艺术形式；艺就是杂技，这样把争议弥合起来了。这个公会就叫“曲艺公会”。

到了1957年，各个行业都有组织，艺人们有进曲艺团的，有参军的，公会已经没有存在的必要，京剧公会、评剧公会、曲艺公会，三个公会在梨园公会开会，由文化局领导出面解散了，“曲艺协会”这才应运而生。这就是“曲艺”两个字的来源。

曲协是北京先有的，后来各地才有的。曲协原来就叫曲艺协会，后来人提出来“曲艺”是名词，里边没有人物，才改叫曲艺工作者协会，后来叫曲艺家协会。人家演杂技的就入杂技协会了。曲、艺这两大部分就分开了。

“桥儿派”大鼓

天桥在民国时出来不少好弹弦的，祁凤鸣、于少章、韩德福、霍春山……他们都是在“落子馆”给女艺人弹。那种地方本身就“杂性”，唱什么的都有，这就要求你什么都得会。女艺人“摆台”，坐一溜等着观众“点活”。弦师也都在旁边等着，按次序排，一人弹仨——就是不管谁唱，不管唱什么，一个人弹三段。

这里的艺人们多少有点义气，因为也挣不了多少钱。比如有谁出门了，跟大家一说：“叔叔大爷，我上天津了。”“走吧。”过俩月他回来了，一打招呼，就又坐那了，还是这么排，一人弹仨。这些弦师都是随来随走，也没人管，反正来了就可以排着，轮到你就弹仨。

霍明亮的儿子叫霍连仲，那是老先生了，他一天能去十来家“落子馆”赶场。为什么呢？他进来，不管你前边有多少排队的，他到那，拿出弹弦子用的假指甲来，往手指头上绑，嘴里念叨：“沾巴沾巴啵。”大家都认为这是前辈，也不跟他争，所以他不用排队。这家弹完，出门去那家，到那又不用排队，又念叨：“沾巴沾巴啵。”又弹仨，再走。这家拿五个铜子，那家拿七个铜子，一个月来个几吊钱。

这些“落子馆”里，除了没单弦，没西河大鼓，其他什么曲种都有。单弦是北城八旗子弟唱，这里边没有。西河大鼓是唱大书，跟北京这些曲艺不是一路。评书也是单独一个范围。

说了半天，这些演出场所为什么叫“落子馆”呢？

“落子馆”又叫“坤书馆”，这些地方，本来是唱小曲的。在清末的时候，政府认为这些小曲有伤风化，就跟黄色歌曲似的，给禁演了。那这些艺人吃什么？他们还唱那个，改名叫“落子”。一说是唱落子的，不是唱小曲的，就没人管了。慢慢地，这些落子又被大鼓代替了。《独占花魁》《三堂会审》《鸿雁捎书》《昭君出塞》《包公夸桑》……都是这些段子。这些段子也是京韵大鼓，但是腔调比较简单，不讲究，一唱起来“出尖带尾巴”。这都是从宋五、胡十、霍明亮那里从河北传下来的，是京韵的另一支。创作的主儿有一位叫王长顺，特点就是非常平民化，他写了一些《小寡妇上坟》之类的，都是这些东西，十足老天桥儿的味儿。这种京韵大鼓内行管它叫“桥儿派”大鼓，这不是一个正式的名字，带有一些艺术上的歧视的感觉。

像《三堂会审》，不但唱法简单，不讲究，词也“水”：大明江山太平春，正德皇爷有道明君，皇恩浩荡开考场，御笔钦点王翰林……

后来，刘宝全改良宋五、胡十、霍明亮的唱法，把京韵大鼓的艺术水准真正提高了，创出了刘派大鼓，号称鼓界大王，红起来了，“落子馆”里才开始唱《华容道》这些刘派的小段。

《连环计》也是“桥儿派”的，过去正经唱大鼓的没有唱《连环计》的，都是天桥小女班唱。但是，骆玉笙和孙书筠把这段提高了，唱红了，因为她们的艺术来源都跟唱京剧有关系，这段里的“四平调”唱得比较好。

原来弹到“四平调”的时候，要台上现改弦子的调门。白五爷1941年在桃李园弹，一想别改了，往下挪一个“把位”不就行了吗！这么一弹，下边有程树棠他们，一听，哎，你这主意好啊！打那以后他们都这么弹了，就不重新定调门了。

孙书筠最早也是这些人里的，什么王凤云、王凤友，都是一块的。孙书筠头一个老师是王文瑞，号称通天教主，好多女艺人都是他徒弟。后来，孙书筠又单请了师父清景齐，后来换了程树棠。程树棠给白云鹏拉四胡上天津了，就给她介绍的白五爷，白五爷之后就没请师父。《七星灯》《怀德别女》《长坂坡》《审头刺汤》，这都是白五爷给她说的。

后来孙书筠参加说唱团，得享大名，钟德海背地里说，她是“桥儿派”。她听说了非常生气，跟她先生一块找白五爷评理：“德海说我是‘桥儿派’，这对吗？”五爷笑着给她分析：“你跟王文瑞学，晚上在桃李园演，在西单商场演，这都是‘桥儿派’的内容。后来我给你说，你学的少白派。再后来你又上天津了，你不管你自己的嗓子条件什么样，非学骆玉笙。给她弹弦的是钟少亭，又给刘宝全弹琵琶，这又把韩德荣拉来，又给你说刘派的东西。你学杂了。但你现在自成一派，挺好。”

我想让五爷给录点资料，我说，我听说有《妓女悲秋》什么的，您给录录。五爷说：“京韵大鼓哪有《妓女悲秋》？《美女思情》倒有，也是那会坤书馆里的段子。”我说您给唱唱，留点资料。因为这段子本身并不是黄色段子，而且也有历史价值，结果五爷说：“留资料我也不能唱，我是正派的，那是邪派的！这资料也没什么用，京韵大鼓都已经到了这么高的高度了，那些算什么！”

南城不出单弦，北城不出大鼓

2002年，我在广德楼的业务场——就是对外卖票的商业演出——唱单弦。虽然听众很少，那也是商业演出，必须严肃对待。那半年的时间我大概唱了十五段大活，唱了一堆岔曲。再找白五爷去学习，对于单弦八角鼓的问题，也就问得更多了。

五爷说：“单弦是单弦，牌子曲是牌子曲，先得把这弄明白了。”单弦是半说半唱的形式，经常唱“散”了。牌子曲的音乐都是准的，每个牌子都是按谱子弹的。单有一位是“掌正”的，打着板，就像乐队指挥一样，控制节奏。

单弦是牌子曲发展出来的，但是现在的弦师，有的会弹单弦却不会弹牌子曲。

清朝有句话，叫“横搁一担弦子为万文之雅”。您是王公贵族，文人雅士，穿长袍马褂的，唱戏显得低，但唱单弦没事，就像念诗一样，很文气。唱大鼓就有点更低了，那些人一般没有唱大鼓的。

单弦在北城兴盛，那些都是票友，讲究是“茶水不扰，车笼自备”。我来您府上演出，是玩，主人得迎到门口，我走，主人得送到门口。而且，我唱得是好是坏你都得欢迎，不能给我脸子，让我难看。这叫“耗财买脸”。

票友的演出团体叫票房，票房的名字都是四个字的，叫“笼蔓儿”，比如“赏心乐事”。艺人的演出团体的名字都是三个字的，叫堂号。比如刘宝全出去走堂会，他的堂号就叫“宝全堂”。

僧入禅林匠入作，这堆人天天在一块，一见面就是这个，你会几个牌子，我会什么新腔，谁又写什么新词了，天天都是这个，整体水平就提高了。尤其是单弦文学上的高度，那是南城的艺人达不到的。

南城北城，别看就隔着一道城门，在民国时候那感觉，就跟现在北京到天津似的那么远，所以在曲艺上相差也非常大。南城多艺人，艺人唱的东西比较接地气，比较直接，有些也比较“土”，甚至有庸俗的成分。艺人不讲究文雅，讲究“把你的钱说到我兜里来”。

南城没有学单弦的，但唱大鼓的最多，那会儿老艺人说笑话，说“尿盆底下都扣着唱大鼓的”。

有一个叫阿鉴如的，是西城的票友，他儿子叫广少如，你听这名字就知道，他们都是旗人。他们因故搬到南城住，跟南城的艺人就混在一起了。他们在艺人中间，那就跟个圣人似的，艺人就都跟他学，因为艺人不会北城这套玩意儿。可学的不是单段的，都是集体唱的，还有彩唱的，这个学了就能卖钱。

南城多艺人，北城多票友，南城不出单弦，北城不出大鼓。这句话始终应验了。北城就没有一个唱得有点名的京韵大鼓演员，谭风元是刘宝全的徒弟，早年唱大鼓，可是改唱八角鼓以后才成名了。南城出了个唱单弦的曹宝禄，火遍北京城，但是在当时也不被很多内行人接受。

江湖无辈

荣剑尘红的时候，是在东北给张作霖的老太太唱了半年，真把老太太伺候美了，嗓子也是真甜，小腔都不错。

他唱的老太太爱听，而且一唱就是半年，可见他会的东西是真多。但是他的东西太糙，而且他唱得太“撕”，就跟有的说书先生似的，不给书听，一点事儿说上半天，情节进展太慢。

而且他太“贪大辈儿”，老想着自己比别人辈儿大才好呢，其实江湖无辈、英雄无岁，都在江湖中混，肩膀齐为弟兄，辈儿大管什么用啊。英雄也是，不分岁数，那十几二十岁就成英雄的有的是，活一辈子什么都不是的也有的是。

他跟常澍田还有这么一档子事。荣剑尘是常澍田他父亲的徒弟，常澍田是德寿山的徒弟。可是荣剑尘在背后老称德寿山为大哥，一来就是“寿山大哥、寿山大哥”。常澍田也生气了，说：“你要这么混，那咱们就混。”后来常澍田收徒弟都是“剑”字的。什么张剑平、何剑峰、王剑云啊，不知道的随口就能搭上一个“荣剑尘”。这都是艺人之间的暗斗。

其实，江湖无辈，英雄无岁。会交的交三辈，不会交的交一位。辈儿大又能管什么用呢?

白凤岩一生只拜过一盟把兄弟，都是同行。陈子贞老大，常澍田老二，关贞奎老五，张寿臣老六，白凤岩排老八。常澍田官称“二爷”，就是按这个排的。

五爷说到这嘿嘿一笑，说：“这是20世纪20年代以前的事，还没有我呢。但是连带着我的辈儿也大了，张剑平见面管我叫叔，就是这么论的。”

但是五爷自己从来不贪大辈儿，想当年，他和常宝堃、宋少臣三个最好，要拜把兄弟。白凤岩也同意，你们小哥儿几个有交情我不管。结果传出信儿来，常宝堃的爸爸常连安找白凤岩来了，说：“老五要跟宝堃拜把兄弟，您知道吗?”白凤岩说：“我知道啊。”常连安说：“我管您叫大哥，老五跟宝堃拜把兄弟，这哪行啊!”

这盟把兄弟最终也没拜成，但是五爷说：“那我们也是称兄道弟，该好还好。常家这几个‘蘑菇’，大爷、二爷我们都称兄道弟，三爷就管我叫五叔了，四爷就叫五爷了。后来他也入了海军，我们是战友，就更不能论了。”

曹高

说相声的高玉峰谢芮芝，20世纪30年代跟白云鹏一起在廊坊头条的“第一楼”演出。曹宝禄是“递活的”——就是他拿个扇子，上面是谁能唱什么，等于是个节目单，有钱的一坐下，他就过去让您点。他这活可不好干，纯江湖人，看谁老捧谁，就老让他点谁，慢慢地，从中就说合了，让观众请捧的那个女角儿吃个饭啊什么的。

后来高玉峰病了，瘫了，不能演出了。谢芮芝也不给别人捧，他说给别人捧怕高玉峰难过。但谢芮芝也得活着啊，这才把单弦拿起来。结果一唱就火了，他本身是说相声的，会使包袱，他这场单弦净是包袱，能不火吗？后来被称为“谢派”。

再后来高玉峰病好了，谢芮芝就又说相声去了。这场没有唱单弦的了，大家一起哄，让曹宝禄干脆上台唱单弦吧。没人给他弹，就让给白云鹏拉四胡的胡宝钧给他弹，那也是三弦的高手，曹宝禄这才唱起来。

1937年“七七”事变，所有文艺场所都停了。在东交民巷有两个电台，一个法国的，一个英国的，一个叫森茂，还有一个不记得叫什么名了，北京的商号做广告都得去这两个电台，没别的地方了。高德明和曹宝禄就在那电台报广告带演节目，都是直播。还有傅士亭、翟青山、孙呈海，一天到晚地播。您开开电台想听点什么，就是他们，那时候园子、电影院都不开了。

翟青山就是关学曾的师父，翟青山是唱乐亭调的，有三弦伴奏，里头加个洋琴，后来他吸毒，他不给弹弦的钱，弹弦的不给他弹了，他就光用这个洋琴伴奏，改叫单琴大鼓了，解放以后改叫北京琴书。他那在剧场演出不行，洋琴声音太小。可在电台一播倒行了，你一听，洋琴那声音跟钢琴似的，比弦子还好听。

到了1937年底，有个老艺人巩诚利，日子过不下去了，很难。曹宝禄跟他住一个院，一看他这么难，说咱们几个人演场“搭桌”吧，咱们也不要钱，能挣下钱来，所有钱都给他，帮助帮助他。

于是他们就在旧刑部街里边，叫“哈儿飞”的剧院，后来叫瑞园，早先是个电影院，在那演了三天。这三天，都卖满了。你想，园子一直也不开，你能有什么消遣，只能听电台，只要有个矿石收音机，天天就是“学徒高德明，上台鞠躬”“学徒曹宝禄，上台鞠躬”。天天就是这个，老百姓耳朵里都灌满了，给他们起名叫“曹高”，跟吃的那“槽糕”谐音。这一卖票，一下就卖满了。巩老头得了好多钱。

他们一看生意这么好，干脆，咱们就在这演出吧。这一演就演了很长一段时期，打这就红起来了。

刘宝全拾零

刘宝全的父亲叫刘能，是唱《走马春秋》的。他学徒学的是“彩子活”，北京叫冥衣铺，糊纸人纸马的。赶上天灾，刘能带着一家子从沧州到北京逃难，走到中途，把刘宝全的妹妹卖了，卖到人贩子手里了，后来又卖到妓馆了。

后来刘先生不认这个妹妹。她叫刘翠仙，后来也到白五爷那去，他们都叫“大姨大姨”的，长得跟刘先生一个模样。跟她一块儿去的有一个白胡子老头，叫刘寿山。后来就不知道怎么着了。

刘宝全二十五岁的时候，梅兰芳满月，他就去演过堂会，那会儿他就已经从京剧改成唱大鼓了。天津弹琵琶的有个陆少奎，很有名，刘宝全就跟陆先生学的琵琶。后来他给宋五弹琵琶，韩大爷韩永忠弹三弦。

当时京韵大鼓伴奏还没有四胡。后来刘宝全都快成名了，才有的四胡。霍明亮的儿子霍连仲，也是弹弦的，听“兰州影”里有四胡，就是木头筒，六面的那种，挺好听的，就借鉴过来。一改革，换成铜筒的，再单设计四胡的“点儿”，跟弦子不一样。给刘先生一拉，通过了。打那起，京韵大鼓伴奏里才有的四胡。

刘宝全承认是和宋五、胡十学的，但并不敬师，在他嘴里从来没说过我的老师如何如何。

《子期听琴》里，刘宝全唱的时候有一段白口：“好不叫我可发一笑，嗯……哈哈哈哈。”有一篇文章说：在20世纪30年代，刘宝全在“歌舞楼”演出，赶上弦儿断了，在弦师接弦的时候他现编出来的。其实这都是谣传。打20世纪20年代白凤岩给弹的时候他这块就笑。人家有京剧的基础，一笑出来好听。女鼓王林红玉唱的时候还笑呢，后来白凤鸣唱到这也笑。

后来的演员学这段，没有京剧的基础，笑又笑不出来，都改了花脸味儿了。所以后来再唱的时候，这段白口就取消了。

刘宝全一生最高唱到C调，《南阳关》《古城会》的唱片都是C调。用得最多的是B调，到晚年落到F调。他嗓子是有高音有低音，天赋太好了。白凤鸣一生最高升到G调，晚年也落到F调。白五爷晚年的录音也都是F调。

刘宝全改革京韵大鼓，把它的板式变为“一板三眼”，但这不是死板的，有的片断就又变为“一板一眼”，行话叫“混板”，就是“四二拍”。如果都用“一板三眼”来拍，有的最后一个字就落到中眼上了，就没板了。其实不是没板，是变成“四二拍”了。像《丑末寅初》里的“天上的星，星共斗，斗和辰……”和《百山图》里的“到后来，我佛怒，把手翻……”都是这种情况。

后来有人在这里添个小过板，为把这两眼填上，其实是不懂到这个地方的时候已经是“混板”了。

刘宝全的生活习惯，是无论有没有演出，都是夜里两点吃晚饭，吃完睡觉，中午十二点以后才起床。他说：“生活得适合我的演出。”起来之后，他用点儿点心，弦师就来了。今天白天唱什么，他过一遍。过完之后，弦师您走您的，您自己奔园子。他自己坐人力车走。

给他拉车的叫冯顺，东北园他那宅门也宽点儿，人力车可以推进去，他在院里就上车了。

到后台，他跟别人聊几句，用热手巾抹抹脸，就等上场了。“末二”上的时候，在后台他的四胡一定弦，他拿个帽子一捂脸，“啊啊啊”一抻嗓子，那前台都听得见。观众一听，相互说：“来了啊。”

下午场演完回去，晚上七八点钟吃午饭，他就管这顿叫午饭。这时候弦师又来了，对对晚场要唱的节目。然后依然如此，您走您的，他坐车去园子。他在园子唱完晚场，晚上回到家，夜里两点，吃晚饭，鱼呀肉呀的这才敢吃点，平时不吃，保护嗓子。这个时候他最愿意有人找他聊天，他好消消食。

京韵大鼓的原始形态叫怯大鼓，后来宋五、胡十、霍明亮在天津唱，入乡随俗，有点天津口音，叫津调大鼓。后来在北京也兴起来了，又叫京津大鼓，有段时期还叫过京音大鼓。刘宝全唱些武段子，叫文武大鼓。白云鹏唱些《红梦楼》的段子，叫文明大鼓。没有准名儿。过去的老唱片前边报的“高亭公司特请鼓界大王刘宝全唱……”，刘宝全叫鼓界大王，但不说是京韵大鼓还是京津大鼓或是其他什么。

一直到20世纪40年代以后，才定下来叫京韵大鼓。

天津市长周大文有个“蜡筒”录音设备，能听一百回。他那里京剧、曲艺名演员的段子都有，这里边就有刘宝全的“马头调”《白猿偷桃》。伴奏是韩永禄的三弦，白凤岩的琵琶，可称绝品。

先是问刘先生多少钱给录，刘先生一张嘴要一千五，而且提出要求：“我这得韩永禄弹，别人弹不了。”那会儿刘宝全和韩永禄、白凤岩都决裂了，不合作了。一问韩永禄，韩永禄问：“老宝要多少钱？”“要一千五。”“我也要一千五。”又问白凤岩，白凤岩问：“我师父要多少钱？”“一千五。”“那我也得一千五。”

花了这么多钱，就这么录的。可是这“蜡筒”唱片就能听一百回，完了就没了。

1942年，周大文拿出一笔基金来，约的天津、北京的角都来了，在首都影院（那时候叫新新大戏院）演出。有人问刘先生：“前边这么多大鼓呢，您唱什么呀？”刘先生贴了一个《双玉听琴》，一个《怀德别女》，一个《战岱州》。新段子也不熟，不敢攒底，他唱“末三”，五爷给常澍田弹，唱“末二”，底是什么呢？报纸上登着《刘宝全从未演过之大万寿香》，多年未唱的《大万寿香》，其实就是过去堂会老唱的那个喜庆牌子曲，刘先生“掌正”，所有演员都上，得有十来位，有一套打击乐。这个演出持续了半个月，剩了一笔基金，存在鼓曲长春职业公会。

刘宝全七十二岁，最后一场在鲜鱼口的华乐戏院，唱的二本《宁武关》，不久就去世了。

韩永先逸事

韩五爷韩永先，官称韩老爷，也唱梅花调，嗓子特别好。郭荣山、韩永先的拆唱八角鼓火过一阵。原先是郭荣山、王继友，王继友死了，在“四海升平”的时候，郭韩两人就搭上了。

白凤岩就是韩永先的徒弟，但他是“老爷徒弟，四爷亲传”，韩四爷韩永禄是第一代的三弦圣手。

韩永先的梅花大鼓太了不得了，可惜没人会弹了。在天津露过一回脸。那是在河东演出，是白凤鸣的“底”，但白凤鸣赶场过河的时候，摆渡出了毛病，过不去河。这会儿后台白凤岩已经到了，韩永先也已经到了，但演员没到，断场没人了。

韩永先一看没场了，跟白凤岩说："凤岩，绑指甲，唱《老妈上京》。"

韩永先唱到一半，白凤鸣赶到了，提茶碗的上来"饮场"，告诉韩永先："后场的到了。"韩永先一个收腔结束，要下去，底下观众可不干了，不断地鼓掌，非要让他唱完。

后来人家观众就问："你这梅花这么好，怎么不唱呢？"韩先生一指白凤岩说："他要给我弹我就唱。"

还有一次，在周大文那，五爷一看，今天韩先生这个伴奏的来了，唱主儿没来，这是干什么？白凤岩说："你拉四胡，老师唱。"结果韩永先一唱，打开始这过板五爷就拉不上——那会儿五爷都已经给梅花鼓王金万昌弹了，水平很高了。

就这样一直到中途，五爷说自己都不知道是怎么拉下来的——你按"北板"拉也不对，按"南板"拉也差点儿——可惜这些都失传了。

五爷感慨：可惜发展得慢啊，甭说别的，早二十年，要是有个录音机就了不得了，能多留下多少东西！

打鼓

大鼓书的前身，叫单凿鼓，又叫鼓崩词，没有伴奏，就是一个鼓，打鼓就是为了招人。人不过来我慢慢打，打几分钟都可以，人来了我再唱。就跟过去艺人串胡同一样，也是老弹着弦子，有人听见弦子声了，出门一招呼，叫进来，问问"都会什么呀"，想听哪段，坐院儿里唱。

唱大鼓的打鼓必须好。"提、压、逗、打，连珠、交错"八个字，一开始练是"崩崩尺崩尺崩崩"的节奏，得把左手的板和右手的鼓分开，练好了再加花点。真正打的时候得虚实结合，有轻重音儿，这才好听。练的时候可得每一下都"实"着练，把腕力练出来。

五爷他们那会儿练，打得八仙桌子都露出了木头碴儿。

鼓打得好，还得说金万昌，无论谁弹，他这打鼓都能要下好来。为什么叫梅花鼓王啊！金万昌打鼓的技术都教他外孙赵世昌了，比五爷得大十多岁，早就去世了。

《击鼓骂曹》的卖点全在打鼓上，弦子弹曲牌《夜深沉》，演员打鼓，要用单楗子打出双楗字“点儿”来，难度非常大。

白凤鸣后来的录音《击鼓骂曹》可不是用的京韵大鼓的鼓，用的是花盆鼓，但也是单楗子打的。

各种片段

程树棠就是少白派的迷，山药蛋也是少白派的迷，他唱滑稽大鼓，里边放少白派的腔。

葛振清这个人懒，就爱唱《斩华雄》，前头的伙计跟他开玩笑，说：“头里有位点您的《斩华雄》。”葛振清很奇怪，说：“我下午刚唱完，怎么又听？”伙计说：“人家说，除了一句没听清楚，剩下的都背下来了。”

五爷在天津跟张伯扬合作过一段时间，张伯扬的《霸王别姬》最好。分手两三年后，在北京一朋友家见面了，人家说：“说你们过去合作过，再唱唱吧。”五爷一弹，张爷一唱，说：“哎哟，我听你这么一弹，我丢了好多东西。”五爷说：“我这个弦子能记账，乐谱我都记下来了，这就是账本。嗓子可不行。”

1941年，谭凤元在电台唱，五爷给弹，弹完“曲头”“数唱”，谭凤元就报广告了，五爷坐旁边就睡着了。等谭凤元报完广告，说：“下边我给您唱个‘太平年’。”等了半天没听见弦子声，回头一看，睡着啦！谭凤元“唉”了一声，五爷惊醒，赶紧开始弹“曲头”，谭凤元都笑了：“嗨，‘太平年’啊！”可见当时艺人太累。

在北京，大鼓分两大派系，一是“宝玉德万”，一是“元亨利贞”。“利”字辈跟“万”字辈是同辈，等于错下一辈来。白五爷拜的梅花鼓王金万昌，就是“万”字辈，给白五爷的艺名白连昆，是“连”字的。

编《曲艺音乐集成》的时候，电台老编辑王决把某“权威”从外地弄来了，有个牌子叫“庄稼忙”，这牌子不常见，但也有人知道。在讨论的时候，主持人说：“大家说有这牌子，咱们就入书，说没有，就不入书。”别人说有，“权威”非说没有，差点跟别人打起来。他就是这样，谁置疑他，他真动肝火。

五爷说：“你别抬杠，你师弟何老头那都有。”“他有？他有我给他免喽！”

他跟王决住一间房，五爷跟何老头住一间房，五爷还拿着饭碗找他吃饭去呢，他说：“五叔，小辈骂长辈不犯错，你个老丫头养的。”五爷冲他一乐：“呵呵，吃饭。”

教学遗珍

功是功法是法，法是方法，功是时间和劳动相结合，用长时间练出他人所不能的功能。

说书没有固定的刀枪动作，用准备好的动作，那是假的。用内意表外情，是从内心里激发出来的。要注意假设的真实性，能进得了人物了，就得自然地有动作了。

早期学唱大鼓，是打板为准，板在左为眼，右为板。学一阶段之后，左右都是板，眼在拇指处，不体现出来，所谓有心板。

不会靠学，不熟靠练，风格味道靠听，体形动作靠看，理论靠钻研，提高靠实践，六步，缺了哪个都不行。

调门越低才能沉下气，千万别贪高，高了声音发虚。

行腔是行腔，作韵是作韵，开齐合撮，语气声态，靠自己去推敲。就是八个字：行腔作韵，语气声态。音得准，每个音符都唱得饱饱满满的，这叫行腔作韵。语气不用解释，声态是各种人物不同声音的态度，是声音的化妆，红娘和李逵的声音不能一样。

说书人自己说，就不上口。进人物，就可以上点口。

缓气，好比球往墙上扔，往墙上扔的球是字，球回来的是气。越不使劲扔，那球没到墙就掉下来了，气就回不来了。缓气的一个妙诀，就是气口前边这个字要稍微加重。

唱戏是以身代事，说书是以言代事。

手眼身法步，最重要的是眼神，其他都没有神。

不管你调门高和矮，我只听你的声音宽和窄。要得吐字真，还得练宽音。

庄稼人的钱万万年，买卖人的钱六十年，跟官的钱下水的船，艺人钱当天完。

去声字难唱，唱论上都有说。

注意嘴的力度，嘴里力度不够，音出来就飘，要把字音和声音黏合在一起。所谓一字一画圆圈，要用鼻行韵。

板要服从嘴里，嘴不能让板拿着。板是三间屋子，但我这里没有隔断，随着我用，一不打隔断，就把语言解放出来了。

三弦伴奏，就是“快慢阴阳”这四个字。如果从开始一个声，到最后一个音，都是半斤一个，那不行！

一字表七情。

有板若无板，无板确有板。一板中间点三下，这是人为的，心板最要紧，在后边找齐儿。弦子“起托扶补”，有个“补”字，你落到中眼，我得给你补到板上。“托”是托腔，扫弦，跟四击头似的。

纪念蔡芳先生

蔡芳先生在与病痛苦苦斗争了两年多之后，终于离我们而去了。他不是名人，也没有什么足以泽被万代的丰功伟绩，人们应该是会渐渐遗忘他的。然而，我觉得我必须写下一点东西，以帮助自己的记忆不因时光流逝而磨灭。也使在久远的将来，也许是在曲艺只能从故纸堆中拣出只字片简之时，还能有人知道在中国曲坛上曾经有过怎样的一位良师益友。

我与蔡先生最早相识大约是在1991年。当时他在北太平庄办了一个曲艺票房，我由马增锟先生带着去听唱。当时我只是一个十二岁的小毛孩子，到哪里都怯生生的。而曲艺界的先生们，不客气一点讲，有很多都让人觉得别扭。不是圆滑世故，让人难以亲近，就是放份摆谱，让人敬而远之。于是我就想："这个蔡老师又不知是什么样子了。"然而我竟想错了。当马先生给我介绍"这是蔡先生"时，我打量着面前这位中等身材的老人：很瘦，然而很精神；嘴角带着一丝笑容，很和蔼，很可亲。微微冲我一笑："来啦？"我也下意识一点头："来了。"接着，他又让我坐下，喝水，问了问我的情况，一切都让我觉得那么随便、亲切。

我就是从那时起开始听单弦的。当时也不懂什么是单弦，哪个是岔曲，只是觉得蔡先生唱得好听，嗓子顺，声音高，吐字真，中气足，特别爱听蔡先生唱。由此熏陶渐染，我迷上了单弦。于是，我由爱听自然就发展到想唱，从自得其乐的哼哼又发展到想真正的学唱。可是我跟谁学呢？我理所当然地想跟蔡先生学。

我和蔡先生一提，他如我预料地答应了，而且说教就教，毫不拖延，于是我就学了起来。单弦这门艺术，我喜欢是喜欢，可是一学起来就不是那么回事了。我平时听得少，又不聪明，学得很慢，一句唱也要花上半天工夫。蔡先生却从来不烦，怎样吐字，怎样归音，怎样用气，怎样行腔，一遍一遍地示范，直到我学会为止。后来听过我唱的人都对蔡先生说："您这学生够聪明的。"蔡先生总是一笑："这小孩子挺用功的。"可谁知道蔡先生为我下了多大苦功夫啊！

蔡先生从没收过我一分钱、一份礼，然而他的教学是极其正规而严格的。第一句没唱好绝不教第二句。于是我去北太平庄的一两个小时的路程给了我准备蔡先生要检查的课程和复习一下新学的课程的机会。这样一来二去，也学会了三个岔曲，到各个票房去唱，很多人都说好，于是我也飘飘然起来，自己觉得这三个岔曲已经唱得不错了。一次我向蔡先生要求道："您能不能给我说一个大一点的岔曲，像《风弄芭蕉舞》什么的……"蔡先生立刻一瞪眼："你先把这三个岔曲唱好了再说！你又骄傲了是不是？别看各位老师都夸好，那是对你的鼓励，实际上你差得远了！你这刚上几次课呀。"之后，蔡先生又给我讲：学哪门本事都是一样，开始阶段最为重要，基本功必须扎实，把基础打好了才有发展。不要贪多，要一步一个脚印地学。

后来我才知道，蔡先生已经打破了传统的教法，根据我的情况，已经是跳着教了。因此我才能有这样的进步。

蔡先生只冲我瞪过两次眼，另一次比这次要来得平缓得多。那是有一次我问他："您唱的是哪一派？"他冲我一瞪眼："你问这干什么？"随即平和下来，然而语气还是不如平时和蔼，说："我学的是曹、谢两家，但是又有我自己的东西，我唱的就是我自己的。记住：别有什么门户之见，要走自己的路。"

走自己的路。这句话有多深的含义！

蔡芳先生身归那世了，而北太平庄票房也许已烟消云散了。我还有很多想说的话，但是却说不出。我也写了一个岔曲《祭蔡先生芳文》，虽然空洞一点，毕竟是我想说的话。录于文后以寄哀思。

悲风绕树，滴泪银烛，亲朋故旧共一哭，未料先生猝然卒。先生在日，大家风度。平生最喜是观书，经纶满腹若鸿儒。一世梨园一世心，曲出神惊堪独步。艺成六场全通透，最喜那玲珑双穗的八角鼓。倾囊教后学，桃李天下无计数。犹记小窗灯一盏，一眼一板地训教徒。唰啦啦、院中雨打芭蕉树，声朗朗、桌前弟子自攻书。最难得利禄全如天上云，功名不在心头住。万悟明哲善保身，自言钱财身外物。不提防，到老来，病气侵，真气除，邪如虎，天不助。医药罔效回天乏术。乘赤龙归天府，骑黄鹤入方壶，撒手尘寰全不顾。空剩下、纸钱扬天白蝶舞，古陌荒阡木叶疏。悲惨惨、哀声动地皆为苦，涕泪飘零长空路。日落人酸楚，四顾马踌躇，一片幽思凭谁诉。最堪悲、生人有日一旦无常归黄土。愿先生金车玉盖风顺前途。

作者注：这篇文章是1997年8月写的，那时蔡先生刚刚去世，我也只是高三刚毕业的学生，写的文章也就这样，感情很真，用笔很嫩。现在看来，对蔡先生的生平介绍得不太够，当然也确实不了解。只知道他曾是北京曲剧团副团长，早年跟金晓珊之子刘荣培学过，所以我管刘荣培之女刘秀文女士叫姑姑，也因这层关系，在蔡先生去世后，秀文老师对我也很好，教了我很多东西。

我学画脸谱也是因为蔡先生，我在老年之家的墙上看见蔡先生画的脸谱很好，又见蔡先生画过一个《西游记》师徒四人的扇面，我就借来模仿着画，居然也看得过眼。就是在那幅画上，蔡先生题的是“蔡芳”，开始我还以为这人是位女性，后来才知道是一清瘦和善之老者。并且因此，我一直坚定地认为蔡先生叫“蔡芳”，后来见了一些资料，都写“蔡方”，大约这两个名他都用。

2018年，我写话剧《天命》，请曲剧团退休老演员秦鸣先生主演，又聊起蔡先生。秦鸣是曹宝禄的徒弟，和蔡先生关系也很好。说到当年，曹宝禄与蔡先生不知为何有些矛盾，蔡先生曾跟秦鸣说：“你去跟曹先生说，我永远承认他是我老师。”——这大约也就是文中他冲我瞪眼的起因。

北太平庄票房后来在彭子富、赵俊良、许吉星等先生的维持下，又延续了好多年。

纪念师爷李苦禅[1]

一

多年以前，我读过一本《李苦禅传》，开篇第一段文字，如二仙家对弈，写来清风拂面，读时惊雷震耳，至今记忆犹新。记录如下：

> 前夜，梦与苦禅同登西山观红叶，评状元红酒。苦禅倾酒于砚，笑磨朱墨，以酣畅恣肆之笔，写名山半醉之态，嘱余为题。余以为画外及无画处有画，诗在境中，何用题句？梦醒后，残月在天，树影拂窗，遍体生寒，乃披衣而起，于低徊中忆及前尘，泪雨滂沱，不知东方之既白也。

此是《李苦禅传》的序，为王森然所写，时年88岁。

当年无论对李苦禅还是对王森然我都不甚了解，只觉得这些受过传统文化教育

① 本文为作者为《李燕聊李苦禅》作的序。

的老人儿们不但文笔美，而且意境深、气魄大，今人写不来，所以印象颇深，但也仅赞叹而已。而且《李苦禅传》本身文字稚拙，且行文立论多有20世纪80年代的风格，读罢觉得不甚了了，也就放下了。

多年以后，我拜在李燕先生门下，苦禅老人成了师爷。画技越进，我越觉得苦禅老人笔墨之伟大，几至绝顶，非凡人所能及，就越想了解此老生平，希望沿着他的道路，学习他的笔墨。于是我看了不少书籍资料，又听先生聊了很多，一个完整的“苦禅”的形象在脑海中越发清晰；越清晰，就发觉他越伟大、越可爱，就越发觉得他遥不可及。

回过头来再看这段文字，不觉与王老一同泪下。

那一夜，苦禅刚刚去世不久。他已经八十四岁了，已经走完了精彩、奇绝、神威凛凛而悲欢交集的一生；而我也已经八十八岁，我的人生也快走完了。

但我们其实并不老，我们这一生所经历的大起大落、大悲大喜，随着世事的大动荡取得的大成就，都让我们诗思不老。激烈壮怀，潇洒行止，依然当年。

我梦见我们同登西山看红叶，西山红叶甲于天下，我们这一生，正如这红叶般飘然绚烂，烈烈西风中，舒展自己的光华。

苦禅带了状元红，他不善酒，但此时怎可无酒？我们从二十多岁相交，当年他还是一个独闯北京的山东毛头小伙，我也只初入社会，那时我尽力帮他，或者说我们相互帮扶。六十多年了，我们从苦难中走过，从穷困中走过，从日本兵的刺刀下走过，从鲜花桂冠中走过，甚至从红卫兵的铜头皮带下走过……此时一切都已经过去，而江山依旧。对此绝佳夕阳，大好秋色，怎可无酒？！

名山半醉，苦禅也半醉，他把酒倒入砚中，笑研朱墨，那砚中殷红一片，哪里是墨，分明是一腔子热喇喇的壮士之血！他名为“禅”，便“勇猛精进”了一生，真是深通禅意者！

苦禅画完了，那一片名山，无边红叶，尽在纸上毫间。让我题字，我题什么呢？画里是画，画外还是画，这一片灿然秋色，从纸上绵延到山尖，那些尘封往事，从过往流淌到现在，哪里不是诗，何用再题呢？

老年人是不常做梦的，往往做了梦也不和人说，因为梦是年轻人的专利，是梦想，是希望。而老年人的梦，只是回忆，“铁马冰河入梦来”，只能让人“感慨生哀”。果然，梦醒后，残月在天，树影拂窗，遍体生寒，我再也难以入睡，披衣而起，慢步低徊，忆及前尘，滂沱泪下。

八十八岁了，还有泪；不知道苦禅在那边，是否梦到了我，是否也还有泪。究竟是苦禅入了我的梦，还是我入了苦禅的梦？

两个月后，王森然老人去世。

能让著名思想家、教育家、画家，历经三朝、著述等身的王森然如此怀念的这位“苦禅”，究竟是怎样的人？他这一生，究竟做了怎样的事，画出了怎样的画？

二

中国画发展到明清，大写意画基本已经发展到了顶峰，吴昌硕和齐白石双峰并立，但是艺术到了高峰，往往人民群众就欣赏不了了。虽然齐白石力创红花墨叶派，使劲把自己向观者那边推，终归喝彩者多，买画者多，知音者少。吴昌硕更不为现当代的观者所认知，现代人爱看特别写实的油画或特别时尚的装饰画，识字的人都不写书法了，谁能看出吴昌硕“以石鼓文笔法入画”的好呢？

就连艺术院校的学生和专业画家，往往都不知道吴昌硕、齐白石到底好在哪。评论齐白石，只得说一句“形象生动”“色彩艳丽”，再往下说，就得整“生活气息浓厚”“贴近人民群众”这些词了。评吴昌硕，只得人云亦云地说一句“画有金石之气”了事。

倒不如带小孙子看画展的北京大妈说得干脆：“这可是大画家画的，你好好看，这肯定画得好，不过咱是看不懂。”

那吴昌硕、齐白石到底好在哪呢？

看画好坏，无非“形而上”和“形而下”两方面，形而上就是画的格调、内涵、意境，形而下就是构图与笔墨。

从“形而上”开始聊，他们的画不俗，有文人气，有古人气，意境深远，等等，这些话谁都会说，说了老百姓也不知道从何欣赏，怎么就有文人气了？怎么意境就深远了？所以这事先搁置不论。

再聊“形而下”的构图，这事就稍微简单一点，你看这上边的空白留得太少，显得上边不够空灵，这就是不好。你看这鸟飞过来，正好被这山石挡住了，这就不好。你看这人脸太靠近纸边了，看着堵得慌，这就是不好。知道什么是不好了，慢慢就知道什么是好了。

最后聊的也是最基本的，就是笔墨，笔是笔法，墨是墨法，不懂笔墨，就是不懂中国画。

笔法不简简单单是下笔横平竖直，而是每一笔的笔触都要符合中国画的审美，每一笔线条也都要符合中国画的审美，这才叫有笔法。什么叫中国画的审美？什么样的线条质量高？请看书法字帖，你的线条能和字帖上字的线条一样，就符合了中国画的审美，就是高质量的线条。为什么画中国画必须练书法？就是因为只有书法的线条，才能告诉你中国画的审美是什么。书法没练到一定程度，连什么样的线条是好的都不清楚，那还画什么画！

苦禅先生，可说是近代画家中书法绝高的一位，他的字，远比很多以书法传世的书法家还要好得多。所以苦禅先生的鹰，鹰嘴鹰爪，就那么几笔，到现在也没人能学得像，就是因为书法功底远远不及，线条质量就差得远。跟李燕先生学了几年画之后，我又悟到：苦禅先生的画不但线条是书法，凡笔触皆是书法，画鹰背的几笔墨，画荷叶的几笔墨，哪一笔不是绝好的书法呢？

这已经达到中国大写意书画“技术上”的最高境界了！吴昌硕、齐白石都达到了这样的境界，他们画中的每一笔，都能放在他们自己的书法作品中毫不突兀，看他们的画和看他们的书法是一样的。百年以来，中国画坛能达到这个高度的，寥寥数人而已。

所以要欣赏吴昌硕、齐白石、李苦禅的画，先要懂书法，而且必须要能欣赏高水平的书法，否则，根本就无从欣赏；说他们好，也只是人云亦云，说他们不好，更是井蛙之见。学他们风格的画，如果书法没达到极高的水平，画一辈子，也是

“少年宫”或“老年大学”的水平。

苦禅先生的名言“书至画为高度，画至书为极则”知道者甚多，而真正理解的又有几人！

可一个出生在清朝末年普普通通的山东农家的穷孩子，又是怎么达到这个境界的呢？了解他的成长经历和学习经历，会对当今搞艺术的人有很大的启发！

三

苦禅先生喜欢京剧，痴迷京剧，这在那个年月并不稀奇，连他的恩师白石老人，一个湖南乡间长大的农民画家，都爱听“梅郎”唱上一段，何况不到二十岁就独自闯京华的李苦禅。

票友票戏，能唱上几出文戏的大有人在，但能唱武戏的，屈指可数。腰腿功夫当然是入门的要求，一抬脚到不了顶门，您就别唱武戏了；另外，体力也是一大难题，一出武戏唱下来，不亚于跑一个马拉松。再者，京剧的服装、道具，处处都在“难为”表演者。穿上“厚底儿”，不崴脚就是好事，还要跳跃踢腿？勒上“盔头”，不头疼欲裂就是好事，还要唱打做念？戴上“髯口”，不一团乱麻就是好事，还要甩来推去？票文戏的，好歹走两步，战战兢兢地站着不动，唱上两段就好了，票武戏的要是没功夫可怎么办？

苦禅先生不但能票武戏，而且演得很不错，这功夫深了。可功夫就是时间，他书画能达到那么高的高度，一定是昼夜苦练的，他又哪来的工夫去练武戏？

他说：“京剧也是写意的艺术，不懂京剧，就不懂中国的大写意画。”这不但是论画的警句，京剧界的人听了，也得服膺为论戏的警句吧！

人多知苦禅先生曾经拉洋车为生，却不知道他敢跑西山的黑道儿是因为腰缠七节鞭的硬气。我本来认为，那个年月动荡不堪，山东孩子从小练点武术防身，也不足为奇。但我研究《苦禅写意》的纪录片时，听到苦禅先生讲“屋漏痕”笔法的时候，旁白说：“既要有顺劲，又要有一种向外膨胀的横劲。”大惊大喜，自认为得到了苦老用笔的精窍。因为这乃是武术里很高深的见解，是中国功夫“用劲”的关键，甚至表面上是牛顿定律解释不了的，苦禅先生居然在讲画画用笔的时候讲出来了，真是“泄露天机”。不过既懂画画又懂武术的人毕竟太少，大多数人不过入宝山而空回。

但我由此认定，苦禅先生一定是武术高手。果然在和恩师李燕先生的访谈中得知，他和当年的大高手王子平、王芗斋都有过交集，到老年还曾和李连杰促膝论武。

一个穷孩子，孤身一人到北平求学，要拉车自养自身，还要下大功夫学油画、学国画、练书法、学戏、练武……那个时代的男儿，都是这么上进的吗！

四

能和恩师李燕先生学画，是大机缘；能系统地和李燕恩师聊苦禅师爷，亦是大机缘。

先前，我在北京文艺广播FM87.6的《艺海说宝》播出“李燕聊白石老人”这个系列节目，反响甚为强烈。这个系列结束后，2015年的最后三个月，我就请节目组的张世强、郝冬梅贤伉俪安排集中播放“李燕聊苦禅老人”这个系列。为此我们几乎每周都要上李先生家去采访，李先生安排茶水，一聊两个小时，且分文不取。如果没有这个机缘，作为弟子，我都没机会请师父这么长时间、系统地谈师爷，听众就更没有这个耳福了。

我在北京交通广播FM103.9的《徐徐道来话北京》是一个做了六七年的精品节目，也是张世强、郝冬梅二位负责，2016年，有一部分采访李先生的内容，是放在这个节目里播出的。北京电台为宣传中华优秀文化所做的努力，相信大家不会忘记。

苦禅先生的一生，奇绝伟大，所以聊他绝不单单是聊他的画和书法，其中涉及的文学、历史、民俗、武术、戏剧、收藏，甚至哲学、处世之道、教学方法、教育理念，异常丰富，不异宝山。我说，这就是清华名师的美育公开课！

此次出版，不但整理了很多电台限于各种因素没有播出的内容，而且加入了很多李家独家秘藏的图录、照片等，内容非常丰富，也感谢我的北大同窗艾英女士卓有成效的编辑工作。

金圣叹在评《水浒》时，用无敌的辩才把宋江等人批得体无完肤，但一百零八人中，他独爱武松，许为“天人”：一派纯真，勇武绝伦，忠孝不二，赤心热胆，精诚坦荡，行事可对天地。我对苦禅先生，也是这么热爱。

我是后学晚辈，本没有资格写这篇序，因此用王森然老人的文章开头，用苦禅先生的弟子，著名画家、诗人王为政的《调寄临江仙》来结尾。此词写苦禅老人，妙极！

侠者襟怀豪者胆，
兴来北腿南拳。
山东好汉义当先。
早生八百载，
或许上梁山。
智者功夫仁者眼，
直将铁砚磨穿，
苍鹰一搏九重天。
谁云书画苦，
笔墨可通禅。

我和李文华先生的两面之缘

我和李文华先生只见过两面，大概是在2007年。那是为了写老相声演员王长友先生的传记，我去访问各位老先生。第一次见李先生是他在北京医院住院期间，王长友之子，当时年已六十的王文林老师带我去看他。当时时值午后，他坐在病床上，半坐半倚，一身病号服，瘦骨嶙峋，就是个普通的老人。但他的脸太熟了，就好像从电视里直接平移到这间屋里一样，只是平移的过程中，苍老了不少，也清楚了不少。

一见我们进来，他挣扎着要起来，王文林快步上前，一把按住："叔唉，您可别动了。"李文华先生笑道："没事。"

李先生的嗓子因病失声，大家都在电视上见过他说话一字一停，不通过声带，只用气息"拼"出字来的样子。但他见了我们，还是很愿意多说的。王先生表达了探慰之情，李先生也表达了谢意。王先生介绍我，说我们爷俩"一场"，他是北大才子，又说想写他父亲的传记，"等您出院，哪天得去您家，让您给说说啊！"李先生一听，甚至有点儿激动，指着我说："好，应该，写，他，爸爸，好人。应，该，写。"每个字都"拼"得那么费劲，每个字又都说得那么真诚。我唯有点头而已。

李先生当初是大红大紫的名角。当年姜昆、李文华走红的程度，绝对甚于现在所有的小鲜肉。他们再怎么被封为天王巨星，主要杀伤范围也仅是青少年，四十岁以上的人对明星总是有点儿免疫力的；但姜昆、李文华当年绝对是不分城乡，男女老少一概通吃。当年电视只有那几个台，一年只有那一两场晚会的时候，永远会有他们，而且全国人民都是发自内心地看见他们就想乐。要知道之前的那些年，真正能让人乐出来的事太少了。在我心里，这样的大腕儿总要带一点儿架子，或者说“角儿脾气”。加上李老已经八十岁，又患喉疾，没见到他时，我总觉得他会“贵人语迟”。但事实完全不是这样。虽然眼前的李文华和电视上的比老了好多，说话也还是费劲，一字一顿，一词一停，但和他说话的感觉，就像和一个普通老工人聊天。他也不以自己的喉疾而忌讳说话，该说说，该乐乐。尤其是说着说着一乐，一缩脖，满眼是笑，一脸顽皮，像个老小孩。虽然他说话慢，但说话的思维和态势并不慢，不但不慢，甚至有点儿“谈笑风生”的意思。

那次聊的时间并不长，毕竟是在医院里。王先生和李先生相约下次去家里访谈，李先生拉着我说：“来！我下周就出院，随时来，他爸爸，好人！应该写。”

第二次去就已经是在李先生家里。去李先生家之前，我还有点儿疑虑，对王先生道：“虽然李老很配合，但是他毕竟岁数大了，而且说话那么费劲，估计说不了太多东西。”王先生也觉得如此，我们只是本着“有一点儿是一点儿”的心态去访问的。以前访问其他的老先生，我都带着MP3录音，那次去连这个都没带……所以，当他把一沓写满字的稿纸拿出来给我的时候，我们都有点儿发傻。

“我写不了太多，写得乱，岁数也大了，你就看，有不明白的再来问我。”他说这话的时候，甚至有点儿深怀歉意的感觉。不是对我们，是对早已逝去的故交王长友。

李先生不但写了这几篇纪念的片段，而且跟我们长聊了一下午，聊到最后已经是说两句就要咳痰，但还是拉着我们不让走。他和王长友交情深厚，甚至可说受过王长友之恩，他太想把王长友的故事多聊一点儿了。我们实在不忍心，只好强站起来往外走。

没想到，这几篇文字竟成了李老的遗作。

《王长友传》后来因故停写了，李文华先生又已仙去，由一位已逝的老相声人引起的我和另一位已逝的老相声人的这一点缘，却足以长留念想。这几篇手稿，也将成为相声史上的珍迹。

李文华遗稿

以下是李文华先生遗稿的内容，除了一些标点和“的地得”之外，几乎一字未改。稿纸上有的标了数字，有的也没标。可见写的时候，李老也是想起什么写什么。我就大概按时间顺序排列下来，稍作批注，以存史料，以便阅读。

第一段　辅导业余相声演员

解放前——1947年的秋季，在王长友先生的姐夫家，我结识了王长友先生，当时王长友先生已是很有名望的演员了，我虽然听过、也喜欢王长友先生的相声，但当我能和王先生交谈时，用现在的话来说就是非常幸运、非常高兴，他给我的第一印象就是平易近人，待人和善，所以聊得还挺投缘。因为王长友先生演出也很忙，每年得有半年多的时间被邀请去济南、东北、天津等地演出，见面的机会很少。

解放后，我们厂开展职工业余文化活动，组织起职工业余文工团，我除了参加话剧、京剧的演出，也结合工厂生产和工人情况编些快板、相声进行宣传演出，写完初稿后，有时间我就拿着到王先生家请他帮助提出修改意见。艺人的学习除了参加政治学习，还要在节目上推陈出新，王先生除了对一些老段子进行修改，还要配合“取缔一贯道”“三反五反”“新婚姻法”“抗美援朝”等活动创作新相声，他学习工作都很忙，再加上他活路宽，会的段子多，不光我们业余相声演员向他求教，有些专业演员也经常到他家中请教或相互切磋技艺，当然也和王先生爱交朋友、待人热情有关系，他就是这么忙，但他对业余演员的辅导总是很耐心、很认真的。比如我在1952年一篇相声《回头是岸》中有这么一句：乙批评甲的贪污浪费现象时说：“你这种思想就应当好好改造……”甲的回问：“您说我招谁了？”王先生就给指出：“既是乙提出对甲的批评，甲就不应反问我招谁了，而应用‘我招你了’这样直接的问答显得合理自然。”只此一字之差为我再写节目时字斟句酌打下很好的基础。这一点不光是对我，对于凡是向他请教、无论是学节目或帮助修改节目的，他都热心辅导、热情鼓励，使业余相声演员学到了节目，还受到了鼓舞，由此可见，王先生为相声事业的发展、普及和提高做到了鞠躬尽瘁。

作者注：解放后的一些大单位都有自己的业余团体，也都会请专业演员来讲解。也许是特殊的历史时期造成的人的思想的改变，老艺人们都不保守，业余演员也很努力，不但学习传统，还努力出新，写新节目。那些贴近单位工人生活的节目也很受欢迎，那些业余的演员，颇有一些水平很高的，还有几位后来进了专业团体，成了著名的相声表演艺术家。

当时专业和业余，在业务演出上有着泾渭分明的区别，业余演员只能在单位内部表演或者公园游园会上等免费演出（这种演出我在幼年还演过很多次），但绝对不可能卖票的。不像现在，到处都是小剧场，说成什么样都能卖票。有一次我们在一个小剧场演出，前边全是水平不怎么高明的青年演员，我都不认识他们。我们“候场”的时候，在边幕正好听前边的“倒二”，就是倒数第二场的演出。

在曲艺演出里，这场非常重要，水平要高，要保着“底”。之前场子里气氛不热，他们要负责让场子热起来。之前如果就很热，他们要把热度保持下来。节目的类型和“底”的节目还不能一样，包袱结构也不能类似，否则观众就听“疲”了，会影响“底”的效果。还要控制好时间，如果前边时间长了，他们就要少说，保证“底”的时长，因为观众来剧场听，主要是要听这场“底”，如果“底”就说几分钟，“伸不开腰儿”，自己也达不到最佳状态，观众也听不过瘾，不会满意。如果前边时间短了，他们就要多说，不能给“底”扔一个小时。但是多说也要保证效果，不能太平淡，又不能太火爆——你太火了，观众哈哈大笑了四十分钟，后边的“底”如果要说比较“文”的节目怎么办？他只能现改一个火的节目硬拼或者直接加“脏的臭的”……“倒二”这些现场效果的形成还都需要自然而然，不能“小鸡吃黄豆——强努儿”，更不能为了效果“胡折腾”“洒狗血”。

我们赶上的那场“倒二”怎么说呢，基本上就是不会说相声，节奏、气息、语言、包袱，一无是处，还不会控制时间。我一看，观众都低头看手机了。他们说他们的，观众看观众的，估计还有玩游戏的。这种剧场气氛让“底”几乎没办法接着演，我们上去等于要重新“开场”，调动观众情绪，再很快“入活”，因为毕竟快晚上十点了，人家观众也要回家，时间也不能太长，很费劲。

有些读者不懂，你们就说呗，说得好人家自然就乐了。要知道相声是和人交流的艺术，剧场里热不热，观众对你们这“一堂儿”演员认可不认可，和演出效果有绝大的关系。如果不分场合、场次，不考虑具体情况，就把同一个节目直接放在各种情况下演，那效果绝对大不相同。这就像足球比赛踢主客场制，你先踢客场，赢了还是输了，进没进球，后边踢主场的排兵布阵和战术思路是绝对不一样的，绝不是“你们就踢呗，踢得好自然就赢了”这么简单。

当然我们肯定不怕，什么样的演出都演过了，还有点名气保着，不会效果不好，但是肯定得费点劲。我跟王先生开玩笑说：“这样的，‘青年’不要吧？”因为王先生在20世纪60年代是“青年曲艺队”的演员，“青年”是民办公助，整体水平比北京曲艺团要差一些。

王先生说：“‘青年’？就这样的，那会儿‘业余’都不让上！”

第二段　平易近人，广结善缘

王长友先生在解放前已是一位很有名气的相声演员，可是他在生活中给我的印象是很有学问的文人，又像是做大买卖的东家。他待人宽厚随和，朋友甚多，像济南、天津的同行来北京演出或办事都来看看他，和他聊聊，有的还在他家住过。

长友先生喜欢养蟋蟀，通过交流养蟋蟀的经验，他又结识了很多朋友。由于他相声演得好，人品又好，所以在戏曲界和广大观众心目中都有很好的名声，有一年（可能是1955年），我和长友先生从他家（珠市口路南）去前门小剧场，过马路走煤市街，就这一站地的路程，尽是和他打招呼的，有街坊邻居的大爷大妈、饭馆的伙计、送货的工人、人民警察、京剧名演员谭元寿先生……都是面带笑容地向他点头致意，有的还要问上一两句话。

由此可见，长友先生的群众关系是多么的好，长友先生的为人做艺，为我们树立了很好的榜样，我个人是受益良多的。

作者注：相声界里有一句行话，叫“相不游街”，我们从小学相声，老先生第一句给讲的就是这个。就是说说相声的，在台上可以逗人笑，说怪话，挤眉弄眼，装龙装虎，甚至胡说八道，手舞足蹈；但是在台下必须稳重，说话办事，要平和老练，和蔼可亲。换句话说，台下，人家要看不出你是个说相声的才好。

“有学问的文人”“做大买卖的东家”，这两个比喻多好、多形象。一个宽厚仁和又健谈好交的长者形象跃然纸上。

当然，读者不要以现在某些无德高傲的大学教授和某些恃财欺人的公司经理的形象来代入。

煤市街基本就是现在的前门西路，当然，当时虽然叫“街”，只是小胡同，北边和前三门大街也不通。丰泽园也不临街，大门是在胡同里向东开的……道路大拆大改是近十年的事，21世纪初的时候，还是像20世纪50年代一样的格局。遥想当年他们走在繁忙而狭窄的小胡同里，一个个老北京人的形象扑面而来，其中还偶尔有个把大师，真是令人神往。

第三段　二三九厂深入生活

1960年，王长友先生随市曲艺团到我们厂（二三九厂）深入生活，为了接近职工和职工一起上班，他们就在厂俱乐部礼堂二楼的前厅临时铺的地铺上睡觉，上午到车间劳动，中午在大食堂里吃饭，下午学习，晚上在俱乐部辅导职工排练曲艺节目。在辅导相声演员排练的时候，王长友先生特别细心、耐心，边教边做示范，职工们既愿意听又容易接受，学起节目来也特别快。很多爱好相声的职工下班后就到俱乐部来，主动找他，向他求教。他每天下班都要辅导两三个小时，从曲艺团内部透露可能每天补助两角误餐费。尤其是和职工一起组织文艺晚会时，他把车间的一些生产情况现编成小段儿或套在老节目中用“旧瓶装新酒”的形式为职工们演出，很受大家的欢迎。一个月的时间，他不仅为工厂培养了业余曲艺骨干，结识了很多职工朋友，还和很多职工合了影，不但受到职工好评，而且对自己了解工厂工人情况，还积累了很多宝贵的生活素材。

以上情况快50年了，估计只有王学义同志还可能回忆得起来。

作者注：当年文艺创作很讲究“深入生活、体验生活”，是真的下基层，到人民中去，同生活同劳动，回来再创作文艺作品。曾经有一段时间，这种方式受到了批评，说是“我们就在生活中间，还要体验什么生活”，还说“要写自己熟悉的生活，去体验出来的生活是写不好的”，我也曾经受这种理论影响。但是现在想来，能去创作对象的生活中待上几天甚至几个月，是非常好的事啊，确实能体验到创作对象的生活，和自己的生活不同的那些生活。而且我们也不能要求文艺工作者只写自己身边的事，一点都不涉及社会其他的方方面面。

侯宝林先生说列车的节目，说煤矿工人的节目，说《针刺麻醉》，都有深入生活、体验生活的过程。他说创作宣传针刺麻醉的节目时，真的去了那个很远的“科研成功”了的医院，听医生完整地介绍，然后等在手术室外，等不依靠麻药而靠针刺来麻醉做手术的病人出来，准确仔细地访问他。

据侯先生的亲人传达侯先生的口述：病人推出来，第一句话就是嚷嚷了一声：“太疼啦！”

这成包袱了，但是针刺麻醉要正向宣传，肯定不能呈现在相声里。

侯先生前前后后，把各种细节都观察到了，也问到了。可是同去的那位老先生，也是老艺人出身，找不着重点，没有可问的。只在中午吃饭时问人家：“你们这米真香，哪买的？”

侯先生又是气又是笑。

教业余选手就像教小孩一样，甚至比教小孩还难，小孩是一张白纸，业余爱好者因为爱好，往往就先入为主地对艺术有了很多错误的印记，又因为爱好，往往一遍一遍重复错的东西，改积习而成的错误比教新东西难多了。

所以王长友先生能对业余演员这么上心，很是难得，而且真出了一定的成绩。

李先生写这篇稿的时候，王学义先生还健在。他是北京曲艺团的老前辈，是快板大师高凤山的徒弟、双簧名家王文禄的干儿子，快板艺术和双簧艺术都很好。他在医院病重时，我去看他，他全身的皮肤几乎都要脱落了，艰难地对我说：“等我好了，我把那些老前辈艺术当中真正好的地方、真正有艺术的地方，全教给你。”

我跟别人转述这句话时，那位同行说：“等他好了你再看看，他保证一句也不教给你。”

保守，相轻，互贬，在这种经年的行业风气下，足见王长友先生的闪亮之处。

王学义老先生享年77岁，去世也快十年了。

第四段　初到曲艺三团

第一次到市曲艺三团，就是长友先生带我去的，并给我引荐各位师友，从团长孙宝才（后来因年岁大高凤山当了团长）到老中青演员：谭伯儒、赵霭如、高德明、高德亮、罗荣寿、李桂山、王世臣、赵玉贵、贾振良、福宝仁、王文禄、王学义、赵世忠、赵振铎、赵春田、于世德、黄铁良、于春藻。成立创作组的时候，我更接近了张善曾、陈涌泉等同志。

我从这些师友的言行之中，不仅学到有关相声方面的知识，更为他们热爱相声艺术、不断钻研提高的精神受到很大鼓舞。在高德明和福宝仁排练《买猴儿》时，就听他们对每个包袱都认真分析讨论，学到业余排练中学不到的知识。

从感情上说，如于世德、赵春田，调去东北很多年了。我们团去哈尔滨演出，他们都去看我们，我们也到于世德家中看望。赵春田到饭店来就和我们住在一起彻夜长聊。和于世德还有于连仲同志在天津演出，住在一个饭店，每晚休息时，不是我们找于世德，就是他来找我们，总也聊不完似的，内容都没离开过相声。

作者注：20世纪50年代初，在侯宝林为首的“相声改进小组”的带领下，相声抛弃了恶毒谩骂、黄色下流的东西，获得了新生。侯宝林晚年的一句话，一直非常打动我，他说：“我有一个野心，想把相声抬高一格，变成文学。”

这时期通过文人的参与，文人和艺人共同创作，有一大批新相声问世，这些相声在结构、技巧、内容、风貌等方方面面都获得了很大成功，虽然因历史的影响，有些不可避免地打上了“主题先行”的烙印，但它们依然塑造了很多丰满的人物形象，获得了非常好的舞台效果。这批相声是相声的财富，和经典传统相声一样是相声历史上的珍宝。

《买猴儿》就是其中最著名的一段，在当时，可以说是风靡全国。它塑造的在工作中“马马虎虎、大大咧咧、嘻嘻哈哈”的“马大哈”的形象，一直到现在，都很有影响力，“马大哈”在很长一段时间甚至成了流行语和常用语。

好段子来之不易，当时，行业中也打破了保守的旧思路，作者写出一个好段子，天津、北京都有好演员来说，而每个演员在处理相同一个段子的时候，都有自己完全不同的方式。现在我听历尽波折存留下来的那些珍宝一样的录音，每次都是给自己上一堂课，而且是常上常新。

马三立的《买猴儿》好吧？要听刘宝瑞的《买猴儿》完全是另一个味儿，两位大师都是按照自己的风格和擅长的技术来处理述事方式和组织包袱的方式，产生包袱的地方都不一样。高英培的《钓鱼》多经典，可是你要听王世臣的《钓鱼》，也有独到之处。侯宝林的《夜行记》是京派相声中经典中的经典，可你要听郭荣启的《夜行记》，就完全变成了热闹火爆的津派相声。

但有一点需要注意的是，当时所有人艺术创作的时候，都不用传统相声里说捧哏的父亲的方式。要知道，说“他（捧哏的）爸爸外号叫马大哈”和说“我们单位有个同事外号叫马大哈”相比，前者更容易在演出时招笑，获得舞台效果。同理，把“我”塑造成不遵守交通规则者，要比把“他爸爸”塑造成不遵守交通规则者难得多。甚至“把老头撞到药铺里去了”和“把他爸爸撞到药铺里去了”相比，后者是极容易获得笑声的，就算是不会说相声的人，不用任何技术，说这句话也会招来笑声。

只是，这种笑声太低级了，也太廉价了。

从李老的文字中，我们知道了当时的老艺人是怎么努力上进的，而且我们知道，高德明居然也说过《买猴儿》，如果能听到高先生的这段录音，那简直是如获宝藏。但估计不可能了，那时候录音播出，机会很难得，不知道他录过这段没有。就算录过，这么多年过来，这么多事过来，存留下来的机会也很少啊！

第五段　劲松录音

1982年，大概是春季，已经是古稀之年的长友先生听说我搬到劲松来，很高兴，原来我住和平里平房时王先生去过，他特地从珠市口来看我，他又是因胃病住院刚出院不久，我很不落忍，除了看看我们家人、看看新楼房表示祝贺，半天的时间主要聊的还是相声。我特地用孩子们的一个砖头录音机录音，找了一盘录过音的磁带，录一段《八扇屏》中的“扁毛畜生”和《五行诗》中的金、木、水、火、土。现在听起来可能这两段录音都是王长友先生生前最后一次录音了。

作者注：王长友是业内著名的“相声仓库”，据他老年时回忆，这一生，会大段的对口相声两百多段，单口相声一百多段，小笑话无数。可见，这基本就是传统相声的遗产总量。

所以当时只要有机会，业内人就可能拿着录音机请王先生给录点东西，王先生也总是有求必应。但可惜的是，这种机会太少了，因为当时普通人家，谁家也没个录音机。

“砖头录音机”现在的年轻人不知道是什么样的，就是一种方方的大约二十公分长、三十公分宽的单卡录音机，基本以整体银白色的居多。因为它的形状比较像建筑用的红砖，所以北京人管它叫“砖头录音机”或“板儿砖录音机”。它最上端是按键，上半部是卡槽，下半部是喇叭。就这种现在看来非常简陋的录音设备，直到2000年以后，很多曲艺人家还在用。它为保留曲艺的珍贵资料，可是立了功了！

但是现在，当很多爱好者们从不同的“曲艺老户”家里抢救出一些当年的珍贵录音并数字化转存甚至“上网”时，肯定还有更多的珍贵资料，还存在老式磁带上，在不同家庭的箱柜中静静地躺着，渐渐老化消磁。有些是老人去世，家里人不是干这个行业的，不知道这个的珍贵之处。有些是老人尚在，但不拿这些当什么珍贵的东西，以至于几乎忘却的。

第六段　表演

王长友先生的表演潇洒大方，非常自然，声音有点儿沙哑，可是他很会运用，如《八扇屏》的每一段贯口，背诵起来如同引经据典，介绍掌故相似，让观众听起来顺耳，还有一种亲切的感觉。他的一举一动、一个手势都符合故事情节、人物情感，如《哭的艺术》中有一个脸冲背面的哭泣动作，从而让观众从背后同样能看到人物的内在感情。再配合谭伯儒老先生的一句：“你还是转过脸来哭吧！”形成一个很好的包袱。

长友先生不光表演得好，会的相声段子多，太平歌词他唱得也很好，他那沙哑声音唱起太平歌词来还非常悦耳，如《五猪救母》《秦琼观阵》《大上寿》。有一次，我听过他们群唱《大上寿》，就是“尖字起来圆字落，最后落到尖和圆”。无论单唱、群唱，岳父岳母、三个女儿、三个姑爷，人物分得非常清楚，这一点是很不容易的。

再有就是几句话组成一个小包袱，一分多钟就是一个小笑话，用他的话说，这些都是撂地使活零打钱时挤对出来的。类似的碎包袱、现挂等是每次演出必用的，所以会得比较多，用起来也很自然。

下面列个我曾使用过的一段小笑话。

今天我花了您的钱，下辈子我变只猫来报答您。我这猫不光给您看家拿耗子，我还给您往家带吃的，中午12点您该吃饭了，我从外边给您叼回一包酱肉来，明天给您叼回一只烧鸡来，天天如此，火腿、香肠、炸鱼……换着样地让您吃，一到中午12点您就等着吃现成的——晚上12点半还没回来您就别等了，准是隔壁那儿打猫哪！

作者注：那天下午李先生提到这段的时候很是感叹，老先生们的包袱以及段子和当时情况的结合，是那么的完美和不着痕迹。他当时用几乎一字一停的语言，把这一段说了一遍。当时我还没看文字，光听，就乐得不行。相声抖包袱最讲究语言的结构和语速，所谓“多一个字儿不响，少一个字儿不响，快一点儿不响，慢一点儿还不响”。李老声带完全切除，只用气托着字儿，一字一停地说来，配合上表情，都这么可乐，那种幽默、那种功力，真是学不来的。

“响”是相声行话，就是观众乐了，“大响”就是观众开怀大笑。

当天晚上我就在台上把这段说了，结果“没响”。

下台来王文林先生跟我说：人家都说不出话来了，说出来能把你逗乐了；您在台上原封拿来都说不乐人。

当时我真是无话可说。

王长友的太平歌词我还真没听过，想来可能也没有录音传世。《五猪救母》《秦琼观阵》还听过别人唱或者有台本记录传世，《五猪救母》我也唱过，但是太平歌词的《大上寿》还真没听过，更不要说他们老几位群唱的了。“尖字起来圆字落，最后落到尖和圆”具体是什么意思，我也不明白了，有待方家指教。

第七段 人物刻画——以情感人

长友先生的表演，潇洒文雅，自然大方，嗓子有些沙哑，但是他很会运用，旱香瓜儿另个味儿。听了以后感觉就像吃西瓜赶上沙瓤儿的了。再加上他对观众举手投足的和蔼可亲。虽是以说为主，但他很注意人物的内在感情。例如，他和谭伯儒先生表演的《哭的艺术》，给观众留下的印象最深。不仅是为了学哭而哭，尤其是在“哭爱妻”的时候，从情节来讲是个悲剧，既要通过相声表达出喜剧的效果，又不能靠出洋相来组织包袱，分寸很难掌握。可是长友先生演来不温不火，对人物刻画得非常细腻。

即使是背对观众哭泣的动作都符合人物的心情，加上谭伯儒先生的从旁相劝：“你还是转过脸来哭吧！”取得了很好的喜剧效果。

后来（1981年）我从和平里搬到劲松来，长友先生来家看我们，谈到相声表演时，长友先生说，相声以说为主，南方滑稽以表演见长，他们表演的有些细节，我们是可以借鉴的。他举例说《哭的艺术》《××打电话》等其中有的小动作，就是借用滑稽的表演，为我所用，起到了很好的效果。从长友先生虚心向兄弟剧种学习和借鉴，再想到他热情耐心地帮助别人的精神，若将“学而不厌诲人不倦”送给长友先生，是非常合适的。

由于当时我只有一个砖头式的录音机，没能录下当天谈话的内容，只把《八扇屏》中的“扁毛畜生”和《五行诗》的“金木水火土”录了下来，录音带还保存着。

作者注：这段的两个主要内容“背身表演”与“劲松”录音，在前边的文字中都出现过了。可见这些材料都是李先生相隔了很多天写的，之前写过，但是自己忘了，又写了一遍。同时也说明这两件事对李先生的影响之大、印象之深。

《××打电话》是解放前好多相声演员都演过的一个节目，不避讳地说，叫《妓女打电话》，通过表现妓女打电话时的形象、语气、神态而招笑，解放以后就没人说这段了。我也没听过，和几个老前辈打听，也都语焉不详，大概除了思想性不高，艺术性也确实不太高明。

演员之间交流、学习的时候，聊到这些历史段子，是很正常的，也是必要的，但他们从来没想过把这些恢复表演“立”在舞台上。

而且李先生的原文就是《××打电话》，可见这些老先生们对文字上的一些不雅的词，都是很避讳的。

第八段　相声的名字和底

1957年，我写了一段相声《钱》，发表在《北京群众文艺演唱》刊物上。

内容是我厂在开展“计件工资”活动中，有个别工人为了多挣钱，宁可少休息、少睡觉，加班加点地干，忽视了安全生产，结果出了安全事故，自己受伤住进医院，生产也受到影响，结尾的底是他住进医院后说了一句后悔的话：“唉，这月我又赔钱了！”

王先生看后提了些意见，具体意见记不太清了，印象最深的就是他对这段相声的名字《钱》：他指出这名字容易“刨底”。他还举老段子《梦中婚》就是受名字的影响，底就不够脆。他认为包袱也好，底也好，都应是意料之外，如果观众一听名字或看过节目单，再一听内容就开始有几分意料之内了，效果也就差多了，同时还给我介绍了《粥挑子》演出用过的“底”。下面是我记的对话，不是原话，大意是对的。

甲：老爷说：“认打，打你二十大板，游街示众；认罚，罚把你的粥挑子判给×××（甲名）。”

乙：卖粥的怎么说?

甲：卖粥的都吓晕了：“老爷我认罚。”

乙：这卖粥的活该倒霉。

甲：他该着走运。

乙：这么一来官司你赢了。

甲：我输了。

乙：你赢到家了。

甲：我输到底了。

乙：把粥挑子判给你了。

甲：把我媳妇判给他了。

乙：换啦！

这“底”给我印象深的原因，是1963年我和郝爱民同志合作排演“学雷锋”时曾用过这样排句式的底。还有如《八扇屏》的紧八句底（相比之下不如《粥挑子》的底脆，也可能与技法有些关系）。后来和姜昆同志修改《如此照相》时也想到了这一对一句的底，也算闲时置忙时用吧，艺不压身，长期积累偶然得之。

例如1978年我们修改《如此照相》的情况：

1978年，我和姜昆在宣化一个部队深入生活时修改了《如此照相》和《如此要求》，而且随着部队宣传队一起到部队和农村进行试验演出。尤其《如此照相》效果非常好，美中不足就是“底软”，不太理想。回到北京后继续边演边改，甲用自嘲式的动作形象，用丑化乙照相形象，用过唱跑调，用过革命歌曲，又想用跳革命舞……都显得软。就在这时，一天我在礼士路马路东西一个饭馆门口吃早点，我旁边有两位是从马路西边建筑设计院过来吃油条喝豆浆的。有一个人说：“嘿，刚炸出来的油条就是香。”另一个人说：“我每天早晨刷牙的时候，在窗户那儿一看这儿从油锅里往外夹就把我饿劲儿勾上来了。”大概就这么两句话，却给我提供了素材，用油条做底。

甲要求肚子饿了去马路对面吃俩油条回来再照，照相馆说这是忠不忠的问题，跳完了再去吃，跳得还好，动作也有革命思想——拿起刀枪，打倒黑帮，文攻武卫，奔向前方，放眼全球，眼望世界。我看那油条哪！写完之后我拿给姜昆看，正巧马季同志也在，他们俩都同意，忘了是姜昆还是马季说了一句：“油条是早晨吃的，现在是吃晚饭了，改成蒸包子吧。”后来就一直用下来了。

吃油条是这个底的素材，一问一答的这种跺句儿形式是受《粥挑子》“底”的影响。

作者注：所有相声演员成名，都是成名在他的新相声上，没有新相声，就不能表现新事物，不能表现新思想；但好的新相声能够成功，都是建立在演员深入了解传统技法的基础上的。

考虑到《如此照相》这段相声的历史意义和当时“现象级”的火爆程度，这段文字内容可算当代相声史非常重要的一段史料了。

他们是在部队深入生活时修改的这个段子，而且还去部队和农村试验演出……现在的相声演员去部队和下农村演出，净演“智力测验”“节目游戏”这样的节目了，都“怕他们听不懂”而不敢演类似的反映城市生活的节目吧？

原来《如此照相》还有一个《如此要求》的姊妹篇，可能绝大多数人都不知道。《如此照相》达到了那样的历史地位，《如此要求》就无声地埋没于时间的波平浪静之下了。

托遗响于悲风——写马增锟先生

一

一直想写纪念马增锟先生的文章，一直犯懒，直到今天，他去世已经整整二十年了，我想把我还能记住的那些事情写下来，以助回忆吧。再往后，也许忘得会越来越多，再写，怕不成文了。马先生又不是名家大师，查以往的书报杂志，并不能对他的生平事迹有多大帮助。我只在上大四时，为了写《清中叶至民国北京地区俗曲研究》，在图书馆里查资料，在20世纪40年代《立言画报》上的一篇惋惜马增芬因嫁人而告别歌场的文章里，读到过一句“她也能有时间给她的幼弟（增锟）买月饼吃了”。看到这句时，还颇为激动，彼时他也就十多岁，有这么著名的姐姐疼他，应该很幸福。当时他应该已经开始学艺了，也一定有很多故事，假如把这些都写下来，应该是曲艺史上很珍贵的史料；但可惜的是，在我刚上高一的时候，他就已经去世了。

1994年12月2日，他去世之后，我就写过纪念文章，我记得那篇文章里，我记了很多和他有关的小事，在篇末，还不厌其烦地把参加他追悼会的名人、老人都记了一遍，而且把所有的挽联都抄了一遍，其中还有天津的张伯扬等人的手书。但是在1995年清明和1996年清明的时候，我在去给他扫完墓之后，又写了二稿和三稿。在二稿和三稿中，高二的我把这些高一时写的“幼稚的”“堆砌的”内容都去掉了。现在初稿已经找不到了，只余这两篇，现在看，当然也同样幼稚得很，而且那些可以作为历史资料的“干货”，都已经被当年的成熟给删掉了。

当然，这些“干货”其实也算不上干货，连掉的渣都不算。真正的干货也远没有看上去那么值钱。我去我师父章学楷家学习，听他说，当年朝阳庵票房，有老先生韩洁远要教他诸如“北板马头调”等，他不学，嫌不好听。老先生说：这是好东西，教你你都不学。学楷先生还是不爱学，人的精力也有限，他还是把精力都投入他热爱的岔曲和联珠快书中。于是这个曲种就失传了。跟我提这个事的时候，他不过是当几十年前的逸事聊聊、笑笑，也未见得有多么遗憾。同样，我在天津淘到几本旧唱本，其中有小曲《十二月景》等，我拿回来请教赵俊良先生。赵先生看了半天，说，这里的曲牌大多我都不会了。赵先生对于北京小曲、曲牌的掌握是远超同行的，他要说不会，那就真是失传了。彼时在他家里，我表现出了极大的遗憾，他却同样表现得不以为然，指着窗外楼下院子里的一个碑座石龟说：“像那个碑，好几百年了，‘文革’的时候给拉躺下了。现在又要恢复，其实没什么可心疼的，全国这样的太多了。当初要毁的时候也废了劲了，拉躺下没砸碎，就扔那了。你说这人也是，你没事拿锤子砸它干吗？”类似的事还有诸如我向师爷袁阔成先生请教《永庆升平》这书，宝文堂出的是墨刻（也就是粗糙的文字本），毫无精彩之处，“您年轻时说过这书，您把梁子（梗概）给我念念。”袁先生年岁大了，精力有限，多少还是语焉不详。看来这书的评书道的真东西也要失传。这些正经的干货都扔了，那谁给马增锟吊过孝、写过什么挽联，当然更不算什么了。

我认识学楷先生、俊良先生，甚至我进入曲艺的厅堂，都要源于马先生的引领。

二

一般对于马先生的简介，都说他是评书艺术家，是马连登之子，马增芬之弟。

自幼读书，直至中学毕业。后随父学习评书，并向三弦圣手白凤岩学弹三弦。如此而已，并不能满足研究者和爱好者对他的了解的需要。

但是我对马先生的生平所知也甚少，毕竟他去世的时候我刚十六岁。一共在他身边四年的时间，又是小孩，他也不会给我讲很多生平往事。我只知道他父亲是马连登，是西河大鼓的宗师，说《响马传》最好。作为弦师，他指导并帮助女儿马增芬创立了马派西河大鼓。在侯宝林大师的相声里都有：“你看那个马增芬同志，别人做早操她不做，她练绕口令，她说这叫口腔体操。”

马连登老人在马先生的话语里出现得很少。只有一次我和我妈嚷嚷他看见了，等只有我一个人的时候他就跟我说：“为人必须要孝顺，你这么跟你母亲嚷嚷可不行。我们小时候，一见我父亲来，都得站起来，毕恭毕敬，垂手侍立。老人岁数比我们大得多，一点儿都不敢顶撞。”

马老只比马先生大三十多岁，在现代社会非常正常，但在民国就算是老父少子。马先生十几岁，马老就是五十的人了。五十岁啊，在当时绝对算是老头儿。高德明老先生，四十九岁就去世了。刘宝瑞老先生，五十三岁就去世了，虽然是被迫害致死，但是据王文林等人回忆，也是快五十岁的时候就已经“很老了”。

马增芳、马增芬的故事我在马先生那里几乎没听到过，偶有提及也仅以“大姐”“二姐”带过。

马家是西河世家，但据马先生自己说，他最不愿意提的就是西河。无论是唱是弹，他最烦的就是西河。也许是从小被强灌得太多，他产生了逆反心理；也许是他不愿意靠马家的名头吃饭，或者是想摆脱封建家庭的影响，还可能是因为他觉得西河大鼓在曲艺里确实属于艺术水准不那么高的，总之，谁要一提西河大鼓，他要不转身就走，要不就把脑袋使劲摇几下，嘴咧开，“哎呀”几声。

但不是说他完全不懂西河，现存的录音资料里有一段他自弹自唱的《将相和》，弹得也好，唱得也好。但是，是田派，不是马派。

他教我弹弦子，也是先教的西河点儿，就是用西河大鼓伴奏的旋律来练基本功、上下手。看来一个人最初打基础的东西，是最实实在在落在心底深处，一辈子甩也甩不掉的。

他小时候上过多少学我不知道，不过他有一定的文化水平，表现在他平时写信都是用毛笔。他说他小时候最爱华士奎、潘龄皋，这也正是那时候天津有影响力的几大书法家之一。现在，恐怕书法爱好者都不知道这两个人是何许人也。他的书法我一件也没有留下，小时候不懂，现在又没有佐证，所以他的书法好不好，我也不敢滥下溢美之辞，但记忆之中，信上行间，总有一股刚猛正烈之气。

他素来与二弟增奎不睦，但又共居一院，就算谁也不理谁，也难免有摩擦。有一次他兴致勃勃地跟我说："你那缺德二叔如何如何，我根本不理他，直接写了一首诗贴在门口。"那诗的第三句是"君子不与牛置气"，我记住了，其他三句都忘记了，同时记住的还有他那种自负又得意的神情。他是个艺人，或者说演员，他从来也算不上文人，但是他的行为，有文人的傲骨。

那位"缺德二叔"马增奎先生，其实对我也不错。当年那会儿庙会上演出遇见，还给我说说活，指点指点，绝不因我是马大爷的学生而保守。后来就再没见过，直到前两年，我知道王文林跟他关系不错，就约着一起去看他。那时他也是八十岁的人了，已经两次脑血栓，说话很吃力，走不了路，还挣扎着给我念"秦琼卖马"呢。我跟他念叨"缺德二叔"的往事，他也笑了。如果此时马先生还活着，哥俩一定是一笑泯恩仇。

三

我本想写"马先生是个艺人"，但一想到他不喜欢别人叫他艺人，所以还是改称他"演员"吧。虽然他学艺和"出马儿"（登台演出）都是在旧社会，但二十岁左右人生观形成的时期，正赶上天翻地覆的改朝换代和思想改造。

据网上说，1948年，他参加文艺干训班学习，并做文教工作。1953年，他参加中国人民赴朝慰问团曲艺服务一队赴朝鲜慰问演出。1954年，他任西北军区曲艺训练班教员。1956年6月，他参加济南军区前卫文工团任评书演员。这种工作和思想经历让他的思想还是很新的。

我小时候叫他马老师，稍大一点叫他马先生，但有一次一起挤公共汽车的时候，他跟我说："我就不爱听先生这个词，我们一说先生，都是说资本家，要不就是特务，那才叫先生呢。"得，从那时起我又叫回马老师了。

1960年，他调入山东省曲艺团一直工作到1977年，等于他在山东待了20多年的时间，所以他的口音稍有点山东味，性格恐怕也受到了很多山东人性格的影响：直、梗、倔。20世纪90年代末金文声老人在北京说书的时候，我去找他聊天。他问：你师父是谁？我说：马增锟。他没听清楚，问：是增奎还是增蕙？我说：增锟。他说："增锟啊！他在济南的时候常在我家里住啊。他比我还大一岁呢，可他得管我叫小叔。他的那个能耐，唉，那比我强万倍，可惜一辈子没走时运，他那个脾气可害了他了。"

田战义先生说，本来北京战友文工团要他了，派田先生去调他，结果那边就是不放。得罪人不怕，就怕得罪小人。于是，1977年，他到河北省新城县文化馆辅导曲艺教学，好像后来还到过承德。承德的一个师姐于国华还在北京找过他，就在那个小门房，聊到晚上九点多，本来想让我骑车带着她回宾馆，后来怕我太小不安全，他一个60多的老头子自己骑车带那位师姐走的。为什么这事我记得这么清楚？因为这位叫于国华的师姐住的地方是国华宾馆。总之吧，1989年退休后，他独身一人回到了北京，回到了香炉营六条9号。忘了说，他似乎结过婚，也似乎有过子女，但非常年轻就离婚了，而且再没有联系。所以，我认识他的时候，用别人的话说，他就是个老光棍，而且是个老绝户。

刚才提到了一个小门房，这是怎么回事呢？虽然终于回了北京，但他的收入太微薄了，于是，大概是在三叔马增祥的介绍下，去北京崇文区东花市文化站任门房，兼看公用电话。于是，我们就有了相识的机缘。

四

现在想起来，东花市文化站是一个很有20世纪80年代特色的地方，地点在崇文门东大街十一号楼。一楼只是类似门道，进门就上楼梯。这么小的门道还摆过三台游戏机，用镚儿（游戏机币）的那种。马先生除了门房兼看电话之外，还兼卖镚儿。二楼是主要办公区。一上楼是几个书柜，是公益的借书处。一个老太太看着，我记得我还跟她借过《三国演义》，结果她不借，说那都是繁体字，小学生看不懂。其实当时我还是很能蒙着看一气的。从那一排书柜里，我还借过一本厚厚的相声选，这大概就是学相声以后的事情了。走过书柜是一个多功能厅，小时候觉得不小，其实真是不大，顶头儿上还有个小舞台。多功能厅旁边就是办公室，也有七八间房。

我先在这里学过吹笛子，十几个学生，一个学期，挣钱太少，老师不教了。文化站又开了京剧班，由富连成的老先生阎元靖夫妇教，完全免费，也有一二十的小学生学，其中有我。围着桌子压腿，排成一排踢腿，正腿、侧腿、旁腿、片腿、盖腿，奇累无比，但小同学们一起练，虽然叫苦，却也当作玩耍。之后就是开嗓练唱，《沙家浜》《红灯记》。还排过《智斗》，我练老生，一个有点基础、又大一两岁的女孩唱青衣，选了一个胖大一点的孩子练花脸。阎老师从家拿来了刀枪把子、弓箭等。后来还抄过跟头。但还是因为又不挣钱又累，两位老先生也撤了。但他们走之前，马先生还用他们的弓箭道具教过我《卖弓记》里秦琼怎么试验雄阔海的宝弓，怎么“四个手指拉住弓弦，大拇指推弓背，推开三分垫儿”。可见在京剧班的同时，我已经开始学相声学评书了。

这个文化站的站长姜顺魁很有远见，像这种面向小学生的文化班儿还开了不少，像我参加过的书法班、国画班、素描班什么的。但对我影响最大的，是他成立的北京市崇文区小花艺术团。这个团成立起来了，马增锟先生虽然还是门房兼管电话，但名头就能是“艺术团曲艺教师”，似乎对一个落魄的老文艺工作者、老艺术家，这个名字更好听点儿。

我怎么和马先生认识的，我完全记不起来了，我对他最早的印象，一是他对我说，亮亮我真佩服你，学这么多东西。这当然也是一个老人哄孩子的话。二是他早晨喝豆汁，对我说，这你可喝不惯，你要喝就跟喝刷锅水似的。那时候我还没跟他学东西呢。可能是我老去文化站，脸熟，他又没有孩子，就喜欢上我了吧。

在小花艺术团，我主要是跟臧鸿等老师学相声，马老师主要教一个小女孩连玥说评书，教几个小女孩如郝静、宋璐芳等唱单弦大鼓，他给伴奏（旧时教唱单弦大鼓多为弦师），其实我们并无交集。但他可能看我之前学的东西多，什么都爱学，特地给别人上课之余，用他那当时已经很老旧的“板儿砖”式录音机，给我录了一段《卖弓记》，就是《大隋唐》里“七煞反长安”那一小段，从秦琼柴绍进长安到宇文成都拉折雄阔海的宝雕弓止，20多分钟的书，让我多听。

这段书虽然没有太多故事情节，但里边有很多开脸儿。秦琼、雄阔海，都有穿什么戴什么一大套词，后边宇文成都的道队过来，更是连道队带盔甲赞儿洋洋洒洒一大篇。这是很基础的一段儿，老辈教人应该都是这么教的，先把该背的背下来，张嘴就有词儿，否则一个孩子学说书，怎么开始入手？

书完了之后，还有一段他录给我的话：学弦子的，讲究是弹挑弹挑……是学大三弦的基础知识。那时候我还真是什么都愿意学，他还真是什么都愿意教。

最后他说，你学校的功课最重要，不能耽误，咱们艺校臧老师的相声课，你也不能耽误，咱们这个，你就当玩，你总要有玩的时间，你就别玩了，听听这个。另外这盘磁带我不能送你，因为背面还有我们其他的课程。你把它翻录下来，再还给我云云。

背面是一段他自弹自唱的梅花大鼓《百鸟朝凤》，一段评书《呼延庆三上肉丘坟》的开头一点，也是开脸儿加赞儿为主。

后来我这评书和三弦学得都很二五眼，那盘老旧的录音也就没还给他。这磁带现在是我的宝贝，不敢多听。总觉得它会用那“嗒嗒”“沙沙”的杂音，把我拉回20世纪80年代末。

学了一段时间，因为马贵荣老师来团里教课，教学方法与这几位老先生们不合，尤其马先生，跟马贵荣老师都是拧脾气、直性子，容易冲突。我就不太去上相声班了，而常常晚上抱着他给我的那个小弦子，去文化站的门房找他练功，跟他聊天。他又把我带到八角鼓票房里，我在曲艺的路上越走越远，而不是仅仅学说相声了。

五

关于我晚上找他练功的事情，其实也是我往自己脸上贴金，因为真正每天都在练功的是他，不是我。我住六号楼，在花市上头条小学上学，所以上下学总能路过文化站，老能看见他在那个小小的门道里弹弦子。当然，弹弦子不妨碍看门，但对于公用电话却是有碍。他在有人打电话的时候当然不弹，虽然那个时候电话少，但恐怕有这么一个工作人员，用户裹足不前的也很多。

其实开始我也不爱听，让一个20世纪90年代初的小孩喜欢上大三弦确实是一件看上去很难的事情，但是听得多了，也就越来越喜欢了。我第一次看见马老师拿着弦子，就去问他，这叫什么。他说这叫弦子，以至于有一段时间我分不清三弦和单弦。因为我问过，又因为我老听，马先生还郑重其事地给我找了一把老旧的小南弦子，让我练。因为我不用功，而且左手食指伤过，有点短，所以除了下手把“搓儿”练出来了，上手一无所成。

于是我在晚上功课不紧的时候，就去找他聊天练功。到晚上文化站没人，几个空屋子随便我练，还不会扰民，练累了就去找他聊天。开始还比较用功，没过多少日子，晚上去找他，就纯属拿着弦子去蹭录像看，原来文化站的多功能厅晚上开始放录像了。

那几年，这个多功能厅虽然不大，却有过多种用途。最早我们练功、上课、汇报演出，其间还搞过书画家的笔会。殷文硕没红的时候，还在这里录过单口小段集锦和《君臣斗》的长篇，我们都在现场看过。不过后来电视上放的是他在其他棚里录的，文化站录的毕竟不专业。这里也搞过相声专场演出，都是以惠民为主的。这里还承办过金帆艺术节的比赛，我跟一个叫石臣的小孩还获得过曲艺还是相声的崇文区一等奖之类。就因为得过这个奖，我就不好意思说“我从来也不参赛，不跟他们玩”之类的话。而且其实央视相声大赛我也参加过，大概就是曹云金退赛那年，我给人捧哏，稀里糊涂就参加了一回，演了一场算是复赛，就被刷了下来。后来我出了点小名，就更不用再让演小品的、拍电视的或者玩硬木儿的评我了。

书归正传，也是由于当时的大环境，当年这个多功能厅在晚上就当录像厅用了。那会儿正是港台影视剧在大陆风起云涌的时候，各条街都有租录像带的地方，但是录像机就不是家家都有了。我去练功，见录像厅正放《神雕侠侣》，立刻就迷上了，几乎每天都去看，多年之后我才知道我人生迷上的第一个影星，那个一派纯美的女子，叫潘迎紫。

马先生也知道我去不是为了练功，因为他要收票，也坐在门口看。于是乎，我就每晚夹着小弦子，到办公室放下，回到多功能厅门口，跟马老师来个“点头儿票”，就进去看。看完两集出来，好歹扒拉两下弦子，再跟马先生聊会儿天，就回家睡觉了。也许我弦子没练出来，要怪罪于潘迎紫女士太迷人，大眼睛，尖下巴，头发边的两根柔软洁白的小羽毛，到大学时代都常入我梦。

当时我是小孩，对看武打录像没有自制力，我觉得可以原谅。而且我对其他分心的东西有自制力，比如马先生管的游戏机，我一次都没玩过，嫌耽误时间，对一个中小学生来说，我觉得这就可以了。

马先生管收票，臧鸿先生管卖票，臧先生大嗓门，一招呼就来人。夏景天，搬把椅子坐门口，跟他的搭档——小花团的另一位老师赵亮一起，连卖票带解闷儿。有时候两集连演，收三块。第一集快结束的时候再买票，收一块。好多附近工地的农民工就来看一块的。有一回刚开演有个农民工想看，问一块行不？臧先生说不行。他们刚一走，臧先生跟赵先生“掉砍儿”（说相声行话）说：“穷孙。”但他的声音也大了点儿，而且“孙”人家听不懂，“穷”还是能听懂的，回头怒目而视，吓得我直怕打架。

其实这些小录像厅，对于农民工的精神文化生活，还是很有帮助的。每天晚上满满一屋子人，大部分都是他们。一部《神雕侠侣》看下来，每个人都会唱开场曲。每集一开始，一屋子农民工操着各省口音齐唱“跃马江湖道……”，那感觉也挺激动人心的。

看录像对练三弦毫无帮助，对学说书却是有点益处。后来放李存孝当主角的片子的时候，马先生每次看完都跟我说，这片子哪不对，十三太保李存孝，应该是什么什么故事，用什么什么兵器，而且他是上方铁石星下界，根本没有爱情戏，哪来这么个公主老跟着他！

同理，后来电视上中午播评书的时候，他老上我们家来看黑白小电视。边听边评，这么说不对，这么说不好。老道儿这个人物应该是这样，这个桥段应该这么说。我大长能耐。因为他说得都非常到位，故事情节经他这么一说，立刻吸引人，而且立刻听出之前的不合情理之处。人物形象也立刻丰满而有特色起来，心理、逻辑也更加合理。他常说的一句话是：×××（书中人物），不能给他说小了。

除了故事和人物，某些细节也是他穷究之处。比如《明英烈》里有一个将官的武器，电视上说叫八宝金丝软藤枪，两军交锋，他大枪下砸，如果对方横兵器招架，那就上当了。他的枪杆是金丝缠古藤，一砸对方的硬兵器，枪头往下就能扎人的头顶。马先生说这不合情理，要是那么软的兵器战场上根本没法当枪使。他说，这兵器应该叫鹿筋藤丝枪，软中硬，硬中软，平时当正常的枪用，二马错镫的时候，一手攥枪头，一手攥枪尾，能给整条枪挝圆。攥枪头的手一松，枪就弹出去伤人。我觉得这么说合理性大多了。第一，非大力者用不了此枪，可见此将力大无穷，并不只靠宝枪伤人。第二，手攥枪尾，枪就变长了，让对方意想不到。第三，弹力巨大，一般将官挡不住。类似这些地方，对我后来说书都有很大影响。

再往后，小录像厅终于改了歌厅了，文化站办公室也腾出来了，改成了朝鲜歌女的宿舍。此前我和马贵荣老师因为说相声该说新节目还是说传统节目发生了很大争执，曾经去团里退过大褂，就已经不太参加活动了。我就不怎么再上楼，只是晚上去楼下门房和马先生聊天。

对了，那个门房还有洗相片的业务，每天晚上，马先生要骑车到上堂子胡同去送底板和取相片，有的时候我就帮他干这个活。但有的时候我明明答应了他，却贪玩忘了，他怕被顾客骂，万分紧张地自己飞快地骑车去取。现在想想，这个六十多岁的老人，也挺不容易的。

后来，他种种不合时宜之处，诸如不苟言笑、动辄发怒之类，又得罪客人、耽误工作，终于被文化站解聘。于是他去白桥大街，他干儿子律宁家开的饭馆看门。律宁唱单弦，他也能给弹弹。但没过多少日子，由于和律宁母亲闹矛盾，他又只能回家了。说实话，他这个脾气，能在文化站干几年，已经是领导给他很大的关照了。

在家待了四个月，没收入没事情做，还要天天面对有矛盾的家人，可见当得到去中央台录评书的机会的时候，他有多么高兴。那是1994年，是由中央电视台《电视书场》栏目录制。每天中午电视里播评书的人，终于要是他了。

他跟我说：“我录评书，还得录《大隋唐》，但他们都录过了。叫《隋唐》不行。我就按罗家这一支儿走，叫《罗家将》，从罗艺说起，说到后来罗章、罗焕。（这些回目）他们都没有。”他还让我帮忙借《粉妆楼》《绿牡丹》等书，说是后边有点忘了。但后来录了180回，也没说到那么靠后，到罗通一死就结束了。

我旁边的人都说这书是1995年6月向全国播放的，播出的时候他已经去世了。但我总记得他还在中午来我们家看过自己的书，我还问他为什么不穿大褂穿短打。他说：“你马爷爷说书爱穿长的，我说书都是新式的夹克。”其时他那夹克并不新式，同样非常老旧。大素面的桌围子两边还皱着，实在是不好看。他的书在电视上很不适合，太快，不拿人，有时候还有口误。所以180回播完，他也没红。

也许是我记错了吧，可能是他在录制的时候，在文化站的门房里和我聊天，说到穿着问题。总之，他一生最爱一部书，在电视上也说了这一部书，也算完满。可惜，这部书只放了一遍，而且资料再也找不出来。电台、电视台当年的戏曲曲艺资料非常多，就是不让人看，不让人录，艺术家本人去找几十年前自己的资料也不行，宁可资料室泡水毁了，也绝不让爱好者或者研究者染指，我不知道这是什么心态。现在网上连潘迎紫版的《神雕侠侣》都能找到了，希望有一天，能再看见马增锟版的《罗家将》这样一部书。

六

之前的文章，似乎让大家觉得马先生的《大隋唐》并不如何精彩，如果用外行或看热闹的心态来看，确实如此。但如果以内行或者资深爱好者的眼光来看，他的《大隋唐》是现存最好的一部《隋唐》，从这部书，可以看出中国评书发展的一些脉络，也可见长枪袍带书发展到民国时期的最高峰是什么样子。

马先生自己跟我说过，我就是迷《大隋唐》，我不是迷评书，就是迷《隋唐》，其他的书我不爱。什么书到最后都是屠戮功臣，《西汉》刘邦杀韩信，《东汉》有上天台，《明英烈》最后炮打功臣楼，只有《隋唐》最后是君臣同乐。迷《隋唐》，迷弦子，我这辈子就是这两件事。

马先生一再强调，他说的是《大隋唐》，突出一个“大”字，不是陈荫荣的《兴唐传》，也不是他们马家自己的《忠义响马传》，更不是西河大鼓的《小响马传儿》——他管这个叫“打臭贼”，“什么罗成卖绒线儿，给罗成弄八个媳妇儿，什么玩意儿！”从民俗学的角度来说，西河大书的《隋唐》当然有其存在的意义，而且具有俗文学的精彩。但马先生从一个评书演员的角度来说，希望评书更加合理，更加有文学性，更具经典性的心情，非常可以理解。而且现在西河大书的《隋唐》恐怕也要失传，就算是业内人士也很少能听到“罗八爷”的全部故事了。

“什么叫评书？”马先生总是以这句话开场，“评论是非、探索学问才是评书。”

评书贵在评，评什么，怎么评？这两件事是评书发展的原动力，也是评书脱离一般性讲故事和鼓书的基础。要评，先得合理，先得把怪力乱神去了，纯用矛盾冲突和人物形象构建一部大书。评什么？历史环境和人物心理，事件影响和人物行为的必然性和善恶属性。这人为什么这么说，这事为什么这么办，不这么说行不行，不这么办好不好，这个人办了这件事，我们应该怎么评价，对整个事件有什么样的推动作用……这样，倒逼故事越来越有逻辑性，人物形象、性格越来越鲜明。于是乎，评书越来越靠近上层文化。

《三国演义》《水浒传》等故事是历代相传的，每个有见解的“说书人”都可以加入自己的创造，即使在《三国演义》和《水浒传》成书之后，不同的文学版本依然存在，金圣叹对《水浒传》的批注，除了免去后几十回之外，前边的文字也一定多有随心所欲的修改。在曲艺界，对《三国演义》《水浒传》的演绎更是极其丰富。像这种有定本的名著都如此，其他书目就更可任由讲述者发挥了。

当然有些书的“硬伤”是改不了的，这是由它的民间性和通俗性决定的，就像金庸先生怎么改，也避免不了黄蓉比郭靖大这件事，顶多是把大个十几岁变成大个两三岁。比如连阔如老前辈的《东汉》，从大处说，几乎所有英雄大将都是严光的徒弟，刘秀一有危险，严光就出现，看来此公这辈子除了教徒弟就是跟踪刘秀，这哪里是人，这是观音菩萨加通天教主。从小处说，刘秀进长安，干吗非戴着那“九凤玲珑透体（透剔）白玉镯”，上武科场比武都舍不得摘下来？明知道别人一看见这镯子就知道自己是汉室宗亲，就要捉拿自己，还非要戴着，看来就是冲着打架去的。王莽也真是好眼神儿，在高台之上看武科场中几千几万人马，一眼就能看见刘秀手上戴的镯子与众不同，如同看球赛坐在看台上一眼就看见哪个足球运动员手腕上有纹身一样，看来王莽旁边不但有转播席，还有慢镜头回放。

老百姓听书就是听个热闹，不计较这些。但好的评书演员，就一定要把这些漏洞堵上。说他们的话：不能让观众把你问住。

马先生的评书技术是家传，但《大隋唐》的文本却是别人的。在他上中学的时候，据他自己说也是个不乖的孩子，不好好上学，家里大人管也不听。有一天，他听一个老先生说书，一下就迷住了。他自己是曲艺世家，书听得太多了，但这个老人说的，有学问，有人情，而且有教育意义。于是他每天都去听书，人也越来越老实，马连登问他：你天天干什么去？他说：我受教育去。马老跟着去一看，才知道他每天都去听张诚润的《大隋唐》。

张诚润，马先生说他的名字时，按天津读音都是读张诚运，以至于我一直不知道这位老先生是谁。后来看介绍张寿臣的文章，才知道张寿臣评书门拜的就是这位老先生。但其他还是一无所知。看来，他的生平、成就也都算是已经失落的那些历史资料的“干货”吧。

于是，马先生抛弃了自己马家门的《响马传》，专攻张家门的《大隋唐》，后来还曾向张诚润的徒弟边豫棠学习，到中年之后，有些记不清的“冷段落”还专门去天津向边氏的后学请教。每次教我说这书，都先说，这是人家张诚润、边豫棠的东西。

我也曾去天津访问过一些老说书人，希望这套书在天津还有。但他们一听说“张诚润、边豫棠”，都摇头说，没有了，早都没有了。

七

那这部《大隋唐》具体好在哪呢？我举几个还记得起来的例子。

隋唐之际的历史故事，总不出《隋史遗文》《说唐》等几部旧小说，这些故事中，都有“天下十三条好汉”或“十六条好汉”之类。到了《大隋唐》，变为了“四绝四猛十三杰”。四绝是说这部书有四个人的四项技能是绝技，比如锁五龙时某个和尚是铁背刀枪不入，罗士信的飞石打鸟绝技等。四猛是说这部书有四个猛人，力大无穷，其中也有罗士信。四绝和四猛都是并列的，但十三杰可是排序的，差一位能耐就差一点。从第一杰李元霸，到并列十三杰的秦琼和敬德。

这并不是为了说着好听或文本好看而凑的数，而是对战争的描写甚至对书中情节的推进都有着很大的作用。

其他书中十三条好汉也是排序的，第七条好汉肯定打不过第六条好汉，但是都会打上一阵。在评书中，其实马上的战争描写都没有什么太新鲜的手法，无非就是一马三枪或一马三刀，细想和程咬金三斧子路数都一样。打上几十个回合，然后二马错镫来个枪里加鞭或刀里加镖，或者来个回马枪分出胜负。但《大隋唐》中，第五杰的意思就是，最多只打五个回合，“来将轻者带伤，重则废命”。第十杰就是“勇将面前不走十趟回合，轻者带伤，重者废命”。于是一切都简单了，第六杰遇见第五杰，不用再打多长时间，“二人交手，不到五个回合就败下阵来”。

可是这样说有什么好处呢?

第一，文气。说评书忌变成演杂耍，这人这一棍怎么抡，那人那一刀怎么耍，这人怎么一跳，那人怎么一蹲，这书就要不得了。这都是说书人为了精彩而做的努力，但无论如何也不如“关公抡刀出战，只一合，挥于马下”来得文气十足。

第二，重复的美。《水浒传》里写林冲发配和卢俊义发配，几乎同一笔墨，一般论者认为重复，而金圣叹却批曰“笔力何其大也”。这种重复的美，非如椽巨笔写不出来，但不遇知音也欣赏不了。在艺术中，往往重复的都是失败的，不美的，但大文学家大艺术家写来画来，却能绝处逢生，精彩绝伦。

第三，如果下一位老比上一位差，那不是没有悬念了吗？不会，这时候四绝和四猛就有用武之地了。他们在不同的坐标上，胜利和失败，不打完谁也不知道。可就算这样，也不能老让四绝四猛出场啊，那排十三杰的座次又没什么意义了。别忙，一物降一物，宇文成都是第二，勇将面前不走两趟回合。李元霸是第一杰，就算宇文成都在他面前，也走不上一趟回合。李元霸就是一道无解的题吗？非也，还有一位叫程咬金的，勇将面前不走半趟回合，轻者带伤，重者废命。一来一往为一个回合，老程的三板斧，一来的时候就把你划拉了，等不到一往。但老程三板斧也常有不灵的时候，三下一过去，就算是个不太知名的战将都能把他追得落荒而逃。

绝吧！复杂版老虎棒子鸡。

还有著名的徐二爷和秦三爷的事件。

从《隋史遗文》到《说唐》，到《兴唐传》，到各种戏曲，再到现在的各种电视剧，秦琼的父亲或是北齐大将，或是南陈显贵，秦琼父亲战死，家庭败亡的年纪也是五岁到七岁不等。反正秦琼肩负着国仇家恨，年幼失亲，这是肯定的。但早期的文本中，秦琼被人称过“二兄”，却没解释原因，单雄信和秦琼都是互称兄长，但在后来的京剧曲艺中，秦琼一定是秦二爷，徐茂功一定是徐三爷，贾家楼结拜秦琼是老二，徐茂功是老三，这是铁定的。但其实这里有巨大的逻辑问题。

第一，秦琼为什么是二爷？好，大家可以回答，这是因为义仆秦安把幼年的秦琼和秦夫人救出重围，秦琼又是和秦安学的家传锏法，故拜秦安为兄。所以秦安是秦大爷，秦琼是秦二爷。

第二，单雄信为什么这么尊重信服秦琼？秦琼流落天堂县，当锏卖马，单雄信一听说他是秦琼，立刻大礼参拜，百般示好，之前二人从没见过，这是为什么呢？当然大家还可以回答，这是因为秦琼在江湖上声名显赫，所以单雄信早有耳闻。

细想，这两点都解释不通。

中国古代最讲究的就是尊卑长上，奴和主之间有着无比鲜明的界限。就算奴和主有再深的感情，奴对主家有天大的功劳，奴也不能和主平起平坐，那样，就叫奴大欺主，之前的一切功劳都化于无形了。君对臣，主对奴，可以优礼待之，但奴一定不能自认。比如杨排风，功劳再大，佘太君对她再好，她自己也不能拿自己当主子。佘太君可以把她当女儿看，她可不能把自己当成杨家的第十个子女。再比如赵子龙，忠勇无比，为刘备出生入死，刘备也早就管他叫“四弟”，但赵云对刘备永远得叫“主公”，若是叫了一声“大哥”，恐怕赵子龙的英名早已有损。

所以，就算秦家只剩秦母等三人，秦安又为秦家出过死力，秦安也不会自认秦琼的兄长。秦琼可以尊他一声“老哥哥”，但秦安一定管秦琼叫少爷，不会叫贤弟，秦琼的朋友更不会因为秦安就管秦琼叫二哥。

秦琼在城破之时五六岁，那秦母当时也就三十岁左右，和秦安年纪相差应该不大，或者比秦安还小，也不可能真的认秦安当干儿子。

顺便说一句，杨坚当了二十四年的皇帝，最后一年是仁寿四年，无数大事，什么杨广伏击李渊，秦琼救驾，什么雄阔海卖弓，什么程咬金从牢里被放出来，以至于劫皇杠，都是这一年前后的事。所以这个时间段秦琼应该三十岁左右，贾家楼众人结拜，为秦母贺寿，贺六十大寿就比贺七十大寿合理一点儿。

再说回秦琼，为什么在家排行老大的秦琼就被叫为“秦二爷”了呢？

这事先放一下，咱们先说单雄信。单雄信不是李逵，不是江湖上最底层的粗鲁汉子，只会喝酒打架，一听说有人重义气，连面都没见过就佩服得五体投地。单雄信是“天下东西南北中五路响马的总瓢把子”，是响马头儿。说现在的话，是所有反政府武装的领导，是最大的黑社会犯罪集团的一把手，这样的人，会站得多高看得多远，心机会多重？他会仅仅因为耳闻就对一个人倾心敬佩、舍命相交吗？而这个人还仅仅是一个地方上的刚出道没几年的小刑警？完全不在一个级别上。

这就是民间文学确实存在的问题，故事越发展越热闹，人物形象越传说越鲜明，但细节和逻辑上的问题就越来越大。评书比其他戏剧曲艺强的地方，就是利用说书人的文化水平和社会经验，把这些漏洞补上，使之越发精彩。

在马先生的《大隋唐》中，这个地方是这么说的——当然，我听他细说的时候年纪还小，我也不记得电视上的《罗家将》里，他有没有提到这个问题，所以下文我叙述的，也有一些我自己的演绎。

秦琼国破家亡之时，还是个五六岁的孩子。秦母和秦安带他到历城县安家，母亲白日教文，秦安夜晚教武，教得秦琼文武双全。但秦琼太小，秦母肯定不敢把家世跟他细说，否则一个使枪弄棒的大小伙子，不定在外边说出什么、干出什么。所以秦琼武艺精绝，但在“文”上，也无非就是认得字能看书而已，政治、军事、家国天下，他是不懂的。秦母虽然相当于军区司令或者市长夫人，见识和一般人肯定不同，但一者是女流，不能带着秦琼闯荡世界，二者很多社会上的事、政治上的事也不敢告诉秦琼。所以秦母眼看着秦琼长大成人，虽然人品不错，武艺不错，也交了很多朋友，也懂了一些身在公门好修行的道理，但依然还是社会底层的思维，顶多以后是个将才，能卖卖苦力打个仗，但真正报国仇家恨，推翻杨家统治这个事，他是干不了的。所以老太太又着急，又没办法。

单雄信的大哥单雄忠，比单雄信大二十多岁，是长兄幼弟。单家也是被灭掉的那些政权里的高层，在失去政权以后，才利用以前的人脉和财富，暗中当起了天下反政府武装的总头儿。有大哥带着，见的人都是高级的人，行的事都是高级的事，所以单雄信的见识，也是上层的见识。这也很容易理解。太子党在一起聊的，都是多少个亿的项目，哪个省十年之后的规划等。当时秦琼和一帮朋友聊的，还是破了几个案子，追回几百两赃银呢。

单雄忠为了培养弟弟，才让二十多岁的单雄信接替自己当了这个总瓢把子，自己四处经商，其实也是四处联络，却在临潼山被李渊误伤。

单雄信和秦琼本不在一个平面上，按说两个人不可能结成钢铁一般的友谊，此时一个关键的人物出现了，就是徐绩徐茂公。

徐绩为什么能以智囊的面貌出现，怎么他的头脑就那么好呢？他又是在哪里受的教育，他又为什么年纪轻轻就当了老道呢？

徐家也是被杨家灭掉的那些政权里的人物。至于是哪个国的什么官，他们家以前和单家、秦家认不认识，这可以任由说书人加工。反正主线就是，徐绩的父兄都在反抗大隋的战斗中死了。徐绩在破城时应该比秦琼大十岁左右，秦琼那时候还什么都不懂，徐绩已经受完了一切教育，也知道上层的思维和见识是什么样的，甚至和家人一起参加过战斗。城破家亡，徐家只有徐绩生还，他深知单凭自己可无力回天，又是前朝的战犯，只好出家为道，但是一直都在寻找机会，终于，他找到了单雄信兄弟，秘密加入了响马这个巨大的组织。

以徐绩的才学，以及他们共同的阶级背景，打动单雄忠，让更年幼的单雄信信服，这是很简单的事。所以，徐绩就成了单家最重要的军师。

忽然有一天，山东出了个秦琼，这个人又孝又勇，在江湖上大名鼎鼎，更重要的是这个马快班头“懂事”，虽然有能力捉拿响马，却知道跟一些“替天行道”的响马当朋友。于是，单雄信就想派人去接近一下这个秦琼，如果真的可用，就结交一下。历朝历代，黑社会想混得好，都得结交白社会的人；而香港黑帮电影里，也总有为黑帮办事的警察。

本来这个事用不着徐绩去，但徐绩慢慢发现，单雄信虽然人品不错，武艺超群，但他太偏执，脾气也太坏，不一定能成大事。这个秦琼如果真是江湖传闻的那样，一定不比单雄信差。于是徐绩主动要求自己去山东访一访这个秦琼。

徐绩到了山东，很快和秦琼结交了。秦琼本来就爱交朋友，这个老道又是这么学识渊博，他说的好多事秦琼都没想过。于是秦琼和徐绩的交情日深，干脆把徐绩接到自己家里住。徐绩却有点失望：这个秦琼虽然人好艺好，思维方式却太江湖、太底层，想让他以后统率千军万马，指挥若定，恐怕很难。

一天夜里，秦琼在徐绩的屋里聊到很晚，秦琼是长见识学东西，徐绩一边聊一边心想，明天应该回山西了，这个朋友可交，但反隋一时半会儿还指不上他。秦琼告辞，徐绩送出房来。秦琼刚回后院，徐绩想回身进屋，就听身后有人叫他：“徐道长。”

徐绩一惊，回头一看，门后是秦母，赶紧说：“老夫人，您这会儿还没睡觉啊？”秦母说：“请进屋，我有话说。”徐绩让秦母进屋，两个人坐定，秦母说：“方在我在窗下都听见您说的话了，您的见识超群，才学渊博，请您告诉我，您到底是谁？结交我儿子到底有什么目的？”

徐绩一听，秦母这两句话，就比他那儿子强得多。真人面前不说假话，徐绩就说：“我其实不是老道，是五路总瓢把子大响马单雄信的手下，来访秦兄，想跟秦兄交个朋友。我们虽然心在绿林，却心系百姓……”秦母说：“您还没说实话，您到底是谁？您说了好多上层人士才知道的事，当过大官、统领过军队的人才说得出的话，这些话绿林人士可说不出来。”

徐绩一惊，深感这个老太太可不同寻常，想结交秦琼得先过老太太这关，否则秦琼事母最孝，老太太拦着，这朋友可交不上。于是徐绩说：“老夫人，我同您实说了吧。我祖上是谁谁谁……”背三代，最后说到我是谁的儿子，怎么国破家亡，现在安身于山西，联系人物，积累力量，要推翻大隋。

老太太点点头：“这才是实话。我知道您是谁了，那您知道我是谁吗？”

徐绩说：“您是我秦兄弟的母亲啊？难道秦兄弟也是名将之后？”徐绩也不傻，这会儿也看出秦母也一定是曾经的上层人士。于是秦母也开始背三代，我公公是谁，我丈夫是谁，城怎么破，家怎么亡，我带着孩子怎么教育，怎么过日子。

最后，秦母说：“琼儿这孩子，现在还糊涂着呢，虽然知道自己是将门之后，但他现在就拿自己当个马快班头，从来没有过高举义旗反隋这样的想法，我把这孩子交给您了，以后在江湖上，您要多多教导，多多提携。”徐绩点头称是。

秦母又去把秦琼叫到自己屋中，秦琼一看，怎么徐兄也在啊？秦母说：“我刚才跟这位道长谈了很久，你交了那么多朋友，我看就这位道长是个真朋友。你当着我的面给他下上一跪，拜他为兄。”秦琼赶紧下跪，徐茂公也跟着跪下，两人大拜八拜，结为兄弟。徐绩说：“贤弟，我这就回转山西办事，以后有机会我再来山东。”从这起秦琼就对外说，我母亲又收了一个义子，我现在算是行二。这样，秦爷才变成了秦二爷。

徐绩回山西见单雄信，对秦琼的好话可就说得太多了。单雄信最信服徐绩，所以在心里就对秦琼展开了自发的造神运动。

后来四十六友起义造反，秦琼当了三军大帅。一个区区马快班头，怎么能当好三军大帅呢？别说行军打仗，怎么派兵，怎么安排粮草，怎么行军，他都不知道啊。那些都是军师徐绩死心塌地地教他助他的功劳。

同理，后文书的尉迟恭，打铁的出身，武艺不错，可是当不了大帅。只有二次学艺以后，文武双全，才能当唐军主帅，才配和秦琼并列十三杰。

有人问，那为什么人人都说徐三爷、秦二爷呢？回答是，贾家楼众人结拜，只按家里辈排。比如单雄信在家里行二，比他大的就叫他单二弟，比他小的都叫单二哥。否则的话，排行十七的叫张十七哥，排行二十八的叫李二十八弟，太乱。

这样，不但解决了这个书目逻辑混乱的问题，人物形象还越发鲜明，还多了一个精彩段落，可见，张诚润这派的《大隋唐》，确有独到之处。

马先生还跟我聊过，秦家锏原本是定海神钉，这明显是从《西游记》得来的灵感，还说山东有很多秦琼的书都很好，秦琼怎么从不知名的小捕快干到班头的，破过什么案子，交过什么朋友，怎么得的那么长的外号，等等，可惜这些他语焉不详，我也无从记起了。

八

下边再说一些有关马先生说的《大隋唐》的一些细节，也是他跟我说过几次或者我听过的，当然，我基本上也就记住了这些，没记住的，我当然希望世上还有，但恐怕希望渺茫。

首先说说宇文成都的死。宇文成都在西河大书里是个奸臣，但在评书里是个大大的忠臣，有勇有谋，忠义无比。但他的矛盾在于，他忠的是一个昏君，而他的父亲又是大大的奸臣。他一心保国，他爸爸宇文化及却是一心误国。他又要忠于君王，又要尽孝于父，他本人又是直肠热血、心存正义的汉子，太纠结了。

而他忠于的那个君王却又那么昏庸，他的父亲又不纯是为了权力和金钱祸国，而是为了“恢复宇文氏的天下”这个大理想——我一直觉得金庸书里的写慕容家族就是受了《说唐》宇文家的影响——作为一个有文才、有武功、有才华、有权势的天下兵马大元帅，在天下大乱的时候，在很多关键点上，让宇文成都怎么选择？

在最后，他筋疲力尽地把杨广护送到人生的尽头——扬州。虽然外边已天下大乱，隋朝已经走到了尽头，虽然杨广依然任性地只为观琼花才到了扬州，到了他的死地，可是在扬州谋杀杨广的，却是自己的亲生父亲。父亲告诉他，儿子，我终于把这个昏君杀了，终于拿到了传国玉玺，咱们终于能恢复祖业了！我当皇帝，你是太子，以后你就是皇帝。

你要是宇文成都，你怎么办？

杀了自己的父亲给杨广报仇？

保着自己的父亲对抗天下？

虽然现在天下各国的大将里依然只有李元霸能打得过自己，而且他还不在扬州。

宇文成都最后的选择可能是他自己能做出的最好的选择，默默地回去，打点自己的行李，只带一个小包袱，骑着自己的汤和驹，带着自己的凤翅镗，穿上平民的衣服，准备永远地离开。英雄已经没有用武之地了，忠也好，奸也罢，历史上再也没有我的名字。恩也好，仇也罢，这一切都跟我没关系了。谁杀谁，谁再杀谁，谁当皇帝，谁再杀皇帝，跟我都没有关系了。

如果宇文成都能这么成功地一走了之，可能听众也会长出一口气，因为听《大隋唐》的听众不会希望宇文成都死，在大半部书里都当天下第一的英雄，终于全身退隐了。也许在多少回书以后，又出来个少年英雄，自报是宇文成都的徒弟什么的。这都是评书的老套。

而且宇文成都想不成功地一走了之都难。一国的大帅，没人会想到他会当逃兵，杨广之死的消息刚传出去，外边十八国的兵马都惊乱不堪，而且十八个队伍都上赶着夺玉玺，没人会注意一个小小的老百姓。就算有人认出他来，他还是天下第二杰，凤翅镗下勇将不走两个回合，谁能拦得住他？就算不想打了，走还是走得了的。

出扬州几十里，也没遇见什么人拦他——根本就没人认出他来。他心灰意冷，打马前行。走到一个小山沟里，就这个地方最窄，也掉不开马头，对面来了一支队伍。也就是说，宇文成都连躲避一下的机会都没有。

这个队伍的领头人有两个，一个是宇文成都的好友，或者最少也是相互敬仰的朋友，李渊的姑爷柴绍，另一个人，正是这个世界上唯一一个能够克制宇文成都凤翅镗的人，李渊的四儿子赵王李元霸！

比起柴绍，李元霸更是喜欢宇文成都。虽然他争过宇文成都的金牌，但他内心也很佩服宇文成都，天下人中，只有宇文成都的力量能和自己较量一番，乃是惺惺相惜之意。

在《大隋唐》中，李元霸不只是力气大的浑小子，更不傻。说话结巴，这是传统老本子的影响，没办法。但完全不是老本里的说不清楚话。开脸完全按照雷公脸，就是鸟脸来开。使的兵器是擂鼓瓮金锤，像个小腰鼓的形状——雷公不是在天上敲鼓的吗？我最喜欢的就是《大隋唐》里对李元霸和裴元庆的对比。两个人除了一奇一俊，一黑一白，穿着打扮，身量体形，完全一样，如果两个人背过身去，就像一个人一样。只不过天下第三杰裴元庆使的是梅花亮银锤。

这样，李元霸就和傻小子罗士信分开了，李元霸不能是就凭傻力气吃饭的人，凭傻力气吃饭的人当天下第一谁也不服。

如果在平常，柴绍和李元霸完全可以问问宇文成都要去哪里？宇文成都也会说，我退隐江湖，再不问世事。说不定三人会以礼相待，拱手而别。

但偏偏是在这个时候，本来柴绍的兵马就已经来晚了，又听说杨广已经死了，正加紧赶往扬州，在这个地方，居然看见了杨广的大帅，穿着平民的衣服，远离战场，单人独行。

他的马鞍桥上还搭着一个小包袱，那是什么？

一定是传国玉玺。

如果让拿着玉玺的宇文成都逃走了，那就永远没有机会得到这个国家的大印了。而以宇文成都的能耐，虽然打不过李元霸，但是他要跑，没人能拦得住。

一切的分析都在片刻之间，柴绍冲李元霸说："快要他命，要不请雷公劈你！"

李元霸最怕的就是打雷。这个情节在各个本子中都一样。从小李元霸一打雷就躲桌下边哆嗦，柴绍等天快晴了，就站在院子里冲天抱拳，说："我兄弟听话了，不顽皮了，雷公兄退了吧。"于是就不打雷了。李元霸觉得柴绍能请雷劈他，所以一辈子最听柴绍的话。

马先生说书一向自觉地把"封建迷信"全部去除，我从来也没听过他说"李元霸是雷公下界”，但估计老本就是如此。在原始神话中，雷公几乎是天上力量最大的神，《西游记》里只有雷部二十四将能在孙悟空大闹天宫时围着他打，一切妖魔最怕的就是天雷。这很好理解，在自然界中，风雨雷电，各种自然现象，肯定是雷给古人的震动感最大。雷公下界，凡人肯定治不了，就让他自己怕雷，找个聪明的柴绍管着他。

所以这次柴绍一上来就让他杀了宇文成都，否则请雷劈他，李元霸也没任何其他想法了，拍马抡锤，大喊：“都儿哎，我得打死你，你认了吧。”按照陈荫荣的本子，宇文成都说：“四殿下，你打死我吧，我不想活了。”愣拿脑袋找大锤，一下万朵桃花开，死掉了。

马老师说，不成，这么说宇文成都太小了。一辈子英雄无敌，管了一辈子天下兵马，怎么能这么消极。

按马老师的说法，如果不处在两山夹一沟的位置，宇文成都把马带开，一句话就能说清问题，也给了柴绍问他私没私带玉玺的机会，就没事了，但又正好没地方掉马头，李元霸抡锤冲上来，宇文成都就怒了。虽然我力气不如你，虽然我现在什么官也不是了，但是我宇文成都还不能这么被人欺负。一时怒气勃发，抬腿摘凤翅镗：“难道我怕你不成？”

镗锤相交，镗一下就被锁住了。

说到这儿，再返回头“复习”以前的书，“金锤锁凤镗，锤轰十二杰”。宇文成都为什么这么勇？天下第二杰，谁在他面前都走不了两个回合？第一是他力大，招数精。第二就是这件兵器，凤翅镏金镗，头上就像一个大叉子形，三个尖都很宽，三个尖的两边都是大锯齿，而且是凤凰单展翅，一个镗翅子朝上，一个镗翅子朝下，等于三个尖有一个尖是向下的。这么一个兵器，如果碰上对方的兵器，很容易锁住，就是对方兵器的头别在那些锯齿里撤不回来。哪怕就别住那么一下，宇文成都力气大啊，往后一带，你的兵器就撒手了。那还能不死吗！

马老师老说，我说得明白不如您听得明白。这不带身段的文字，我希望读者能看得明白。

但是，凤翅镗遇上了瓮金锤，遇到了克星，这对锤不是圆的，是小腰鼓形的，两个锤头一交，正好把凤翅镗前边这一大堆锁住。马老师每次演到这里，必用双拳代表两个锤头，在胸前画个小云手，“硌”在一起。这就是传授，没这个传授，这地方就说不明白，说不了这么细。

兵器锁住了，就剩比力气的事了，可惜，宇文成都遇到的是李元霸。宇文成都的力气，全天下就比不上李元霸，结果正好让李元霸锁住兵器，李元霸大锤一甩，宇文成都的凤翅镗就飞了。上次金锤锁凤镗，是在晋阳宫的校场，有拍马逃走的地方。这个地方太窄，马头转不过来。于是，宇文成都就死在了李元霸的锤下。

李元霸打死了宇文成都，若有所失。柴绍跑过去打开马鞍桥上的小包袱一看，只是衣物银两，没有玉玺，才知道杀错了人。事已至此，也没办法，只能催动兵马，快往扬州而去。

每个地方都得“讲理”，就是每个地方都要有人物，有情节，有设计感，这就是马老师让我学习的评书艺术。评论是非，探索学问。

再说一句，一般人说“九老兴隋”，把那些老能人们全算到九老之列，像杨林、罗艺、定彦平等。但马老师这一派，说的是“五老兴隋”。马老师说，得是把隋朝兴起来的才算，像罗艺这种，能耐是有，只是降隋而已，称不上兴隋。

有道理！

那这五老有谁呢？马老师说了五个，我记得有杨林（这是肯定有的），最后一个，我听到了宇文成都的名字。我说，宇文成都岁数小啊。马老师说，可是他资历老啊。而且隋朝打天下，他立了大功了。要不怎么能是“保国大将护国大臣天下横勇第一无敌大将”？这种封号在和平年代可得不到。

有道理！

说完了宇文成都之死，再说说李元霸之死。

有一个版本说李元霸是被宇文成都的师父“鱼俱罗”出山，拿大片刀砍死的。马老师说，这就把大枪杆子书——就是袍带书，说成了短打书，“剑客后边剑仙，剑仙后边剑圣，剑圣后边剑魔，剑魔后边贱骨头”，一没辙了就出来个老头，过段时间再没辙了再出来个老头，请完师父请师爷，一个比一个岁数大，一个比一个活得长。这是短打书常有的毛病，说朝代更迭的书不能这么说。出来个老头就把李元霸杀了，那他算第几杰？

还有一个版本说李元霸正在行军途中，遇见打雷，大怒，说：你又来欺负我！

飞锤震天，结果锤落下来，正打在自己脸上，把自己打死了。

太不合常理。

但是这么说，如果从哲学上来说，挺合理的：一个已经“天下第一”的人，一个忘乎所以的人，一个已经不知道敬畏的人，一定是自己把自己砸死的。

所以，马老师的《大隋唐》是这么处理的。李元霸打败十八国的所有大将，令天下英雄束手，志得意满。自己独自行军（押运粮草？）的过程中，赶上天降乌云，漆黑一团，雷声阵阵，柴绍又不在身边，他愤怒了，也膨胀了。把双锤轮换着往天上扔，左手锤扔上去，天上一个雷，锤掉下来，他左手接住，右手锤扔上去，又一个雷，锤下来，右手接住，人力毕竟有限，越扔越低，最后没力气了，左手锤扔上去，一个雷，锤落下来，自己接不住了，往旁边一闪，锤砸在左腿上，把左腿砸折，“哎呀”一声翻身落马，右腿别断，李元霸双腿齐断，骑不了马，打不了仗了，只能回到晋阳，回到西府中。他最喜欢鸟，这回不用再打仗了，每天逗鸟为乐，安心当他的西府赵王。

我问：他没死？马老师说：没死，但是打不了仗了。他不能死啊，唐营就指着一个李元霸，他要一死，就困不住十八国了。因为只要死了，再保密也保不住，这人没了嘛。但只要没死，无论在前线还是后方，只要一露脸，对手就不敢妄动。

我对他说的几个“死”印象深刻，杨林之死也是一样，对这个纵横一世有忠有义但到老来因为时代的变化，成了悲剧英雄的老将，不能简单说一句“老奸贼”就完了的。而且其中还有他和秦琼的恩怨情仇，两位都是大英雄，两位又必须是死对头……说杨林之死，不但不能把杨林说小了，也不能把秦琼说小了。

我听所有人说《隋唐》，杨林的林字都读成“淋”，只有马老师的《大隋唐》，读成“龄”，这当然是历史读音，从现存的京剧和联珠快书来看，杨林的林都是中东辙而不是人辰辙。

还有单雄信之死，单雄信和李世民的世仇，让他恨死唐营，虽然他的一干好兄弟，包括他最敬爱的好汉哥秦琼都在唐营，他还是要“单人独骑把唐营踹”，所以“二次被擒也应该”。单雄信一定得死，当然一干众兄弟不能杀他，京剧里让和他没交情的尉迟敬德杀他，但是最后下达杀单雄信的命令的人是谁呢？

肯定不能是尉迟敬德，一个普通的将官没这个权力。

也不能是李世民，否则对真命天子的形象有损。

还能是谁呢?

徐茂公。

有点阴谋论的是，正是徐茂公算准了单雄信要来闯营，也算准了一定会把他生擒活捉，才把秦琼派出去押运粮草，把秦琼支走。单雄信对秦琼的恩情太重了，哥俩的感情也太好了。

徐茂公了解单雄信，他知道单雄信一定不会投降，而且如果放了一定还会回来杀人，如果单雄信活着，李世民对智勇福三将都有可能不放心。所以虽然徐茂公和单雄信的感情也很好，但是，必须杀掉单雄信。

徐茂公传令杀单雄信的时候，也心疼啊，所以，这个“杀”字只说个字头，始终说不出整音儿。马老师在说这个地方的时候，又让人看出徐茂公有智谋，又能看出他重情义，又能看出他顾大局。

这才叫出人物呢。

三声追魂炮响，满营中一片哭声。人头号令辕门，瓦岗众将更是哭得气堵咽喉，这里边除了徐茂公，只有程咬金明白过来了：先别忙哭啊，这事还没完呢!

果然，帐外一阵大乱，一个军卒慌忙跑进来禀告：“大事不好，秦琼将军目眦尽裂，手抡宝剑，杀进营中来了！”

拴扣儿，推买卖（结束表演），看明天谁不来!

罗通之死也跟老本子不一样。老本子一般都说，罗通扫北，到了界牌关盘肠道，遇见大将王伯超，罗通轻敌，被对方一枪在肚子上拉了条口子，肠子出来了。罗通一咬牙，把肠子往腰上一盘，大战王伯超，杀了王伯超之后，自己也落马而亡。王伯超也有叫王板超的，无所谓。

而马老师说的扫北，前边罗通已经屡遇强敌，回马枪分鬃刺也罕，罗仁飞锤击八宝，都是败中取胜，险一险就人头落地。所以罗通虽然狂傲，但不至于随随便便就轻敌。为什么让罗通死在北国呢？因为他对不起屠庐公主。人家是敌国女将，喜欢他，要献关并以身相许，罗通假意应允。屠庐问他：如果你负我怎么办？罗通随口说了个牙疼咒，我若负你，他日在化外番邦死于望不着的老头之手。罗通一想，我堂堂大唐元帅，怎么能死在番邦，什么又是望不着的老头？他自己就是那么一胡说。屠庐信了，开城献关，结果罗通变脸了。是当时把屠庐杀了，还是逼她自杀，我就忘了，后来说书者也大可按照老本子丰富编改。总之是罗通负了屠庐。

没想到，扫北到了界牌关。道路曲折，有如盘肠，罗通的马不惯此路，本身就打下五百年道行。界牌关守将叫王伯超，少白头，一脸的皱纹，像九十多岁的，其实才三十多岁，枪法出众。罗通这才轻敌了，老黄忠再勇也才六七十岁，这么老的战将，枪都拿不动，怎么能打仗呢？犯字眼儿了，望不着的老头，他又像老头，他又叫王伯超，该着。

二人开打，因为罗通轻敌，马在盘肠道又不得施展，一上手就挨了王伯超一枪，肠子流出来了。罗通一见肠子，知道完了。王伯超放声狂笑，肠子都出来了，必死无疑，轮到他轻敌了。二马错镫，罗通左手托肠，把肠子一托，右手单手使枪，盘肘一扎，从背后刺死王伯超。等罗通的马圈回来，罗通也落地身亡。

大致如此，可能有我这些年回忆不自觉加上的东西，但大致不差。马老师当时说，叫盘肠道，不是犯地名，不一定非得把肠子盘上。把肠子系腰上？那还能打仗吗？现在想来还有趣味。

九

我现在说评书的时候打的是马老师的旗号，我确实也是他的徒弟，也是他的干儿子。这是怎么回事呢？晚清民国时，曲艺界里有拜师收徒一说，这个徒和商业上的“学徒”区别不大。管吃管住，在师父家干活儿，出徒后要“效力一年”，就是给师父白干一年活儿。拜师要有保人，得保证这孩子不偷不抢，出了事要找保人负责。同时拜师的字据上要写上“言明三年为满，其间死走逃亡，投河觅井，与师父无干”这样的话。可见这师徒关系是商业关系，并不怎么太温馨。

为什么不能同时拜两个师父呢？从商业上考虑就好理解了，一个人不可能同时是两个店铺的学徒。

但如果一个徒弟想找两个老师学习怎么办呢？拜干爹。干爹就是师父，可以拜无数个干爹，但一个人只能有一个师父。这种又绕嘴又没逻辑的话现在还在曲艺界流传着。如果师父只拿徒弟当佣人，也是可以的。这样日后徒弟嘴里对师父往往讳莫如深，因为不骂没词儿，直接骂又要受“不尊师”的指责。但大多数师父还是会教徒弟一些基本知识和本领，先学学怎么招徕观众，怎么收钱，怎么摆放道具，或者在师父演出之前演个小段之类。主要的，徒弟天天和师父一起演出，只要师父不保守，慢慢就“熏”会了。

当然，师父如果善良，徒弟如果懂事，师徒的关系也会非常好。有些门里出身的徒弟，本身父辈和师父就是好朋友，或者就是拜个名，也不跟师父学，也不给师父干活儿，都是有可能的。

像马老师的师父他很少说，远没有张诚润、边豫棠提得多，我也不记得。“缺德二叔”后来说过一回，他们兄弟俩是一个师父，叫张连什么，是连字辈的，显然是西河门的，可惜这位师爷的名字我也没记住。

马老师的三弦师父是韩德福，干爹是白凤鸣，这是三弦界双峰并峙的两位老前辈。我记得最清楚的是他说，在韩先生那学的“点儿”（旋律、手法）不敢在白先生那露，在白先生那学的“点儿”不敢在韩先生那露，都怕老先生不高兴。

因为我跟马老师说得来，关系好，所以我们一老一小二人特别亲密。但是他比我大五十岁，我也不好意思说拜他为师。因为他和家人不和，所以基本上常住文化站的门房，不怎么回家。有的时候就上我们家来找我，看电视书场。中午赶上吃饭，我妈让他吃他也不吃，就吃点自己带的饭盒里的饭。因为他不吃肉。据他说是年轻的时候，有一次在外边吃饭，饿极了，去后边看，见一个大锅，打开锅盖一看，里边炖着一条大狗，他立刻就吐了，从那起就不吃肉了。他晚年还养过猫，他那屋里脏得难以下脚，猫就系在床边，饿得直叫。后来他实在养不了，把这猫送给了连玥师妹，算是少受点罪。

有一次，我妈给他饭菜他都不吃，正好我妈让我喝点粥，他说：您要给我盛点粥我倒喝。我妈赶紧给他盛了一碗。从那起每天中午，都给他预备点白米粥。

还有一次，他给了我一个塑料瓶子，让我帮着打点醋。我拿回家，正好我姐夫在，一看那个瓶子，已经脏得看不出是塑料了，大惊说：“这个吃完就死了。”姐夫给我钱，让我给他买一个玻璃瓶的醋送去。第二天马老师还直埋怨我，说好醋能当酱油使，打的醋好，这种瓶装的醋不好，害他炒菜没味儿。

中秋，端午，甚至过年，他都是一个人在门房里过的，我记得一年中秋，我给他送两块月饼，到那一看，他一个人把一块月饼切成四块，一点一点地享受呢。我说，今天月亮特好。他立刻起身出去，转过楼角看了半天。

他住香炉营六条九号的南屋。那个倒座儿的小院原先是侯宝林大师的，倒给马连登老人之后，南屋正房就是老人住。马老师回北京之后就归他住。大约这几十年来，就没修整过。有一年，要重新糊顶棚，他让我帮他先把顶棚拆下来。他岁数大，上不了高了。我进他那屋一看，脏得乱得，实在不像住人的。正面墙上挂有一张照片，颇像“缺德二叔”，我心知这是马老。然后就是干活儿，马老师给我披上个旧雨衣，然后我踩着桌子凳子上去把顶棚拆下来，这一拆之下，陈年老灰落了我满头满脸。下边东西他稍微盖了盖，也不大保护，屋里更没办法待人了。等我都拆完骑车回家，已经十二点多，把父母吓坏了，不知道我这一身的土、一脸的泥是怎么来的，满地打滚也不能弄这么脏。

但是在文化站门房的时候，他就没有这么狼狈。有一天，他拿着一个小纸片找我，说：“这个年头太长，色浅了，你按着它描一遍。”我一看，是一个窦尔敦的脸谱，带盔头和髯口，很是不错。我问这是谁画的。他说：“裘盛戎。”我没敢在原作上描，照着又画了一张给他。他很满意。但是原作也还给他了，如果不还，大概也是没事的，现在就多了一份念想。

大约是在1993年，有一天晚上，他忽然十点多来我们家，当时我正温书，一看是他，不知何事。他拿来一件蓝布老式西服，很宝贵地捧着，往床上一放，又给我一副弹三弦用的指甲，羊骨头的，说：“这衣服我没上过身，我体形也比你大不了多少，这指甲是好羊骨头的，指甲是师父送你的，衣服是干爹送你的，从今往后，我既是你师父，又是你干爹。”看来这是一直等我说，我一直没说，他就先来说了。有点像谈恋爱，这一方不提，那一方提了，还很不好意思。我说：“那我以后管您叫什么？”他说：“不用改嘴，还叫马老师。”然后他就走了，一共待了没三分钟。

我承认我受他影响很大，尤其是脾气。这不见得是好事。

他对我倒是没发过脾气，他在象来街文化站每天下午说《大隋唐》，正好我放暑假，他让我每天去听，后边还接着说《薛礼征东》，让我记书梁子。其实就是把梗概记下来，这就已经是真传了。可惜我老是请假不去，去了也不会记，他也不会教，他也没骂我。假如当年他多骂骂我，也许我就会记了，也许就能多留下一点东西。

只凭脑子记是没大用的，我只记住了薛礼在樊家扫地吟诗的情节，“数九寒天冷凄凄，腹内无食身无衣，他年若展凌云志……”小姐在绣楼上一扔衣服，他接过，一个大云手穿在身上，念出第四句：“一饭之恩死也知。”多年后三叔增祥（马岐）在后海说书，有一回让我帮帮场，我就说的这一小段。他听激动了，对观众说：“这是大爷传授，我学的书道这儿的诗不是这词儿。”当时我就神游回到了象来街那个坐东向西的小书馆，刚刚散书，一个老书座问马老师：“明天就该托梁换戟了吧？”马老师说：“对。”书座说：“就是樊哙那条戟吧？”马老师说：“没错没错。”人家情节都知道，但还是追着听。可惜第二天我不知道去干什么了，没听着。后来听了几个版本的托梁换戟，都不合理，就是不知道当年马老师是怎么说的。

薛礼投军，见张士贵，被挤对，当场做《军情表》，这个情节其他版本里我也没听过。他可能岁数大了，怕有闪失，放了张自己毛笔手抄的《军情表》在桌子上，打开扇子，以扇子做表文来念，其实是看着桌子上的词。全是七字韵文，从三皇五帝说到唐朝当代，把历代的大将、著名的战争数一遍，我只记得其中两句是“百灵相助真天子，八面威风大将军”，这个词恐怕也失传了。一两段诗文或者赞赋失传了不怕，哪怕再编都行，一代一代老说书先生对这些书修改加工的心血都失传了，那就不是编个情节、编几句词的事了。

1994年12月2日，他骑着一辆用电视台录书挣的钱新买的自行车出行时，出了交通事故，当场亡故。当时我已经几个月没见他了，一个师兄弟晚上九点多钟上家给我送信的时候，我正忙于高一繁重的课业。我记得人家低沉地说：“姜站长让我通知你一声，马老师被车撞死了。”我说：“进来说，撞得怎么样，去哪个医院了？”其实我听明白了，只是不愿相信而已。那个师兄弟咽了口唾沫说：“他已经去世了。”我一直也没哭，只是不停地念叨：“那是我干爹呀。”

臧鸿先生给他张罗的白事，放焰口，一群和尚在我拆过顶棚的那个屋里念“苦海滔滔孽自招”，这段是相声里有的，还有好多相声里没有的，我觉得都特好听。往院子里扔小馒头，没有小馒头就把大馒头撕成小块，念一句扔一块。念到都有谁在祭奠他的时候，臧先生觉得弟子后辈的名字少写了一个，在和尚旁边提词，和尚明显一愣，一边念一边按他说的把那个名字也念了出来，他这才认真负责地退下来大哭三声。

那个屋子也干净了。

转年清明，我坐长途车去了平谷，走了20里路，找到了那个埋他的地方，那个墓是用对方赔他们家的四万元（中的一部分？）买的，墓碑是“先父马连登之墓”，下边基本平放着一个碑，是“兄长马增锟之墓”。我给他擦了擦墓碑，以至于后两天去上坟的马家人看出有人来上坟了。不久后一次曲艺界的活动上，丁玉鹏先生一见着我就激动地拉着我的手：“你师父的日子你都记着呢，以后一定得好好教教你！”

二十年过去了，现在，崔琦先生一听我念叨马老师，就说他得过马老师的好处：“马增锟那赞儿就是好，书里多使赞儿，听着提气。比如我那新书《吕后》，里边就用了他教我的一个赞儿，每次必要下掌声来。”然后念道：

远瞧一片乌云盖，
马上将军无比赛。
头戴镔铁十字盔，
一颗皂缨顶门盖。
身披镔铁乌油甲，
吞口兽面喷水怪。
座下战马似飞龙，
登山踏水走得快。
手使一条镔铁枪，
两膀一晃敌人败！

此文是2014年12月2日在他逝世20周年的时候开始写的，我一是忙，二是懒，一直写到今天，2015年12月2日的夜里，方才写完。这一年里，袁阔成先生去世了，白五爷也走了，又多了很多可怀念的人，又多了很多可写的题材。

我觉得，他的人生，是悲剧。

聊聊齐白石老人[1]

聊聊齐白石老人，好大的题目！

齐白石是近代中国到现在为止，影响最大、名气最大、政治地位最高，可能也是拍卖场上画价最高的大画家。向世界介绍中国的艺术，介绍中国的绘画，绝不可能绕开齐白石。我们自己学习中国的艺术，学习中国的绘画，也绝不能躲开齐白石。

我没说齐白石的艺术水平是最高的，那是因为自古以来“文无第一，武无第二”，每个人对艺术的理解不同，审美水平也不同，都有自己心目中的“最高”。但我要说齐白石是20世纪中国画水平最高的几个人之一，除了故意想“领异标新”者之外，大概没人有什么异议。齐白石是中国人最熟悉的人之一，你可能不熟悉他的长相，但你不可能没见过他画的或者按他的风格画的虾和螃蟹，不可能没见过有他的风格的青蛙、蝌蚪和小鸡，这些也是中国近一百年来最为广大人民群众所熟悉的国画艺术形象。

但我们对齐白石真的熟悉吗？我们只知道他画虾，他的虾是怎么画出来的？是

---

① 本文系作者为《李燕聊齐白石》作的序。

在什么情况下创造出来的？有什么独特的用笔方法？不同年代的虾画得有何不同？甚至，他究竟爱不爱画虾？这些问题肯定不是每个人都能答得上来的。

他还画过什么？他画画的方法、步骤是什么？他用什么样的笔和颜料？他有什么画画的“秘方”？他怎么教徒弟？这些问题好多国画专业的学生也不一定能说得上来。

这都是专从绘画上提出的问题。如果我们把目光放得远一些，从历史的角度看：这位活了97岁“历经三朝”的老人，这位留下了30000多件书画作品，每件都价值不菲的老人，这个影响了几代中国人的审美自己却一直粗茶淡饭的老人，他的一生到底是多么的精彩，还是多么的无奈？他和那些在历史的星空上闪烁着异芒的大名人们有什么样的交往？他在动荡的岁月中，又有什么样的故事映射在了晚年安静的画作中？爱读历史的人，爱听故事的人，对这些都会非常感兴趣吧！

我从小学画，但那时候能见到的《齐白石画谱》，不过是小32开，只有几页彩色，大部分都是黑白页，薄薄一册。而且因当年的印刷技术所限，画面几乎看不清楚。虽然小时候连脸盆上、茶壶上、枕巾上都是齐派风格的画，但想看看清楚点的真迹，却几乎是不可能的。

连画册都如此，齐白石的人物志传、传说故事当时更难搜集。直到上大学之后，所见的也不过是《白石老人自述》和张次溪先生写的《齐白石的一生》这两本。

最近几年中国经济发展，书画市场火热，齐白石成了拍卖市场上最大的明星之一，真迹屡屡拍出天价，赝品甚至拍得比真品还贵。经济的发展带动了文化的发展，各种齐白石的画册、高清大图，一套一套地出版。各种介绍齐白石、研究齐白石、辨伪齐白石的书也一本接一本地出。这都是画界幸事、学界幸事。但我再学齐派画作，再了解齐白石，已经不用只限于书本了。因为，我已经有幸于2010年拜在了清华大学教授李燕先生门下学画，得以窥见中国大写意画的门径，更可亲耳聆听恩师讲述他的父亲李苦禅先生与齐白石老人的交往，聆听恩师自己与齐白石老人的缘分。

因为我从小就学齐派水墨画（现在教儿童画都是按齐派的路子教，因其似乎“简单”“程式化”），觉得越画越空，不知道怎么进步。当我第一次拿着我画的虾向李先生请教时，第一个问题就是：“我绝不是对齐先生不恭，我也知道齐先生水平高，但您得告诉我，我画的虾比齐先生的虾差在哪里？”恩师如果不是见我诚挚，又因我是说相声的，有所原谅，大约第一天上课就要“逐逆徒出师门”了。

因为齐白石的大弟子是李苦禅，李燕先生是苦禅先生的公子，我是李燕先生的徒弟，我这等于是徒弟第一天上课就要比量师祖，确实有点“大逆不道”的意思。

但我也是因为确实想进步，才有此一问。因为学写意画，如果走的道路不对，是很容易眼界低下，不知道如何进步的。但以我当时的水平，恩师还真不好跟我解释。就像如果有中学生跟我学相声，照着侯宝林先生的录音，模仿个八九，然后问我：“我知道我肯定比侯先生差得远，但是我和录音都这么像了，我比侯先生的相声差在哪里呢？”这个问题也是不好回答的。

恩师在这四五年中对我悉心指导，我的画艺和以前相比也是日渐精进，就觉得齐先生离我越来越远——自己越长进，就越知道齐先生有多伟大。最让我觉得兴奋乃至于庆幸的是，恩师指导我走的路是正确的。他的父亲李苦禅，从二十四岁起拜在白石门下，几乎每天伺候白石翁作画，目所见，耳所听，都是齐翁对画画一道的正确见解和真实方法。恩师从20世纪50年代学画，直到1983年苦老去世，一直没离开苦老。这种正确的见解和真实的方法自得真传。恩师对我们这些学画的弟子，也是因材施教，毫不保守，所以，我希望我们这些徒弟，也能把这些正确的见解和真实的方法继承下来并发扬光大。

更为可贵的，恩师在示范教学中纵横捭阖，广征博引，很多他与白石翁的故事，他父亲与白石翁的故事，他鉴定白石书画的故事，往往一边笔下示范，一边顺口而出。他是真正见过白石翁的，他自己又是书画高手，世家出身，和齐家这么多年没断联系，可聊的太多，多是各类书中未见的。我是顾了笔头顾不了口头，每次上完课，课后要记的笔记都不少，而且老觉得颇有遗漏，非常遗憾。一直觉得，如果有时间让恩师系统讲讲齐白石，那就太好了。

机会来了。2015年，我主持北京文艺广播FM87.6每天晚上的《艺海说宝》，每天一个小时的节目，都是我主讲的收藏故事。每天讲一个小时，量太大，做了半年之后，肚里“存货”有限，嘴里口水渐干，越来越累。我忽然想起，早在2011年，我在做北京交通广播《徐徐道来话北京》的时候，就曾经采访过恩师，请他讲他们父子和侯宝林先生的故事。恩师的讲述故事性强、逻辑清晰，而且颇富技巧，贯口张嘴就来，包袱笑料不断，颇受听众好评。干脆，我请恩师系统讲述一下齐白石老人吧！一方面可以解我之难题，一方面又保留了资料，而且听众一定爱听，对收听率颇有帮助，又是收藏的正路。于是，我向恩师提出了要求："我每周来采录您一次，您聊聊齐师祖。"关键是，"栏目组经费有限，一分钱也给不了您。"恩师欣然应允，明确表态："当年齐爷爷收我父亲登堂入室，都不收一文学费，我如今弘扬齐爷爷的艺事，乃徒孙本分，岂可谈一个钱字！"

于是，就有了大约从3月到9月，每周一晚上的《艺海说宝》，恩师聊齐翁的一个小时的节目。不但观众爱听，连栏目组的录音师都迷上了去先生家采访，因为除了听故事，每次还能开眼。恩师会拿出讲解的诸如齐翁真迹、文玩古物等让我们同观。到9月的时候，《艺海说宝》的市场占有率已经达到了百分之二十多，换言之，每天晚上七点到八点，全北京只要是开着的收音机，四台中就有一台在听这个节目。您看看那个点儿北京的路上堵着多少车，就知道有多少人在听。这么好的成绩，恩师的《李燕聊齐白石》功不可没。

但广播的局限性在于看不见，恩师讲的一些有关齐先生的真迹等需要看的东西，听众看不见，就觉得不过瘾。我也觉得这么好的内容，如果不出书，只让它存在于电波之中，未免可惜。于是，我就把它整理成文，恩师看过，又补缺正误，多所增益，把大量家藏和亲友藏的齐白石真迹以及独家照片、相关文物一并附图于其中，辑成此书。

此书的价值，在历史爱好者看来，是细致完善的"口述历史"；在书画研究者看来，是研究齐白石，尤其是辨伪方面的宝贵资料；在国学继承者看来，是学习中国画，做好中国人的正路。

单就书画学习者来说，这本书简直就是清华名师的美术公开课。就像书里提到：当年许麟庐先生学画，有白石老人这样的宗师当老师，有李苦禅这样的大助教在旁边帮忙，那能学不好吗？可以类比，有李燕先生这样的老师，再有北大中文系毕业的徐德亮这样的助教，对您能没帮助吗？哈哈！此为笑谈。

此书出版，应当感谢《艺海说宝》栏目组张世强、郝冬梅，感谢北大出版社我的同窗艾英。北大毕业生采访清华名师，再由北大出版社结集出版，亦是两校间的一段佳话！

“集贤承韵”和钱亚东老人

人生在世，总要有一种爱好，才能让人生充实而有趣。无论是在什么时候，无论心情低到怎样的低谷，无论遇到多艰难的事儿，一旦想起这个爱好，都像蒸锅里忽然掉下了冰雨，感觉人生充满了希望。如果这种感受寄托在人身上，那就是热恋中的爱情，可世上没有任何一种爱情能够真正的天长地久。孩子在婴幼儿时期，同样可以给父母这种感觉，但过不了两年，到了“七岁八岁狗也嫌”的时候，他能让爹妈恨不得没生过他。如此想来，只有爱好，或者叫癖好，可以伴随一生。当然，人心多变，爱好也可能变化，但伴随不了一生，伴随一时也好，就当“停妻另娶”或者“子已成丁分门立户”好了。

人无癖不可交，此是至理名言。

如果一个人没有爱好，简直就是混吃闷睡，非为人也。当然爱好也会导致玩物丧志，像王世襄那样能够“玩物立志”“玩物成家”的非常之少，像《天下第一楼》里的大少爷那样天天唱戏耽误了正事儿的确实居多。其实如果不是我考上了北大中文系，后来又成了说相声的，我也可以算是玩物丧志的大典型，但是把爱好当成职业，这事实在不可取——这又是另一个话题了。

大约在1991年，我已经去曲艺票房玩了。票房，乃曲艺票友聚会之处。过去大多是家庭票房，每周找一天活动，地方小一点，就是三五知己，弹弹唱唱，论论说说，是子弟书结社的余韵。地方如果大一点，再有几位不唱，就是光听，或光为聊天而来的观众，就是个小型的演出。

早先北京热爱文艺、交往广泛的中产之家都可以组织八角鼓爱好者聚会演唱，以为乐事。如把这些个聚会的时间固定下来，按期“过排”，就叫家庭票房。外国也有类似的家庭聚会，可以让大家各施才艺，比如弹弹钢琴、唱唱歌剧。中国人讲究不是至交，不能登堂入室，能约到家里来的都是好友。而且中国人认为女眷是不能唱的，因为唱曲的女孩子都是社会下层，卖笑之流。男人唱也要分时间、地点，也分唱的内容——如果唱戏，在大多数历史时期都是有伤身份的，因倡优并提，是操贱业者；但若弹唱诗词歌赋，则是文雅之至。八角鼓就是文雅之至的诗词歌赋，虽然它的文学性并没有诗词歌赋那么强。

组织家庭票房，一是主人要酷爱，二是家里要有一定的经济基础，三弦、琵琶、四胡、八角鼓、大鼓，总得置办一套，家里总得能让十几个人坐下，起码还得有能供十几个人喝茶的茶杯。

过去北京人都住几平方米或十几平方米的小房子，光是家里地方大这一点就不易做到。总有外地朋友问我：你们家有四合院儿吧？也有不怀好意者说：北京人都不用吃苦，拆迁都肥了，家家好几套房，光吃瓦片儿就吃不完。

其实这都是误会，就算在清朝，北京城里也不是人人都住四合院儿里的，大量汉族平民还是住在南城窄小的破平房、大杂院儿里的。北城那些四合院儿，解放之后征收了一批，主人逃走了一批，赶走了一批。到“文革”时更是几乎把所有住四合院儿的人都赶走了，或者去干校或者下放外地或者斗争至死。那些个院子在当时就都被“革命群众”入住了，你占东房我占西屋，院里再盖房，房外再接棚，于是四合院儿都变成大杂院儿——在“文革”时，老百姓哪有住大四合院儿而毫发无损的呢？

像王世襄的家，本来是很好的院子，被“革命群众”入住之后，等他们从干校回来，还要去房管局申请，也无非分到院里一两间小房儿而已，他收藏的那些黄花梨家具都要拆散，从地面摞到房顶……所以过了这么多年，北京人几乎没有住大房子的了，绝大多数的家庭都是一两间小平房，也有带小院儿的，都非常逼仄，院子也无非就是几平方米的面积。

当然落实政策又归还了一批，但是敢于要的也很少。比如单弦艺术家曹宝禄，在“文革”之后，走在胡同里，正遇见街道的人找他：“曹先生，您那套房子落实政策要还给您，您去签字吧。”曹宝禄当即表态：“不要了，献给国家。”回来一说，家里人当然有意见，曹先生一瞪眼：“我还想活呢！”当然这是我听说的，不是我亲见的，但实际情况大致不差。这种情况也确实是很多的。

所以如果有北京人说他有多少房，住多大多大的院子，那他大概是城乡接合部或北京农村的，如果是四九城里的，基本可以认为是吹牛——但是北京人也没有这么吹牛的，哭还哭不过来呢。那些外地同胞们是怎么得到这种偏见的呢？

也有这种情况：在清朝时或在民国时，有点经济基础，一家住一个小院儿，后来长辈渐渐去世，如果子孙凋零，几房长辈都无后，就有一个后人，那他拥有几间平房甚至十几间平房，这都是可能的。但是，就凭这几间平房，想在拆迁时占到多大的便宜是坚决不可能的。2000年左右，我中学同学的家拆迁，全是崇文区花市一带的，是市中心，拆完之后好多搬到了五环边上，无非一家儿一套两居室，还有拆迁费连两居室都买不起的，如此而已。

当然胡同里也有眼皮儿亮、肩膀宽的，或者就是流氓混混，跟负责的部门勾结，成了拆迁队的头目，能多吃多占。但那是贪官一派，不是老百姓，不能算到老百姓头上。

反正我的同学朋友当初都没有住大院子的，我在胡同里长大，几乎没见过谁家有小院儿。

我在20世纪90年代初去硕果仅存的家庭票房钱亚东老人家里玩，确实领悟到了家庭票房的魅力。虽然后来偶尔也有家庭票房成立，但和钱老这一比就相形见绌了。再后来大家都不住平房了，没有独门独院，就更不可能有家庭票房出现了。

我是跟马增锟先生去的，他骑车，我也骑车。第一次去时，我脑子里对家庭票房没有任何印象，而且那时我才上初一，也刚刚才到可以骑车上街的法定年龄。

在这之前，我已经骑着自行车满四九城儿地飞跑了，小时候还是掏裆骑，就是一条腿穿过二六男车的横梁，踩在另一边儿的镫子上，骑起来保持平衡即可。我甚至可以掏着裆骑半个二环路。后来长个儿了，能够坐在二四车的车座上，我又可以双手撒把骑，抱着肩儿还能拐大弯，也能骑半个二环路——这也是因为北京当时车太少。

当然，这么骑车是不对的，现在我绝对不那么“玩飘儿”了，也不敢了，而且也玩不起来了，因为掏裆掏不进去，一上大学，连撒把都不会了，保持不了平衡。可见人一长大，就变笨了。

如上所述，我中小学的同学们住的都是大杂院儿，三四代人住两间小平房很常见，能住独门独户小院儿的几乎没见过。所以我对北京城的宅院的看法其实也是电视剧中的大四合院儿，并不知道大四合院儿里到底是什么样子。那个时候中国的电视剧也才刚刚起步，后来的所谓年代剧的概念还都没有。

我也不知道什么是票友，也根本就没有专业、业余的概念。我当时就是这么一无所知。

新街口苇坑胡同正觉夹道，这个地址让我印象深刻，因为后来的十几年间，我去的次数太多了。

新街口丁字路口往南大约六十米，就有一个向东的胡同，把口儿是一家儿日本快餐厅，我去里面儿吃过一次就不再去了，因为根本吃不饱。进口十米不到就往南拐了一点儿，也就一米，接着继续往东，就仿佛胡同在刚一进口的地方哆嗦了一下。2002年，我帮某影视公司做事，还曾邀请过女领导和同事来体验真正的老北京的生活。那个女领导二十四五岁，风姿绰约，开一辆崭新的现代。开到胡同路口，因为这个小拐弯儿，死活没敢往里开，说进去就不知道出不出得来了。

这说明我在上班之后依然热爱这里，所以带他们来听老北京的声音，那个女领导走进胡同时天也黑了，来到钱老门前，立刻被门外淡雅闲适而又古意盎然的景色吸引了，其实也不能叫景色，就是一种状态，能把人一下往回拽七十年的状态。

如果是夏天，每次“过排”——就是票房活动的意思，七点半开始，七点多的时候，天还不黑，这门口的景象就并不那么诱人，就是一个普通的胡同民居嘛。这有点像网上到处可见的旅游景点，那些照片如同仙境，但都是在特定时间、特定光线下拍摄的没人的时候，你要真去现场，就会发现照片其实是“照骗”，到处全是人，脑袋黑压压一大片，无边的吵闹，满地的垃圾，不大呼上当才怪。

但天色一晚，古意就来了。“过排”结束后晚上十点多，一群老年人从这个门里信步而出，相互招着手、抱着拳、打着招呼告别，盲弦师由女儿搀着去坐公交车，其他人都在亲切而不舍的道别声中各自分别。

因为有骑自行车来的，分别时也必少不了互相关照千万小心之类。老年人大多是拱手而别，其中或有中年人也是非常老派儿，温文尔雅。但中年人上班忙碌，总不得闲，就不能常来。《论语》里说，冠者五六人，童子六七人，浴乎沂，风乎舞雩，咏而归。钱老的门首还真有点这种状态，只不过数对不上。如果当时我上初一还算童子的话，那一共也就有童子一二人而已，平时只有童子一人就是我。

在这些浓重的京味儿当中，钱老瘦小的身影站在门口，满面微笑，向每一位抱拳拱手相送，虽然我是个孩子，他也是一样抱拳相送。在头顶那盏“鸿禧”的玻璃灯照耀之下，他脸上皱纹纵横，但是精神不减——甚至到他快100岁的时候，他也是这个形象。

一个快百岁的老人作揖道别，一群六七十岁的中老年人谈笑散去，门首安静下来，谈笑走路的声音沿胡同越来越远……其实往西二百米就是热闹的新街口，不过热闹依然热闹，平静归于平静，但垂垂老矣，这就是我心里的北京城。

到现在，我还没对那个门口做一详细描写，这并非故弄玄虚，也并不是特有的行文笔法，而是那个门口其实并没有太多东西，也没有太多可写之处。

如果你住过胡同儿，你就会知道那样的大门其实很常见。大门朝西，因为大门的两边，也就是南边北边，都有扩建出来的建筑，就是都有和门成九十度的墙，所以门口儿就有了一块小小的方方正正的空地，也就是20平方米左右。门不大，但有门楼儿，比较规整。门框两边挂两个方灯，一尺多高，四面玻璃，正面用红油漆写的楷书“鸿禧”二字——每次我的自行车儿就停在那灯下边。进门两步就会碰上影壁，其实就是院子里南房的西墙，所以那个院子也并不大。这个院子里，五间北房，三间南房，每间都是10平方米左右，还有一间小西屋、一间厨房。

这么小的院子，中心还有个小花坛，可见主人很热爱生活。挨着花坛摆着两张小折叠桌，桌旁摆着七八把折叠椅，空间其实很闭塞，但是天地很广阔。一般天不冷的时候，我们都是坐在外边聊天儿，我坐在靠北屋的一边，边听桌上老先生聊天，边听屋里的唱，因为北屋是正房，唱者都是在北屋里唱。钱老出来进去帮忙倒个茶，谁都得说一声儿“您歇着吧”，因为他的岁数比谁都大。但他是主人，还是要张罗亲自倒茶。

到夏天的时候，钱老还给大家做酪吃，每人一碗，用托盘端出来，小碗里多半碗儿奶酪，状如凝脂，油白粉嫩，非常好吃。盛酪的小碗都是薄胎儿的玲珑瓷碗，整整一套，碗上有椭圆形透光的小洞，雅洁精致。这就是老北京的待客之道。

有时多做了几碗，来的人不那么多时，嘴馋的就可以多吃一碗，一张嘴一扬脖儿就是半碗，平时完全舍不得这么吃，得放在嘴里一点一点品味它里头的甜和奶香。钱老自己一般不吃，上岁数的人不怎么吃甜食，大家边吃边欢声笑语，他坐在旁边听大家聊天。后期有几个年轻人也有了来票房的瘾，就有人帮忙了。

有两三个满族文化网的女孩儿也来听唱，学习满族人的自娱自乐的方式。她们正当妙龄，花枝招展，有时还穿满族风格的美丽小马甲，托着一个木托盘儿从北屋出来，托盘上摆着十二个洁白的小碗，碗中是如她们皮肤般的凝脂，燕语莺声地说“这给你”，简直是美艳不可方物。小院瓦垄上的管弦，白发老人手中的折扇，婆娑的树影，迷人的俊丫头……其实那是一个美丽的仲夏夜之梦。

北屋正房每间也就十平方米，堂屋并不大，但第一次进去吓了我一跳：虽然屋子小，有大家大户的风范，正面是架几案，前边是八仙桌，一边一把太师椅，都是清代红木的，做工精致，包浆浓厚，非常漂亮。右边儿就快顶墙了，有个红木多宝格，材质年代相类。墙上挂着带钟摆老钟表，还有一个红木的座钟，都是清代的。条案上掸瓶、帽筒、莲子罐，连八仙桌上的茶具都是盖碗，后来人多了才增加了玻璃杯。盖碗旁边放着一块醒木，也是清代的，老红木，起双层，各分八面八角，做工极其精致，包浆灿然。再长大点以后，我曾对那块小醒木爱不释手，自己找木匠做了好几块，都不是那个味道，那时候我还不懂老东西的妙处是现代人学不来的。

左边儿是隔断，隔断的西边儿有一间小屋，有床，大概是钱老的卧室。隔断下还有一条条案，清代红木，而且是镶螺钿的。那些贝壳都有一二百年了，虽然拼的都是吉祥花草，但我老觉得那些图饰上带有一百年前大海的味儿……要知道我才12岁，第一次看见镶螺钿是什么样。

在架几案的上方，也就是一进门的正对面，有一条横幅，写的是“集贤承韵”。

其他的房子跟这间屋子都一样大，本身就是一排房子嘛。房子里都是普通老百姓家的格局，普通的床，普通的大衣柜，如此而已。只有这间屋与众不同，它是钱老的门面，也让这个票房更有年代感。

钱老一直那样儿，慢条斯理，不疾不徐，当然他是快90岁的人，也急不起来了，但他说话并不慢，有时候一上火还“急赤白脸”地数落人。他的身体确实是好，到他快100岁的时候，还能自己搬个小凳儿，自己踩上去，贴门框上的挂钱。

因为我是那时票房里几乎唯一的一个小孩儿，他愿意拉着我的手聊天。中间因为要考大学，我有两年没去，后来等我考上大学再去时，这个票房由于李燕先生出资拍摄的《胡同古韵》的宣传已经广为人知，也有好几位青年人去了，但他还是愿意和我闲聊。

他管我叫北大才子，虽然我刚上大一，他已经拿我当文化人看待了。“你是个聪明人物！”他老用这句开头儿，然后随机聊一点儿什么。有时候聊聊正唱着的老票友们，“这是王辅仁，民族大学的教授，他研究西藏学的，他要是不教了，民族大学就没人儿上这门儿课了。”“这是章学楷，会得最多，他师父叫赵俊亭，我也见过。”“这个叫何志臣，又叫何剑峰，他是常澍田的徒弟，他的鼓打得最好，你应该好好跟他学学。”“这是高家兰，他嗓子最好，他是警界的人，你看过有个电影叫《国庆十点钟》，那个原型就是他。”

这位王辅仁先生，致力于民族学、藏学的教学和研究，参与创建了中央民族大学民族学系，是我国藏学学科的创建者之一，先后担任中央民族学院民族研究所所长、民族学系主任。在我刚去钱老那儿的时候，王辅仁先生已经六十多岁，据我看他在八角鼓界的地位，完全不亚于他在藏学界的地位，是票友里中流砥柱的人物。

当时，他自己整理了几十个传统岔曲——这是一种清代的韵文，票房里主要是唱这些。用A4纸，像古诗集一样，竖着排版，打印出来装订成册，送给大家。他说一般岔曲的传承都是手抄本儿，错字很多，我整理的这本敢说没有错字。他这个选本里选的都是文学性很强的岔曲和腰截（就是岔曲中间带曲牌的形式），像《八花八典》《秋声赋》《破晓登程》《紫绶金章》《四季黄鹂调》等。那时我虽然才上初一，但是我很喜欢语言文字，拿过来一点儿一点儿地细读，不懂的一点儿一点儿地细查，文字、典故，甚至文法，都在我吸收之内。我还准备把它们的唱法都学了。

但是其中有一个字我不认识，是《秋声赋》里的一句，就是“万马齐喑躜路途”中的那个“躜”，一般唱都是唱“赞”的声，这个足字旁的赞，字典里“ZAN”的音下没有这字，又用部首检字法查，发现它念“钻”，是向上跳的意思，与文意不符，这字肯定是有问题的。

又继续查，在“ZAN”的音下有个“趱”字，读三声，意思也对，我想大概是这个吧？

“集贤承韵”是每周一晚上活动，到了下一周再去“过排”的时候，他依然坐在北屋上垂手的太师椅上，他每次去都是坐在那儿。钱老应该坐在下垂手的客位，但钱老很少坐，他出来进去地迎来送往坐不住，偶尔坐也是坐里屋床上。一般都是岁数大的，在票友界有身份、有地位的老票友坐在那儿，我不懂这些礼数，有时候我也坐坐，觉得新鲜好玩，倒也没人把我这小孩儿轰下来。

他在那儿坐着，正说着“我这个可以说没错字儿”，我说，我觉得您这个字儿可能不对。他是一个挺和气的人，但可能是学问催的，给人感觉并不和善，所以我也有点怕他。他问我：“哪错了？”我如此如此这么一说，他说“哦”，就不说话了，沉了一沉，转身跟人聊别的了。

等到下周一再去的时候，他还坐在那里，看见我一进屋，拿手一指：“他说得对！”吓了我一跳。当时他已经60多岁，是老教授，又是这群人里的翘楚，每次唱群曲都是他领唱，我才上初一，我才会唱一个岔曲……这也是一个很好玩儿的典故。

说到学楷先生，那是另一篇文章甚至另一部书的内容了，他是我的恩师，我学八角鼓儿、岔曲、联珠快书，从他那得益最多。我跟他老人家学了很多年，是真正登堂入室的弟子。章先生是那一批老人儿里最年轻的，但是资历非常老，连钱老“集贤承韵”这个票房的名字都是章学楷先生起的。他在解放以前就曾经去西直门外的朝阳庵票房活动，他的师父、我的师爷赵俊亭先生无论是资历还是能耐都是当时的一流人物，也是各大票房的“把儿头”……到“文革”之后，钱老想恢复票房活动，而赵先生已经去世，于是就先找到了学楷先生。学楷先生帮他立社、置家伙、约朋友、定章程。所以也有材料说钱老这个票房是朝阳庵票房的延续。

但朝阳庵票房的“拢蔓儿”，就是名称，叫“胜国遗音”。钱老约人唱了几次，问学楷先生：“咱们这算不算票房？”学楷先生说：“算啊！”钱老说：“你给咱们这个票房儿起个拢蔓儿吧。”学楷先生说：“您这票房叫‘集贤承韵’为佳，集社会之贤达，承胜国之雅韵。”钱老当即拍手赞成。这个名字起得非常好，后来这四个字儿也成了八角鼓票界最著名的四个字。现在想来，幸好年头对，否则就冲这个名儿，就大有翻变天账的嫌疑。

何志臣老先生岁数也不小了，他们家以卖家传的“花儿样子”为生，“花儿样子”就是妇女做鞋、绣花的样式图案，那能卖几个钱呢？他热爱八角鼓，后来在赵俊亭先生的介绍下拜了大名家常澍田。常澍田的徒弟都排“剑”字，所以他叫何剑峰。但他一辈子没下海，所以何剑峰这个名也没太用。但有个单弦前辈叫何质臣，跟他同音，也有人觉得叫他何质臣别扭，所以这两个名字他都用，您爱叫哪个叫哪个。

何老是那一代的老票友，收集的资料最多，唱得也好，原原本本的常派路子，会很多不常见的曲牌。张卫东兄当时也就二十出头，已经拜他为师了，后来全面继承了他的艺术和艺术收藏。何先生是票房“置场的”，就是负责派场的，谁先唱谁后唱，谁唱多长时间，谁弹弦……相当于总调度，他人非常好，对我这个小孩非常照顾，我特地找他学打八角鼓，他也很细致地教我。张卫东后来在几个票房也都是“置场”，跟他师父一脉相承。

高家兰先生比他们年轻些，嗓音如云中孤鹤，清冷高峻，非常受听。他瘦瘦高高，刀条子脸，说话很客气，也没见他发过脾气，但他微一绷脸儿就很严肃，说话声不大，但很有威严，用后来一个年轻人的话说：“高爷有瘆人毛！”他唱的节目不多，都是《河伯娶妇》《风波亭》《花木兰》《鞭打芦花》这样的20世纪50年代新创作的政治绝对正确的节目。后来我跟他熟了，也跟他学了，要求他多唱点别的，他说：“以前我唱得多了，像《卓二娘》这段子我唱得熟极了，但现在我不唱这个。”《卓二娘》是《夜雨秋灯录》上的故事，劝夫戒花，是过去很火的节目，他大概是觉得它宣扬了一些封建时代的东西，和自己的追求不符。《穷逛万寿寺》是清代传下来的写老北京贫困旗人妇女一天生活的名段，风趣幽默，生活气息浓郁，那是真正的“北京味”，只他一人能唱，可惜后来他大概也觉得太过市民气，很少唱了。

高家兰一生是人民警察队伍中的人，离休干部，具体是什么级别，他从来没说过，就知道他在解放时就是警察，曾经参与过北京封闭妓院的行动，有的年轻人老想跟他打听当夜的情况，他说得极简练、极正派。我也多次问他当年的故事，尤其想多问细节，毕竟《国庆十点钟》都是根据他的真实经历改编的，但他总是语焉不详，顾左右而言他。我追问紧了，他说：“这都是秘密，不能说。”我不大以为然：“都过去那么多年了。”他说：“总之我是肯定不说这些事情的。”

后来我拜李燕先生为师学画，才知道在2015年纪念抗日战争胜利七十周年的时候，李苦禅先生去世已经满三十年，有关他当年在秘密战线帮助共产党抗日的档案才解密。高先生守口如瓶，是纪律啊！

钱老有时候也讲讲他自己的历史，我才知道他是开书店卖珍本、善本书出身的，后来还做古玩生意，这套家具应该是他做生意剩下的好货，但是当时我对木器古玩等一窍不通，虽然敝专业有版本、音韵、文字、训诂、目录、校勘六大专业课，但是当时都还没上，对珍本、善本也了解得不多。后来学了一点，他剩下的东西也没有书，只有红木家具等，也就无从看起，所以也所学不多。

他的爱人是后老伴儿了，受过良好的教育，原来搞绘图的，叫王肃，“文革”中受迫害，被调到车间做喷漆工直到退休。老太太一看就是一个知识分子，戴眼镜，瘦瘦小小，干净利索，非常有气质，说话有点儿东北口音。钱老商人出身，跟她其实不是一类人，而他们岁数都很大了，也谈不到什么爱情之类，搭伙过日子，过得还挺有滋味。

还有一回元宵节，大概是我大三的时候，我唱我自己写的一个应时当令的岔曲叫《上元赋》，我是刚写出来，现背的，挺长一段。过去票友都自己写词，有文化的写点文词，诗词歌赋；爱世俗的就写点俗词，甚至市井俚语、衣食住行，无所不包，所以那些岔曲词都是珍贵的历史史料。我这段堆砌了点典故，道是：

春来也，万象更新，千般符瑞碧霄降，云飘飘、雪霏霏、灯渺渺，乱舞吉祥。望千门、新桃已替旧桃妆。紫气飞四野，祥云罩帝乡。飘零瑞雪飞，潇洒梅花放，引来那书生秀士议论品评话短长；都说是梅须逊雪三分白，雪却输梅一段香。顽童戏耍鞭炮响，招得那贤者长叹日月穿梭不住忙。颠翁会乐叟，漫把三元讲，乐滔滔、扬鞭策蹇走慌忙。齐说道星桥今夜开铁锁，金吾不禁任意行。

入夜来鱼龙百戏变幻纷扬。绕花啼娇鸟，光华乐未央。火树银花原非假，鳌山灯海乐如狂。行人笑语喧天闹，仕女娇声摆罗裳。亮闪闪、万里云途皆似锦，恍惚惚、御街幻如天街样。更无灯火阑珊处，何劳伊人暗嗟伤。唯见那一处处、一路路、一队队、一行行，云鬓堆山广袖舒云脂香粉气清霄上，这才吹散了一天星雨坠诸方。散星天、祥云荡，银汉隐、玉轮光，北斗南辰碧天长。又见那青牛白马雕盖香车浓妆丽服环佩响，俱都是舞伎歌奴玉娥郎。都说是天上清光留此夕，人间和气伴华堂。恨只恨玉漏摧欢上元夜，短歌微吟不能长。霎时间月转西山星归天汉霞光瑞霭排云上，这才惊动了侍宴承欢朝臣奉上玉华章。写的是淡月疏星绕建章，仙风吹下御炉香；侍臣鹄立通明殿，一朵红云捧玉皇。

因为是大段，又不是熟词，老太太就坐在门边的小凳上仔细听着，从头儿听到尾，最后还重复了一句："好！一朵红云捧玉皇，好！"这就很不简单了，因为这段儿还是有点儿拽文，最后引用的这四句诗，又是唱出来的，她能一下听懂，说明她确实有文化。按现代人的文化水平，写在纸上别人都未必能看懂，她一听就能听出唱的是什么来。

钱老还经常坐在里屋的床上拉着我的手聊他的历史，很多我都忘记了，因为他聊的时候儿我的大部分注意力都在外屋老先生的唱上，我主要是想学唱，而我的另一部分注意力则在坐在隔断下、火炉子上的满族文化网的小美女身上。那个炉子是老北京常见的蜂窝煤炉子。房子小，炉子不生火时，在上边儿摆个布垫儿也能坐人。人多的时候，年轻人就坐在各处的小凳子上，小美女就坐在那个小火炉子上，袅袅婷婷，好像还没那个火炉子宽，我光顾着看她就忘了听唱，也忘了听钱老说些什么。

时光终将流逝，少者易长，老者易逝，先是王辅仁先生去世，才六十五岁，据说，临终吐血数碗，最后不吐了，喘息着说："完了。"钱老对我说："是完了，那人身体里才多少血啊！没送到医院就死了。"再后来何志臣先生去世，"置场"重任就交到了未满而立的张卫东身上。我干爹马增锟1994年去世，比王辅仁还早一年。高吟、刘耀东、张喜林、张振元、刘富权、丁玉鹏、崔景贤、高家兰、吴光辉、赵俊良……这名字要是排下去，可是能越排越多，排得我的手都哆嗦了。

年轻的来了不少，也走了不少，最后留不下几个人。还好他们来的时候，录音机已经普及了，他们好多人都录了音，虽然现在我连他们的姓名都不大记得了，但这些历史的遗韵，也许将通过这样的方式"偷偷"传承下去。

说到录音，其实开始我一直不好意思录音，也不太敢。因为每个老票友都有自己的独门秘技，自传绝段，我很怕他们不愿传人，不许录音。一直到上大学后，我才抱着极大的勇气，把小录音机摆到桌子上，怯生生地问人家能不能录一段。没想到每位老先生都欣然点头："录！"还有的直接问我："你想录哪段？"也有的说："录了不许你给人。"我师父章学楷先生所唱的快书我几乎全有录音，所唱的岔曲也几乎全录过，就是得益于脸皮厚，敢于直接要求。当时的现场言谈，在录音里都有存留。比如：

弦师李家康先生问学楷先生："今天您唱什么呀？"

我："您唱《秦琼观阵》吧，我想录这段。"

刘耀东大爷："你小子还带'戳活'的哪？"——戳活，就是旧式曲艺园子里点名要演员唱哪段，当然得加钱。票房中都是"大爷高乐"，人家爱唱什么是自己的自由，历来不许点唱。于是众人皆大笑。

又比如：

章先生："刚才是'春云板'，下边接唱'流水板'……今儿我这嗓子真不在家。"

家康先生："那换一段，这段太大，费劲。"

章先生："他非要录这个。"

刘大爷："谁呀？"

我："您就别问了。"

然后章先生就又抖擞精神把这段唱完了。

像高家兰先生唱的《杜十娘》《孔雀东南飞》，都是要分两三次唱完的大段，他每次见我录音，就特别体贴地接唱上次的段子。置场的也就特地每次都给他安排出合适的时间。因为高先生每次都是最后一个唱，唱完钟表必然正好指向十点整，这样本次"过排"在笑声、鼓掌声、叫好声中圆满结束。虽然我没要求过，但他们都不约而同地为我录音着想。

用磁带录音，要计算好时间，一面半个小时，要录完才好，如果录不完，拿出磁带来一翻面，就会有好几句录不上。一段单弦总要二十分钟，所以一般都从一盘磁带的头开始录。可后边剩的那几分钟甚至十几分钟，也最好录了，否则一者浪费，二者在听的时候，要把空白这部分"倒"到最后，翻过来听B面才是B面的开始，所以每次都要录点岔曲等小段，当然岔曲也是学习和收藏的重要一项。我每次都带上几盘录了一半的磁带，听人家要唱什么，估计一下时间，迅速拿出一盘已经倒好了的磁带，分清AB面，放进录音机，按下录音键。操作差一点，可能就录不完，或抹掉已经录好的。

后来我收集了几十盘磁带，都是这么拼凑出来的，我给它们起了"集贤承韵汇音"的名字，分一集、二集以至于几十集。

2000年以后，再去钱老家的年轻人，就都比我放松得多了，会直接要求："这盘磁带还有四分钟，您唱个小岔曲吧。"或者人家刚唱一句，他就把桌子上正录音的小录音机拿走了，边按下停止键，边跟别人聊："这段我有了。"多少有点不礼貌。

当年买空白磁带挺贵的，SONY的和TDK的要八块钱一盘，买一堆空白磁带也是一笔支出。后来我在小商品市场发现了大概三块钱一盘的，现在想来就是水货或走私的，但用着是一样的。那些磁带现在还在我家里，全转成了电子文件，偶尔我看看那上面我当年写的节目单，都是用不同笔分很多次写的，就很感慨——但它们越来越无处安放了。

票友里也有不唱，纯为聊天去的，像丁玉鹏先生，他每排必到，当然他住得近，从弘善胡同溜达着就来了。别人在屋里唱，他在小院里聊得热火朝天。这时钱老已经把北屋中间的墙拆了，把东边一间屋又扩进了主要的这一间，地方大一点了，想听唱的可以坐屋里，想聊天的可以坐外边。丁先生一般都坐外边。

他是曲艺界前辈，资格太老了，原本在北城玩，当票友时拜过八角鼓名宿金晓珊，后来说相声，想吃这碗饭，在20世纪50年代初又拜了王长友，辈分一下降了两辈。但他很尊重王长友，王长友也带他上东北长期演出。所以他经常说起他在东北，受过白银耳、冯立璋等老前辈的“夹磨”。他原先又是青山居的学徒，说起古玩界的逸闻典故，头头是道，他单口相声又好，又会说书，把这些奇闻当评书、相声说，颇为吸引人。可惜当初我没录下音来，否则这都是书本上没有的宝藏。

丁玉鹏于艺术、文史和这些江湖学问上颇为自负，每每别人说到什么话题，他就会说：“全不对！”然后一一道来，怎么不对，前因后果，对的是什么样，为什么这就对了，说得清清楚楚，令对方折服。他是艺人，偏要自许为文人，他的遗愿是在墓碑上题“相声雅士”四字。我的相声受他指导多年，但现在想来，我和他正好相反：我是文人，偏要自许为艺人。

至于我怎么上丁先生家学相声可以开题另写，就在钱老家，我也受过他一次巨大的恩惠。丁先生其实有很多老艺人的毛病，你不想学的时候，他偏偏多说，你一说想学，他立刻保守，而且是非常保守，一句都不给你说了。你没问他的时候，他且看不上你呢，你说的、唱的全不对，但你一向他请教，他倒不教了。

我受他的大恩是在我完全没有预料的情况下。2000年，北京票友界组织人马去天津演出，我也在其内。天津观众懂曲艺，热情得过分，也无理得过分。对他们喜爱的角儿，叫好声能把房顶都掀了；对他们不喜爱的，上边唱多大声，下边聊天多大声，连吃萝卜带嗑瓜子，吵蛤蟆坑一般。我才大三，是第一次去天津演出，没见过这阵势。我特地准备了单弦《拳打镇关西》，溥叔明先生大作，一般人没听过的——其实这就外行，生书熟戏，曲艺新人，唱观众越熟的段子越好，能引起他们的共鸣和起哄之心。加上我的嗓音不讨好，表演也非常生涩，也不会说人情话，也不会跟观众交流，所以那场演出极其失败。

台上"泥"了，心情低落可想而知，下来后张伯扬先生还宽慰我："你这么唱，在票房里行，到业务场可就不行了。"

回到北京，好几位票友在周一晚上都在"集贤承韵"过排，演火了的兴高采烈，滔滔不断，我当然是越听越难受，避而不谈。钱老问我："你怎么样啊？"我小声给自己找辙，说："我唱的溥三爷的词，太文，天津观众听不懂……"

我刚说到这，丁玉鹏先生居然立刻凑过来，用极严肃又极真诚的语音说："孩子，咱们要老说观众理解不了咱们，那可就进步不了了。"

这句话的声音虽然低，在我耳中不啻惊雷。

自己差就是自己差，赖什么观众啊！

后来我除了唱传统的，又写了四本《陷空山》、八本《白蛇传》什么的，唱自己的活，多方学习，多方磨练，总算在眼界和演出水平上又上了一个大台阶。要没有当初丁先生这句话，我还不懂"演出"这两个字真正的含义是什么呢。

吴光辉教授是后来才去票房玩的，可能也是和退休晚有关。他是首都师范大学的教授，玩了一辈子京剧和八角鼓。他是溥叔明的女婿。其实说来可笑，我当时虽然上了大学，对溥心畬的了解也只限于相声中提到过的"南张北溥"，根本不了解溥氏在文学书画上的成就，更不用论他的三弟叔明先生了。吴教授虽然爱好票"架子花"，但平时说话声音轻柔，慢声细语，加上他文文瘦瘦、干干净净的帅气老头的形象，实在很讨人喜欢。

他基本不唱牌子曲，所唱的岔曲都是溥叔明先生的遗作，文词雅驯，加上他唱的声音不大，不重卖派，纯是"浅斟低唱"的感觉，乍一听不很抓人，细一听颇有韵味。这是纯自我消遣派的票友，不是要粉墨登台的票友。

有一次，在另外一个票房，是刘耀东"置场"，刘大爷好诙谐、爱表现，每人上场前他都要铺垫几句，"要"下掌声来，再请票友上场。他在上边介绍："下面这位，可不一般，他是首都师范大学的教授，要再往前说，那可了不得了，有请驸马爷！"于是在观众的喝彩声中，吴教授先是摆手"不敢不敢"，再冲大家一一抱拳谢过，走上台去，唱了一首小岔曲：

一声水调解兰舟，人间无此愁。最是这无情江水去悠悠，似与离人泪争流。

人已远、更回头，黯然独立蓼花洲。苦凝眸、青山红树全依旧。明朝肠断知何处，梅花岸曲小红楼。

曲风舒缓，曲词清雅，声音也不大，屋里和刚才的气氛立刻不同。吴教授就是这样，虽然站在台上就是表演，但他又似乎没有表演之心。没有王辅仁那么大“份”，没有高家兰那么好的嗓子，但听着还是高级。

他下来后，大家聊天。刘大爷说：“要在当年，您就是驸马爷。”其实溥叔明是恭亲王三子，如在当年，吴先生也是称额驸而非驸马。吴先生双手乱摇：“哪里哪里，我没赶上。”刘大爷说：“要真是在当年，您真是驸马。”吴教授真实在，说：“要真是在当年，也结不了这门亲。”

票友界本来传下来一些当年溥叔明先生的词，因其太雅，唱的人也不多，吴教授一来，把自己珍藏的溥先生的手抄本的词全拿出来了，还复印给别人看。那些词不但文词精妙，而且连书法都是了不得的珍品，可惜我跟他要时，已经是他整理好的打印本，而不是手抄的复印本了——因为大多数人不认得那飘逸的小行草。后来我研究书画深一点，看了很多溥心畬的作品，再回想当年看溥叔明的字，简直是一个模子里刻出来的，果然文从其兄。

吴教授提供了很多溥叔明的文本，后来都发表在《八角鼓讯》上，还有好几位教授因此写了很多赏析的文章，也发在《八角鼓讯》上，我还写过一篇赏析《醉打山门》的。吴教授还当了很多年《八角鼓讯》的副主编，且分文不要。

《醉打山门》是溥叔明写的《鲁十回》中的一段，当年他们兄弟的词都交给谭凤元唱，因此成就了“谭派”艺术，可惜这几段谭氏多有未唱。所以这些文词一现于当世，谭凤元的徒弟，也是“集贤承韵”常客的刘宝光先生非常兴奋，不顾自己年老，要把每一段“上”下来，背词、装腔、设计动作，然后教给我。可惜我跟他学了两段，就忙于事务、远离票房了，我估计他也就搁置了。

我们小时候，要听点老前辈的录音可难了，要不就是自己录，要不就是录电台的。每天电台到曲艺节目的时候，都要准备好录音机。有的时候没打算录，一听主持人说要播哪段，是值得录的，马上“翻箱倒柜”地拿录音机，找磁带，选面，放进去，按录音键，一通手忙脚乱，还有可能录不到开头。录音效果还得看收音机播放的效果，如果赶上那天天气不好或调台不准，播着都“刺啦刺啦”地有干扰，那录出来就别想好了——可就那样也是宝，也一遍一遍反复听。

谭凤元的单弦，都比较长，20世纪90年代的时候，电台就不怎么放了，偶尔放也是放一小段，不放整的，所以很难听到。我跟吴教授说，我没有谭凤元的《打渔杀家》，这也是溥先生的词，您能给我“串”一盘吗？吴先生一口应承，下一次活动，就给我带来了，而且随着磁带，还给了我一张纸，我一看，是一段《打渔杀家》里“石韵”的曲牌，是他用工整的楷书抄的。他说，这段太长，播了好几次都不全，我也是分几次才录完的，可是“石韵”最后也没播，我把这词抄给你，这段儿别落下。

他们那一代人，也是这么难才能得一段录音，哪像现在，网上各种格式的各种老录音，几乎应有尽有，可是这么好的东西，又能得几声真心的喝彩？

2003年，我在广德楼业务演出唱单弦，打算唱溥先生写的《钟馗嫁妹》。这段其实是借传统题材，写旧京结婚与出殡的民俗，语言非常精彩，但如果这些民俗说不清楚，就失去了演唱的意义，包袱也响不了。我特地给吴教授打电话，一句一句地讨教，吴教授信手拈来，随口谈讲，我在电话这边手都记疼了。后来我在台上唱这段，连说带唱、连演带讲四十多分钟。后来，有人跟我说，北曲的老演员王文友在台下看了整段。虽然他是老北曲学员班的，但他就不爱听鼓曲，一听就睡觉，我这段他不但没睡，而且听激动了，回去跟团里的年轻演员说，让他们都来广德楼看“老味儿的单弦”。

写这些老先生们，是怎么也写不完的。我记得当初一位老票友黄志刚跟我说：“有你，单弦还能再往下传七十年。”我才二十岁，这话不知道怎么接呀，只能按说相声的方法接：“七十年？那时候还能有我吗？”谁知他一下就很落寞，说：“你肯定有，有没有单弦就不一定了。”

希望数十年后，还有人能看完这些文字，并且心生感慨。

我在中学时，学习不忙时就周一晚上去票房，学习忙了就放寒暑假去，初三和高三是一点不碰这些“零碎儿”，一心钻进书本，准备考试。1994年，在初二一放暑假，我就先去了北太平庄蔡芳先生的票房，在那里，听大家聊“集贤承韵”在拍电视，颇有票友为上镜明争暗斗，被拍摄者与拍摄者也有矛盾。我当时虽然小，却一点儿也不喜欢凑热闹，更不想抢着上电视，于是就不去了。上了高中我学业更忙，直到1997年考上大学，才又去的。于是，后来十三集的《胡同古韵》里一个我的镜头都没有，而且我与恩师李燕先生完美错过十几年。

我于2010年拜在李燕先生门下学画，先生与师母孙燕华谈起当年他们录《胡同古韵》时的种种情由，颇为感慨，前辈票友零落，健在者仅我师父章学楷等寥寥数人而已。当时，是燕师承苦禅老人遗志，寻访京城传统文化之遗珍。听见有一家庭票房犹存，大喜，先去拍了一集，在北京台播出，一下火了，反响极佳，于是又自费请北京台的制作团队拍摄，又请刘吉典先生讲解，又请专业艺术家参与，录了很多素材，共拍了十三集。

好多票友不是都像几位高人那样只为自娱自乐，一听说能上电视，纷纷争先，还有因为没录上而哭鼻子的。一些很少去钱老家的票友也纷纷赶来，要露一小脸儿，又有因他唱多了、我唱少了而吃醋的。

后来又有传言，台湾地区颇有爱好曲艺几十年而听不着这精妙京声、颇怀故土、愿花钱购买录音的。此种情况不是没有，多少赴台老人一生盼望回故乡，想听一曲故乡之歌而不得。这其中也有爱好者，仅凭带去台湾的文本与录音（都是一面三分钟的唱盘）学习演出而在当地享有大名。20世纪90年代，台湾人回大陆较以前容易多了，而且当时台湾经济发达，他们所携带之录音录像设备，颇为精巧，使用自如，不像大陆这边，都要用电视台用的肩扛式录像机，不是专业人士，都不知如何使用。台湾学者也苦于没有更多的资料研究，所以也纷纷前来录音。有的台湾人来北京的主要事情就是寻访老人儿的录音，高家兰曾说过，某位几次从台湾来录音的人，转述过主家的原话：“高家兰的咳嗽声，你都得给我录下来。”李燕先生录《胡同古韵》不给票友钱，但逢年节都有礼物，也给很多人画过画儿——当时他画猴儿已经名满天下，是颇有影响力的中年画家。这也就可以了，他自己还贴了很多钱呢！有人就说：“他录的这些，拿到台湾就卖钱！他挣钱，可不给咱们钱，把咱们的好东西都录走了！”

十多年后，我在燕师家吃饭，聊起此事，燕师苦笑着问我：“你说，这些东西能挣钱吗？”我也只有苦笑而已。孙老师说：“录像的时候，连‘监视器’都是我看，因为摄像师也不懂曲艺，不知道什么时候有动作。每天我还得进机房盯着剪片子，他们一点儿都不懂啊。牌子曲太长，他们说，就要一头一尾行不？我说肯定不行，那成岔曲了，还叫什么牌子曲？”燕师夫妇一生酷爱曲艺，上至明星下至票友，无不熟络，但他们永远以观众自居，也从来不掺和行内之事，为保存艺术，花费精力、金钱无数，送画无数，在某些人那里还有如此议论，实在可悲。

当然这是后话。总之，那段时间我在各个票房都听到说录制《胡同古韵》的种种事端，我就有意不去钱宅。后来我再去之后，好多人依然还在聊这些事情。

当时的十三集我都看了，燕师还是满头黑发，每集一开始最早出镜给观众讲解，脸熟得很。后来因为我给我师父章学楷先生花钱出专辑，去燕师家求封面题字，再次见到的燕师已是满头白发，我几乎认不出来了。

燕师夫妇是有历史文化责任感的，做这些事都是出于这一代人的责任。孙老师跟我聊起《胡同古韵》时说：“当年听王辅仁唱的清代中期的小曲儿，不就是曹雪芹写《红楼梦》那时的社会风情吗？曹公写《红楼梦》时也许就在听着这些曲子呢，没想到依然有传唱。若不是当时录像，王辅仁去世之后，上哪儿去听呢？”他们还多次提过，当时录了很多素材，但电视播出时间有限，都没播过，现在那些人几乎都去世了，让我帮着重新整理。但我去燕师家学画，把画画儿的时间看得比金子还贵重，因此也就一直无暇此事。若有朝一日有了时间，再与这些老旧的录像带相见时，我又能想到很多故人，增添几多情思了。

以上所记，说了票友的一些不是之处，我的文章意在纪念，又是记史，到底不是谀墓之词。且人性复杂，有争有夺，有利有私，每人皆然也，不必避讳，不必深究，也不必厚非。

前边写了几位八角鼓的名票，除了大家、教授就是前辈、高人，因为去“集贤承韵”者多是中上之人。人家是家庭票房，与公开的票房不同，如不是有人介绍，恕不接待。这当然无可厚非。后来再有闻其名，自己闯来想参加活动者，钱老暗中会择人要赞助费，也不多，几百元而已。这其实也无可厚非，因为办票房还是有不少花费的，盲弦师李家康先生“坐弦”，后来一个月也总要几百。老人家艺术高深，那么大岁数，又双眼失明，每次出来还要闺女带着，拿着马竿儿还要挤公共汽车。到得最早，从无迟到，一弹就是一个晚上，你唱得好也给你弹，唱得不好也给你弹，不像玩弦子的票友，不爱给你弹就不弹，人家是拿这当工作做的，当然要有一些收入，而且这个收入又是那么的微薄……所以钱老跟不认识的人要点儿钱，也并不为过。

但也有人说，这不合票友的规矩，过去上票房谁要钱呀？票友就是耗财买脸，没有跟大家收费的。这也算一种论断。

有人说钱老“看人下菜碟儿”，这也确实是他的一个小毛病，他商人出身，当然看人要有眼力，对不同的人态度就不尽相同。票房的另一位年轻人祝兆良，笨点儿，唱得不好，也有点儿愣，就颇不受钱老欢迎。钱老有时跟我念叨：“他来我这里这么多年，连点儿水果都没给我买过。有一年春节，他给我送来两瓶儿酒，我一尝，是水！”这事儿我没考证过，小祝子再浑也不至于送两瓶水，钱老到死身体都很好，也不至于糊涂到把酒当成水，此事究竟如何已经成谜。

说到祝兆良，没想到比我年轻好几岁的他，竟于前两年自缢身亡，我还专门在网上写了几段儿话纪念他。爱八角鼓的本来就少，年轻人更不多，他居然年纪轻轻就身归那世，可怜可叹，干脆把那几段儿文字也抄录于此，亦为纪念“集贤承韵”之一瓣。

> 我跟小祝子大概是20世纪90年代末在钱亚东老人的“集贤承韵”票房认识的，那时候票房里没什么年轻人，但我们说的话也不是太多。祝子五音不全，老先生们不爱教他，张卫东兄后来每排带着他一遍一遍唱“春至河开”，得有好几年。他后来走上艺术道路，要感谢卫东兄。
>
> 夏天，票房有酪吃，小祝子也会帮忙端碗收碗，算有功之臣。钱老90多岁，有点看人分等，老是看不上他。还说过好多次他过年送了两瓶酒，打开一喝，发现是白水。我们都觉得不太可能。可能是老人岁数大了，有点糊涂了。
>
> 他们家是普通市民，可能并不富裕。我去过他们家一次，普通小两居而已。他原先在北京机务段，铁路工人，性格不好，说是拿起管儿钳子就敢找领导去，我也劝过他多次，无果。

他好练，对练拳有瘾，还给我练过一套形意的趟子，意在交流——可能这也是导致他脾气不好的一个因素。

2003年左右，有一次吃饭，有唐柯贤弟，他说想学说书，我说我给你几个赞儿，你先背着，他说，我要是自己写点新赞儿行不行？我说当然行，而且好。但是在我心里他是说不了书的，在我心里他永远是一句一句地唱“春至河开”而找不到调门的那个小伙子。

他拜师以后我们见得少了，后来见得更少了，以至于几年也见不着一面。听说他说书，又自立门户，还有一次，他忽然给我打电话，约我一起开书馆，我婉拒了。

又听说他出书了，但我到现在也没看见，不知道实情如何。

又听说他打架，有一次在老舍茶馆后台，他大闹完之后，我才到的，也没见着。

又听说他在评书方面事业不顺，精神压力大，也没联系。

今天居然就听说了他的死讯，抑郁症，上吊自杀。

叹息良久。

从来也没看过他的评书，上网看了看他的评书片段，身段口风，倒比我想象中强出太多。我的心里，他还在二十年前，在苇坑胡同那个小院子里，一遍一遍地唱“春至河开”。

二十年一瞬而过，我忽然想，当年他要是不离开铁路，就算不顺，现在也是个衣食无忧、没事喝二两、骂骂闲街的胡同中年，断不至于自尽。

红尘滚滚，名利纷纷，艺术圈捧人，也害人。

是为纪念，祝兆良兄一路走好。

1999年，“集贤承韵”庆祝成立20周年，在历史博物馆旁边某饭馆儿大聚会吃了个饭，这算是“集贤承韵”的一件大事。到2004年，北京曲协表彰钱老对曲艺的贡献，在东城文化馆办了一场票界庆祝演出，我唱的溥叔明写的单弦《浔阳楼宋江题诗》，出了一些事端，也多了一些谈资，不涉及他人，就隐而不述了。

当时我就已经不太去票房了，过了几年，我看《八角鼓讯》的消息，钱老百岁高龄，接到了一封信，大概是匿名骂他的，于是他心情动荡，因而气病，以至于过世。具体情况我也不得而知。

我记得王肃老人去世的时候，他一个人在旁边屋里难过。我去陪他，他颇有自责之意，说："她在医院就说，我想回家，我想回家。我就说在医院治病不能回来呀，没想到她就死在医院了。早知道就把她接回来了，死也死在家里啊。"

钱老办票房，但自己很少唱，有一次唱了一个《破晓登程》，下来就跟我说，我不爱唱了，唱不了了，一唱完就喘。他都八十多了，不喘才怪。还有的时候活动都快完了也没看见他，一问，才知道钱老不舒服，在别的屋里躺着呢。

我对钱老的回忆，大致如此。

2002年的夏天，钱老跟我说希望写个自传，让我帮忙。我自然是义不容辞，于是带上录音机，去到他家，他讲我录，不清楚的文字当时就问，回家之后再照着录音整理出来。基本上就是他的原话，稍做一些文字上的修饰。

但由于时间的关系，一共只让他讲了两次。第二次的时候，老人先看了我第一次整理出来的文稿，说："我说得也不太清楚，你听的也有的地方不太明白，比如我先是住哪，之后才搬到哪，你这么写是写反了……"可见这个文本也未见得准确。但对钱老的一生来说，确是真实的第一手资料。

可惜的是，我只去了两次，仅成一万余字，至今引为憾事。

“傻子”和胖子

老北京很小，在现在动辄就开车跑一趟六环外的情况下，再看二环路里那老北京城的范围，真是觉得小得可怜；老北京也很大，四九城里有很多有名的地方，你从小儿就听得很熟，但就是从来没去过，这样的情况很普遍。

对我来说，白塔寺这个名字太熟了，可是白塔寺里至今我都没进去过，每次路过阜成门内大街，看见那座白塔，我倒也没觉得遗憾。但我在白塔寺东墙的胡同里转悠过，那条胡同叫白塔寺东夹道，但也只限于一次。虽然那是我去那里唯一的一次，却也是给我印象最深的一次。

有一次在后台，大家比着聊老事儿，看谁知道得多，都是诸如“某先生住哪”“某前辈怎么拜的师”“某名家最擅长做的饭”等，有一位朋友开玩笑说：“你们知道孙连贵住哪儿吗？”大家全沉默了，只有我不假思索地说：“白塔寺东夹道某某号。”大家哈哈大笑，说这事也只有他知道。因为这个孙连贵既非名家也非前辈，只是大家印象里小时候底层老北京人的一个形象代表。

他是西城房管局的工人，好像是瓦工，也或许就是干杂活的小工，也没人会有兴趣去考证。他岁数很大了，20世纪90年代初我11岁认识他时，他就60多岁了，只有当你看见他才知道什么是社会最底层的老北京人。

他身材不高，光头，皮肤黝黑，脸皮粗糙，“奓裂”着厚嘴唇——这是北京话，我也不知道怎么写，就是耷拉着并向外分开。他总是醉眼迷离，因为最大的爱好除了去票房听八角鼓，就是喝瓶儿最便宜的啤酒。他穿的衣服永远很旧，也谈不上干净。他一点也不胖，但背驼得非常厉害，所以老往前顶着肚子，再加上光头，就像一个大鲶鱼，又像一个光头的龟将军，但又远远没有龟将军的派头风度。他出门儿需要带东西时，就提一个塑料打包带编的脏篮子。

这种篮子我比较熟悉，我小时候出门学画画，也是提着这么一个篮子，里边放着纸、笔、墨、调色盘，但我们家的篮子绝不会这么老旧，看上去这么不干净。其实他挺讲卫生的，也很懂礼儿，但就是看着不干净。

他叫孙连贵，周围的人都叫他“孙傻子”，但从我认识他起他就不傻，不但不傻，还很懂规矩，很有分寸，也很爱聊天。他聊天的时候，思路清晰，语言幽默，也爱说个笑话儿、学个吆喝什么的。我小嘛，管他叫孙大爷，当时的青年、中年人有的叫他孙老师，他愧不敢当，还有的叫他“孙爷”，他欣然接受，但那些跟他差不多的老头还是管他叫“孙傻子”或者“傻爷”，他也毫不以为忤，看来是被这样叫了一辈子了。

虽然他没什么文化，但在听曲艺的时候，他还愿意出于善意给人提出一些文字上的意见。比如有一回，京韵大鼓名家白凤鸣的儿子白家林——当时也70多岁了——在票房唱京韵《南阳关》，唱完了，孙大爷去找白家林说：“‘鸩兄图嫂’这个‘鸩’字儿啊，我听别人讲过，这是一种鸟儿，鸟儿的羽毛儿有毒，泡了酒能毒死人，这个字念‘甚’，不念‘镇’。”白家林不以为然：“不是，不是，就是念‘镇’，那‘镇压’能念‘甚压’吗？”孙大爷就讪讪地回到自己的座位，接着听曲儿聊天了。我在旁边儿听着直想发笑，因为念“甚”固然不对，鸩酒的“鸩”和镇压的“镇”也根本不是一个字，这老二位全不清楚。但反过来说，这也说明他们都很尊重文字，力求演唱和理解的准确。

这是孙连贵给人挑毛病的结果比较好的，其他时候，我看各位老先生要不就是顺着他说几句，要不就是再说个更不像话的让他挑无可挑，当时我还小，有时候听不明白，有的老先生就小声跟我说：“拿他开心呢。”但我觉着孙大爷来挑毛病完全是出于好心，并不是为了“显示”或者“谝能耐”，他说的那些我这个初中生都知道是错的，当然也没有什么能耐可谝。

如果说票房是一个小社会的话，他也是这个小社会的最底层。还有一位老头儿，也属于在八角鼓界有点资历的老年暴躁型，有点儿精神病，有时候往前边一站，他想不起唱哪段儿了，台下搭腔聊天，都没问题。可如果孙大爷也说句玩笑话，他马上就不干了，冲他嚷嚷：“孙傻子（贼音，一声），没你说话的份儿，你算干吗的呀！”孙大爷在下边儿念叨：“不说不笑不热闹。”也就过去了，大家也不觉着他对“孙傻子”嚷嚷有什么不对，可见“孙傻子”的地位和在大家心中的形象。

搜索一下我的记忆，孙大爷从来没发过脾气，不但没发过脾气，连生气都没有，最起码我没见过他不高兴，但他有的时候也确实稀里糊涂。

我刚上初一的时候，周一晚上去北太平庄蔡芳先生的票房玩儿。我从东便门坐车，到西直门倒车，要一个半小时才能到。有一次晚上回来，到西直门没赶上地铁，幸亏一块去的同学郝静是她妈妈带着去的，最后还是打了个车，我们一起在崇文门下车，我走回家。车钱好像花了20多块，在20世纪90年代初，对我这个刚上初一的孩子来说，这简直是一笔巨款，我在车上还想着一定要跟人家分摊车费呢，人家家长哪儿能要一个孩子的钱呢？可见那个时候北京的孩子们确实跑得都挺野的。

我们的家长终归是不放心，有一次我要去票房的时候，我妈忽然跟我说：“妈跟你一块儿去，我也听听。”我不乐意，但也没办法，于是我们就一块儿去。到票房，我妈一看，一屋子七八位老人，还有像蔡先生这样风度翩翩的，马增锟先生她也认识，还有侯宝林的大徒弟贾振良，一介绍，我妈妈是肃然起敬，于是她就放了心。之后她跟我一块儿听了两个多小时，又一块坐车回的家。

其实发生了什么我都忘了，还是后来我妈跟我聊，说你们蔡老师啊，挺好的，还说让你好好学习，唱单弦儿就是玩，千万不能影响了学习。我跟他说你英语不好，蔡老师还说那可不行，英语必须得好好学。结果旁边儿那个“孙傻子”还说，学那干吗？蔡先生冲他嚷了一句：“都跟你似的！”他跟那儿嘿嘿一乐。

“孙傻子”并不傻，但他的媳妇儿，被我们称为“傻大奶奶”，脑子确实不大灵光。

她比孙连贵胖得多，一脸横肉，看上去就像有点儿病了的样子。在票房，她经常忽然就跟孙大爷嚷嚷起来，孙大爷每次都赶紧哄着她："别闹别闹。"可他到哪儿去还都带着她，要不放家里估计也不放心，两个人可以说是相依为命。他们有没有孩子我不知道，总之我一见到他，准是他们俩，也算是另类的双宿双飞。老太太顺溜儿了就坐那儿喝茶，不顺溜了，突然之间就骂两句，甚至伸手掐孙连贵一把。

因为他们二位这样儿，所以一般公开的票房还可以去玩儿，喝点儿茶水，私人的票房和不怎么对外的票房就不欢迎他们了，所以蔡先生"老年之家"票房可以让他去，还跟他聊得很好，可以说对他是很不错的。那会儿北京每天几乎都有票房，几乎在每个票房我都能看见他，可见他平时也没什么事儿。

他是听了一辈子曲艺的，是一个老资格，而且据说身上有时候带着点老词儿，是常澍田等人当年给他的抄本。当然，这也可能是他吹牛，他说，我认识你老师张善曾的时候，他身边带着两个卫兵。可是张先生说，我上西城房管局的时候，连户口都快没有了，还能有警卫?

我最早认识他的时候，他知道我跟"叫卖大王"臧鸿学相声，他就跟我念叨，说臧鸿的吆喝不灵，我的比他强。然后他就给我吆喝几句，其实我太小，也听不出谁好谁坏，还是觉着臧先生的高门大嗓更好听。但后来越来越大，越觉得他的吆喝是味儿！他过去就是干小买卖儿的，那吆喝当然正宗。

在我大学毕业之后，终于想起来"录录他"。有一次在阜成门内的"德顺兴"票房玩儿，我问他："我能不能录一段儿您的吆喝？"那时候我已经买了一个很好的小录音机，专门录资料。他说："好啊，你要录什么呀？"

我说："录您这个吆喝啊，您把所有会的都吆喝一遍，从头到尾给我捋一遍，按照说相声似的，都给讲讲。各种买卖怎么样卖，什么时候卖，大概多少钱，怎么吆喝，吆喝的字儿都是什么，这样我就能够好好学一学。"他非常高兴地说："你拿个笔记一下。"记完了，一数，他会100多种吆喝，这两张小纸片，现在我已经当作宝贝保存了。

德顺兴离他们家不远，他说下期票房活动完了，你就可以跟我回家。我问："您住哪啊？"他说："我住白塔寺啊，就在锦什坊对面。"说实话，现在我听谁说北京话，说这两个词，都没他正宗。白塔寺的“塔”字是轻声，锦什坊念出来就像是“姐儿方”。

下次活动完了，他果然邀请我上他们家去。跟他走在街上，也是一景儿。他大驼着背，还背着手，光头，一步一步往前走。他的身体倒不差，但驼背太甚，走得就慢，加上旁边还有个迈不开步的“傻大奶奶”，忽然就冲他嚷一句：“快着吧你！”他就一边背着手、探着光头往前走，一边说：“别嚷别嚷。”

沿白塔寺东墙往北再往东，胡同路北一个大杂院，就是他的家，他住里院儿，是北房的一间东耳房，破门破窗而已。他推门一进，我大吃一惊，房子不大，也就十几平方米，堆满了垃圾，没处下脚，报纸、塑料瓶、纸盒子、纸箱子摞到了房顶，看来平时他以捡破烂来补贴生活。一个双人床，堪堪能半躺，此外没有什么人能待的地方。满眼都是黑灰色，甚至还有一只黑灰色的瘦猫——那猫其实是黄白花儿的，见来人，叫了两声，看了我一眼，走了。这个家，简直就是个土站。土站是北京话，就是垃圾站的意思。没有热水，也没有杯子，孙大爷说：“咱们录吧。”怎么录呢？就只能歪在他的双人床上录。“傻大奶奶”已经上床了，她太胖，走得累了。我们半躺在另一边，他靠着被摞子，我用一只胳臂支着上半身。

他从正月开始吆喝，把正月卖的东西吆喝了一遍，也搭着我问得勤一点儿，把各种详细情况都记录了下来。他做过各种小生意，其间也有各种当年的细情、地名、物价……这是我非常重要的一盘磁带。

磁带的正反面儿，一共录了一个小时。这期间“傻大奶奶”忽然生气了，还嚷嚷了几嗓子，也没什么正事，就是嚷嚷着玩。她忽然又调皮捣蛋起来，胡噜胡噜他的光头，说：“一胡噜吆喝得就好了。”他还得对付：“对，胡噜胡噜就聪明了。”然后他接着吆喝。半晌，“傻大奶奶”已经沉沉睡去。

歪在床上一个小时，我的筋骨都已经很酸疼了，但对照他的目录，我只录完了一半，还有一半没录呢，可我只带了一盘空白磁带，也没办法了。我说：“剩下一半儿，下回再录吧。”他还有余兴，但气力也是不足了。

后来我忙于事务，也没有再去，这盘磁带也没有再听，就放在柜子里。再后来他就去世了，至于是他先去世的还是“傻大奶奶”先去世的，他到底有没有子女，最后时刻是怎么个情况，我全不知道。

最近这几年，我把原来的磁带转成了电子版，刻成光盘，有的时候在汽车里放，边开车边听，过了二十年，我越听他这些个真正老北京的吆喝越好。

他是干小买卖儿出身的，蔬菜之类都卖过，所以他说的都是第一手资料，吆喝得也是韵味十足，不是修饰加工过的。而且他的老北京话非常正宗、非常标准，以致我听很多人说北京话都觉得不那么标准，有时候我听完这一个小时，再重新放一遍，再听一个小时。可惜的是，剩下那一半儿吆喝已经随历史而去了。

我这辆车接过很多曲艺界的老人儿，有的时候儿正赶上我的车载音响里放他这段儿，每个人的耳朵都会被“拽”过来，第一句都是：“真好！”第二句是：“这是谁呀？”这时我就会表现出我的多知多懂和老资格，我说：“您听听，保证您猜不出来。”说真的，还真没有人能猜出来……他确实是无名无姓一辈子。

那盘磁带巴掌大的目录纸上，我用当年我最正规的字体写着如下文字：

> 小金鱼儿、蛤蟆咕嘟、杏、樱桃桑葚、粽子、果子干玫瑰枣、落花生、炸花生米、芸豆、老玉米、扒糕凉粉、炸丸子、卤煮炸豆腐、馄饨、豆豉糕、豉汁麻豆腐、熟豆汁、杏仁茶、热面茶、半空儿、豌豆、冰核儿、包子、羊肚儿、蒸了又炸、烧卖、西瓜、豌豆黄儿、倭瓜、冬瓜、杂样、菱角、老鸡头、螃蟹、茉莉花、月季花、玉兰花、粥、白薯、白菜、蒲帘子狗窝稻草、年画、月份牌皇历、松柏枝芝麻秸儿、元宵、送财神爷、石榴花
>
> 2002年1月6日晚　家

我跟孙大爷在1991年就很熟了，有一回他说：“你别跟臧鸿学相声了，我给你介绍个好老师。”在艺术上我总是贪多无厌，我说：“谁呀？”他说：“刘树江！你没听说过。”这位我确实没听说过，因为到现在为止，这位先生也没什么名气。我说：“好啊，那我怎么去学呀？”他说：“你不是住东便门儿吗？他住的地儿离你近，你去他们家合适，咱们约个时间，我带你去。”

就这样，我也不知道这位老师姓甚名谁——当时也没听清楚，也不知道他是干

什么的，多大岁数。就在一个下午，在建国门桥下和孙大爷约好，一起往北走，去刘树江他们家。那也是我唯一一次见孙大爷自己出来没带着“傻大奶奶”的。

这位刘树江先生家住雅宝路，小雅宝胡同。后来我才知道，那条胡同原本叫小哑巴胡同，雅宝路是车站名，那条路在城外，可大雅宝、小雅宝胡同都在城里。从建国门桥下，我跟着孙大爷一路走去，我大概是推自行车，他还是背着手驼着背走，手里提着小篮子。如果你在20世纪90年代初的北京二环边儿，曾看到一个推着二六车的初中小孩儿，跟着一个驼着背、光着头、黑皮肤的老头儿缓缓前走，你会认成爷孙俩，或者认成小孩做好事给老爷爷指路，绝想不到那是一个老朋友带着一个小朋友去找另一个老朋友学相声。

我觉得走了不近的路，往西拐进了一条大胡同，往北又往西折进了一条小胡同，这就是小雅宝胡同。往西不远，路北一个小门，进去，是一个转不开身儿的小院。别看院子小，房子低矮，也有七八间房，房门紧挨着，房门也都紧闭着。

因为那个小院太小，屋子也都不高，所以在这个四周满是房门的小空间里并没有眩晕感。当然现在如果有这么个小院住，能把人活活美死，但又有一个前提，就是这里边儿的六七间房都要是自己的，没有邻居才好。因为现代人住惯了高楼，楼道一排七八个门永远都是紧闭着的，住了20年，邻里之间都没说过话，大家的自闭性、警惕性都很高，所以不能忍受邻居和自己住得这么近——要是一开门，门都直打架。而且楼房都是封闭的防盗门，一关上，就是躲进小楼成一统。这种小院的平房的门都不大，有的比人高不了多少，也宽不了多少，都是木制的，关也关不严，而且有一半都是窗户。不但房门，墙上也都是窗户，就算拉上了窗帘，也不隔音。所以住这么小的院子，隔得这么近的房，那简直就跟住在一个屋子没区别。

如果说老北京的大院，天棚鱼缸石榴树，院里是穿廊、游廊、小花坛，那有几户街坊也不妨碍。夏景天儿，大家各拿一个小桌摆在自家门口，小马扎儿一坐，小叶儿茶一沏，山侃海聊也是一美。但刘树江住的这个小院，如果把房门都打开——假如房门都向外开的话——就会把院子挤没了。如果有一家儿的一位大爷摆个小马扎儿在院儿里一坐，其他院儿里的人想要出门，都要跳着《天鹅湖》，踮着脚尖儿，贴着墙往外蹭。

孙大爷带着我走进院儿里，直奔西北乾位——其实以他的鸭子步，走几步便到了。这个小院北边儿是两个门，紧紧挨着，门也不大。到西边的门口叫了一声，屋里传出了一个颇有穿透力又颇热情的声音：“进来！”孙大爷推门就进，我也跟着进去。那个小屋也就七八平方米，虽然是北房，但还是很黑。靠北墙是一张床，床上一个胖子正费劲地下来；靠西墙是一个书柜，紧挨着床，上边摆着几寸的电视，上面是书架，有一排半的书；靠这个书柜是一个炉子，烟筒顶上屋顶儿，再往南拐，就从我们进来的门旁边儿穿了出去——那已经是指着院里西房的北墙了，这说明这个西房也是后盖出来的。

北京这种大杂院迷宫一般，不管哪个山墙后边、花盆儿旁边，穿进去都有可能看见一个门，里边住着一大家子人。

我已经说到我的目光扫到了炉子，我忽然发现火炉旁边是个门帘儿，那个帘子的颜色和墙差不多，原来帘子后边儿还有一间屋。那个屋在随后的几年里，我从来也没有进去过，也不知有多大，但想来非常小；也不知它的南墙有没有窗户，当然，如果有也是紧对着院里西屋的北墙，屋里也是丝毫不见光。

我说到那个书柜上那一排半的书的时候，就要修正一下儿我的记忆了：我第一次和孙连贵去刘树江家，刘树江是没在屋里的。我们喊了两声，屋里没人，就推门进去了，于是就看到这小屋里的一切情形。除了刚才说到的，我还在东墙上看见了一个老旧的镜框，里边儿摆着好几张两寸大小的黑白照片，都是说相声的剧照。其中捧哏的胖子很显眼，穿着西服，动作表情，都特别有哏，好像民国时期的滑稽影星殷秀岑，甚至比他还胖。

我看了看那一排半的藏书，都是有关相声的，《传统相声选》《张寿臣单口相声选》等，都是二十世纪七八十年代的，也算老版本。当时我学相声正上瘾，一看都是我从没见过的书，当时也没有网络，也买不到这些旧书，忍不住要伸手拿一本看看。孙大爷拦住了我，说：“人家不在家，人家的东西可不能乱动，这是规矩。”我说：“我就是想看看书，没事儿吧？”我特地突出了一下“书”，大约是“窃书都不能算偷，何况只是看看”的意思。孙大爷说：“咱们什么也不能动，你拿本儿书一看，一打开，人家书里要是夹着十块钱，这就不好说了，要是人家说我钱丢了呢？”所以我什么都没动。但直到今天，想起这件事我还会脸红：怎么都上初中了，还不知道人家家里的东西不能随便动的道理呢！

过了一会儿，这位刘老师回来了，果然是一个大胖子。他也得六七十岁了，个子不高，肚子奇大，腿却很细，穿着最宽松的褂子，还是紧绷在身上。他说：“来啦！”这是冲我说的。“解手去了。”这是跟孙大爷说的。他跟孙大爷一看就很熟，两人说了几句，也不是寒暄，就是直接聊上了。

孙大爷怎么介绍的我，我怎么叫他“刘大爷”，这些事我都忘了，反正那时候这些老头儿都比我爸爸大，我叫大爷没毛病。不像我师父章学楷先生，当年他岁数很小的时候，就拜了我师爷赵俊亭老先生为师。当时赵老先生的岁数很不小了，而且在票友界是泰斗级的人物，一般人对他都很客气。当时的票友界也是老头居多了，以至于年轻的章先生根本分不出来，谁比赵先生大，谁比赵先生小，于是他就自己想了个主意：凡事以胡子为标准，有胡子的就叫大爷，凡是没胡子的都叫叔儿。有的老头儿跟他“翻哧”：“我这么大岁数儿，你能管我叫叔儿吗？”章先生一乐：“您没胡子呀，我就管您叫叔儿。”这都是解放以前的笑谈了。

说回20世纪90年代初，就这样，我又认识了一位刘大爷。这位大爷的脾气很像“相声雅士”丁玉鹏，因为他水平高，所以看什么都不对。但丁玉鹏是对目中所见的一切文化、历史的事情都要指指点点，而这位刘大爷提别的还好，只是一提到当时的相声就骂街。说到“骂街”这个词，可不是骂脏话，“什么玩意儿！”“什么东西！”这就已经是很严重、很厉害的词了。有一次他跟我说：“现在这些个年轻的都不学好，我们胡同儿天天过学生，满嘴都是炉灰渣滓。什么‘丫的’……我们小时候可没这个！”他说“丫的”这个词的时候很小声，而且很不愿意说出来似的。我上中学的时候嘴里很干净，但是对这样的词儿也不觉得如何，甚至还觉得“你丫”是很亲切的称呼，现在想起来确实是人心不古。刘大爷脾气不好，生活中不苟言笑，且平时时常犯肝气，没什么文化，还是个底层的相声演员，但他骂街从没骂过脏字儿，最多就是口头语儿，带个“他妈”。看来那一茬儿的老人儿、老北京人，嘴里都是很干净的。

20世纪80年代的新相声，说到不上进的小青年、小流氓时都会说一句：“他们是受了四人帮的毒害！”现在这些满嘴炉灰渣滓的青年又不知是受了谁的毒害。

刘大爷脾气不好，心情也常常不好，但他长得实在太好玩儿了！特别胖，还总是一副笑脸儿，几乎无论在什么时候，不管生气与否，他的嘴角总是上翘着。小薄片嘴儿抿起来，小眼一眯，老是饱含笑意。所以虽然他很“个色”，但给人的感觉并不是很不好接触。

我们认识的那天，他对孙大爷就没什么好气儿。他那烟筒是孙大爷帮着接上、装上的，他可能是嫌装得不好，不停地挑毛病。孙大爷驼着背，背着手，抬着头，都快跟着炉子一边儿高了。你想象一下，一个驼着背的人再抬着头，那个曲线就很有意思。他向上看着，嘴里念叨着：“没问题，没问题，这不是挺好的吗？”刘大爷就急了，拿手扇了一下孙大爷的后脑勺，“啪”的一声，说：“你抬起你那乌龟脑袋看看，那叫好吗！”孙大爷还在那对付：“行，这就可以了。”我正坐在后边，从我这个角度看过去，透过驼背，几乎只能看见孙大爷的半个油黑光亮的后脑勺，旁边一个矮矮的大胖子一巴掌打上去……那简直就像动画片儿一样。

刘大爷没儿没女没老伴儿，自己也行动不便，生活很清苦，装个烟筒还要请人帮忙，而且看来交际面儿也不宽，居然求到了孙大爷头上——他虽然是房管局工人出身，但那时也60多岁了，走道都不利落。而且他还对孙大爷如此不客气，当然也可见两人的好交情，或许这种打打骂骂是另一种友情的体现吧。

虽然打打骂骂，刘大爷转回头来就跟我说：“他肚子里的东西多着呢，就是这儿拦着，说不出来。”说完拿手指指自己的嗓子。

他的生活确实特别清苦，后来我跟王文林打听才知道，他年轻时是工人，20世纪50年代初就很追曲艺三团相声大会，后来拜了罗荣寿为师，又加入了青年曲艺队，比王文林还早几年，非常火。20世纪60年代初他去了合肥，在安徽省曲艺团干了好几年，给“安徽的侯宝林”高笑临捧哏——就是墙上的那些剧照的来历，颇火过一阵。“文革”初他回了北京，没有工作，也去了房管局，看来他和孙大爷关系好是有历史的。

说到房管局，师母孙燕华曾给我介绍：那会儿的房管局什么人都有。每个房管所的员工，都是正式编制，但是每个房管所都有一个对应的“站”，就是收没工作的各路的“爷”们的。有过去画画的、唱戏的、做烧活的，还有劳改犯，什么人都有。还有过去的牧师，一唱《大海航行靠舵手》，都是美声唱法，那都是唱诗班的底子。这些人也说不上是临时工还是长期工，也没什么技术，就是打小工，管和泥、搬砖及一切粗活累活。得有地儿给他们粮票，让他们活着。

20世纪80年代以后他还在市文联对面的某单位烧过锅炉，我也不知道他有没有退休金。

他的门上挂着小纸条儿和小铅笔头儿，有时候我去他家，他不在，我给他留个言就走了，有时候也等他一会儿。因为他也没什么事儿，要不就是上厕所，要不就是买菜。有一次等了一会儿，果然见他回来了，手里提着一个袋子，打开一看，里边儿是一点烂肉一样的东西，大概是什么内脏。他就在炉子边随便剁剁，就下锅炒了，又拿出半碗凉米饭，说："我就不让你了。"我问："您就吃这个呀？"他说："这不也叫肉吗？"

我闻到一股浓浓的异味，就算是内脏，发出这种味儿也肯定不新鲜了。

还有好几次我去找他，他都是刚去"撂地"回来。他能在20世纪90年代初的时候，每天坐公交一个多小时，到郊区去撂地，这也是很奇特的事。他在郊区，找个街道路口、村旁空地，"圆上粘儿"，就是招揽一点儿人，说一段单口相声。说乐了要下点儿钱来，休息一会儿，再圆上点儿粘儿来，再说一段儿，再休息一会儿……有人管就换个地方，没人管就多说两次。他是北京人，又这岁数了，也没人难为他。

他每天回来坐在床上，第一句就是："今天我教不了你了，你看我这腿都肿了，每天我自己揉腿能揉半宿，根本睡不着觉。"第二句就是："我现在想哭啊，哭谁呢，哭我师父。这么好的艺术换不来钱！"他嘴上说想哭，语气却十分牢骚。

我在东花市文化站把孙大爷领我去见刘大爷的事说了，干爹马增锟"嗨"了一声："你找刘胖子（"子"读"贼"）干吗去？他不是教人的主儿。他能耐不错，但教不了你，也不是他保守，他就是懒！"

刘胖子确实是好能耐，嘴快，嘴里干净，嗓子也好，身上脸上，全有传授。而且他虽然长得一副"上人见喜"的样子，却冷面滑稽，在台上也不苟言笑，但包袱非常准，而且非常懂幽默，让你乐你准得乐。我跟他学《大保镖》"掉河里了"这个"底"，每次他给我使，都让我乐得不行，一个"撂下撂下"，一个掉河里的"相儿"，我一使，怎么都不对，他一生气，也就不给说了。

但他也不吹牛，我问他："您会多少传统活？"他算了算，说："20多段吧，我们那会儿也净说新活了。"但他的活确实好，我看过一回他在月坛公园游园会上演的《黄鹤楼》，没有台，就在平地围一圈人，他还是捧哏，因为合作的那位宝字辈的先生只能逗哏，非常出彩儿，把周围的人乐得肚子疼。刘备出场那点儿，本来是没包袱的地方，他的一举一动，正冠、透袖，都非常准，非常认真严肃，但又透着那么可乐！那是我看过的最好的一场《黄鹤楼》！

但就这样的演出效果，旁边还有人说："这二位一场（合作）长不了。"果然，刘大爷回来就说逗哏那位："他还是郭启儒的徒弟呢，一句都不会！"可我已经看得如痴如醉了。我说："这么好还叫不会啊？"他说："你一个小孩哪看得出来！"他们合作了几场果然就散伙了。

我跟他颇联系了几年，但是学的东西并不太多，因为他不怎么教。而且他非常严谨，他给我讲其他节目时举例，随口说了两句《结巴令》，我一听，非常好，比我听过的都好，尺寸、气口儿、铺陈，哪句都好，而且有几个桥段，都是我没听过的。我就说您把这整段教给我吧，我拿个录音机录一下，回去我把它"上"上，您再给我说。结果他就不教了，他说："这就是举例子，让你知道知道这种包袱怎么使。"随便我怎么磨他，他往后都不教了。

我去了好几次，都是想学这个，他最后跟我说："就是不能教，因为这个是讽刺挖苦残疾人的，演这个很容易让人抓住小辫子。"我说："结巴不算残疾，再者现在也没人管。"他说："那也不行，你要是上外边儿说这个去，人家问这是谁教的呀，我不得落一个毒害青年的罪名？"

我说："不会的，不可能。"他说："你一个小孩，你哪儿知道啊？"最后在我死乞白赖、死皮赖脸的软磨硬泡之下，他终于教了。那天晚上十点多了，我就是不走，他实在困了，就很不卖力气、很"偷奸耍滑"地给我录了一点音。现在我听那个录音都想乐，因为他的声音就像要睡着了似的。但还是非常好，以至于后来我偶尔说这段，有的同行都在旁边听，说这段儿谁都会说，为什么你的处理不一样呢？我就很牛地说："我有传授啊！"其实这都是刘树江的功劳。

这段的第一句，他就开宗明义地说："我们街坊啊有个小结巴，原来也不是结巴，小时候摔了一跟头，再站起来，结巴了，把脑神经摔坏了。可不是讽刺，不是挖苦，就是他生活中有点事儿，挺逗的，我跟您聊聊。"总得先把"不是讽刺，不是挖苦"放在前面。

还有一天晚上，我在他那儿，他给我念叨“活”。聊到快九点多，我刚要走，忽听旁边儿那个挂门帘儿的小屋里咳嗽了一声，他问：“你怎么着啊？”就听那边传来了一个要死不活的声音，是一个苍老的女性：“没事儿。”吓了我一跳，那屋连灯都没开，原来还有人，我就告辞出来了。再后来我跟他提到家庭的时候，我问：“您老伴呢？”他说：“那个跟了我一年多就死了。”看来生活对他真是一环套一环地打击、下绊儿。

我去过他家好多回，依然对他那一排半的藏书感兴趣，但也不好意思拿下来看。有一次我正看那些书的书脊，他跟我说：“你去给我问问，看看谁想要这些书，我准备把这些书都出手。”我很惊讶，问：“您不要了？”他说：“我不要了。我还有几件大褂儿，也要出手，你去问问谁能要。”我说：“那您这些书我看看吧。”于是我把这些书拿下来，一本一本地看。我不知道他要卖多少钱，我又是一个学生，所以精挑细选，挑了七八本，在桌子上摞了一摞儿。我问：“这些书卖多少钱啊？”他没想到我当时就要，咬了半天牙，自己念叨：“卖多少钱？”因为毕竟眼前是一个学生，他不好意思多要。真是咬了半天牙，盘算了半天，他跟我说：“你给15块钱吧。”其实当时书已经开始涨价了，往往一本新出的书要三四块钱。我去东单书店好多次，才下了很大的决心，花5块钱买了一本《蜃楼志》。这回我拿了十来本才要15块钱，而且都是绝版的好书。我说：“那我再挑点儿得了。”我就又挑了相等的一摞，说：“我一共给您30块钱吧。”他有点暗喜地点着头。

我说：“您对我太好了，真是太便宜了。”他顺着我说：“这也就是半卖半送了，你一个学生我能要多少钱。”但其实我看得出来，在暗喜之余，他对于要卖给我书这个事还是觉得有点惭愧的。我说：“我没带钱，我下回再给您拿来。”他说：“没问题，没问题，你先把书拿走，我还有几件大褂儿，你帮着问问谁要。”我心里说，您那个体形儿，谁要了也穿不了。当时我也不知道衣服还能改，所以也没帮他问，也不知道他那几件大褂儿最后卖没卖出去。

现在这些书还在我的藏书当中，每本上面儿都有他的签名“刘术江”，是算术的术，大概这些老先生对于名字用哪个字都不太注意，或者用点不同的字找找新鲜感、转转运。而且在其中一本书里，我还意外得到了一张他的照片儿，还是彩色的，他穿便装站在一个公园儿门洞旁边，一脸幸福的样子。恐怕现在要找一张他的照片儿也很难了。

我去找他，赶上他不在家，我就得等他一会儿。有一年冬天，我正在他门口转悠——他那个小院实在太小，待不住人，还全是街坊——忽然想上厕所，我就往西走去，远远看见一个矮矮胖胖的身影在大北风中从胡同西口走过来。我也没认出是他，因为冬天他穿得更厚，简直就是一个球。我就进了厕所，蹲在那儿，一会儿这个“球”居然也进了厕所。他就蹲在离我不远处，非常费劲，脱下裤子，像一堆肉山堆在那里，但是腿很细，双手要撑住膝盖，我都怕他站不起来。那时候胡同里的厕所还都是没有隔断的蹲坑儿，所以我看得非常清楚。半天我才反应过来，这是我那位刘大爷。但是他的眼神儿也确实非常不好，因为大概有严重的糖尿病，在相隔两个蹲位远的地方，我们各自上了一回厕所，他根本就没认出我来。还是我先出去的，到他院里等他，过了好半天，他才来了。我也没跟他提这事。

现在一想起当年那个寒冷的厕所里穿着破衣服的那堆肉，我就很心酸。他的艺术水平那么高，生活不应该是这样。

有一年元宵节我去看他，特地给他买了十来个元宵。我真怕他元宵节吃不上元宵，但当时我是小孩儿，买十来个元宵也是尽我之力了。结果他第一觉得很惭愧，似乎要收我这个小孩儿的礼很难过。第二又觉得我不应该给他送礼，努力想瞪眼又瞪不起来，最后说：“下回不许这样。”就把那袋元宵放在切肉的那个小案子上了。

他有一个徒弟，平时也经常骂这个徒弟，其实他徒弟挺好的，我也认识，很年轻。他说他也不上我这儿来了，这都是指着相声占了便宜就走的。我说怎么叫指着相声占便宜？他很愤愤不平地说：“他靠着说相声找了媳妇儿了，然后就不说相声了，这不就是指着相声占便宜吗？”其实那徒弟根本就是业余爱好，也不是专业演员，还能怎么样呢？在刘大爷心里，徒弟是应该跟着师父出去挣钱的，要不教徒弟干吗？

我还真跟他出去挣过一回钱，大概是朝阳门街道组织的活动，就在朝阳门某商场门口空场上的消夏晚会。

从他家出来，我们往胡同西口溜达，一直走到了朝内大街。到了演出现场还早，我们还去商场里看了看，他看见一件褂子要50块钱，他很惊愕：商场里现在一件儿褂子都50块钱啦，就是普通的衬衫而已！

演的时候他给我捧，说了一段《反正话》，返了一段《蛤蟆鼓》，效果还很热烈，下来之后组织者也很满意，给他拿过一张表来，让他签字领演出费。我眼尖，看见那个表上写的每人都是50元，他把两个名字的空档都写上了“刘树江”，然后背着我把钱接过来。

带着我回家的路上，我感觉还真像是师父带着徒弟出去跑江湖，很有意思，他也很满意，说：“等到家，我给你钱。”我说：“我哪能要钱呀？您带着我演出，教我能耐，这就已经很好了，我不交学费就是好事儿了，哪能再跟您要钱呢？”他就很满意，很暗喜，但是又觉得不给我钱不合适，过了一会又跟我试探道：“要不还是给你五块？”我说：“不要，不要，一分钱都不要，以后有这事儿您都带着我就行了。”

他在回家的路上念叨了两次：“行，今儿挣出了一件褂子钱。”

我上了高中之后就没怎么再去找过他，后来大雅宝胡同变成了金宝街，那条小胡同怎么样了，我也不知道。大约刘大爷已经死了，但是岁数还算可以，肯定活了80多岁，也算是高寿。

孙大爷还给我介绍过一个说相声的。周一晚上我们从北太平庄票房回来，到西直门，准备坐44路车或者倒地铁，当时西直门桥还是转盘式的桥，不是现在这个立交桥，桥的东南角还是一大片工地。

到了西直门桥，他说：“走，我带你找一个说相声的去。”——我再次纠正我的回忆，那次他也没带“傻大奶奶”——我一看晚上十点多了，又怕没车，又不好意思拒绝。他带着我走进那片工地，我心说怎么说相声的都跑工地来了？那工地里灯火不少，工人们都在休息闲聊。有一个小棚子，里边吊着电灯泡，是卖各种零食、啤酒、肉肠之类的小卖部。孙大爷走进去，卖东西的那人倒是北京人，很瘦，五十多岁，挽着袖口儿，说：“你怎么来了？”孙大爷说：“我找你喝啤酒啊。”那个人给他拿了一瓶啤酒，孙大爷就“对着嘴儿撅”。他们聊了两句，孙大爷把啤酒喝完了给钱，那人不收，孙大爷扔下钱就带着我走了，具体他们聊了什么，我也忘了，我也只见过他一次。

好像这位也是罗荣寿的徒弟，但姓甚名谁，有什么能耐，我就不记得了。对于他，对于刘树江，对于一切这样的人，有一位老相声演员评论道：“这都是让相声糟毁了的。”

田占义的相声、评书一世缘

2012年春节，我师父汪良先生请袁门的同道吃饭，各路高人济济一堂，师爷袁阔成先生自然是高居上座，他已82岁了，但谈笑风生，指挥如意，大家欢呼畅饮，兴高采烈。我作为“小学生”陪在末座。

在袁先生进门时我们起身去迎接，没想到他看见我第一句话就是拿手指点着我说：“不赖你，赖你师父啊！”吓了我一大跳。因为这句话是戏曲、曲艺界里一个著名的典故，说的大概是袁世海先生，他看青年演员演戏，演完了，青年演员过来问：“您看我这怎么样？”袁先生说：“不赖，不赖……”这位还以为是夸他呢，没想到袁世海接着说：“不赖你，赖你师父啊！”所以袁先生冲着我说不赖你，赖你师父，我还以为老先生对我的评书要有什么指教。结果他接着说：“肯定是你师父不让你叫我去参加你的婚礼，要不然你不至于……”我赶紧对老先生说：“哎呀，我就是怕您岁数太大，才不敢惊动您。”袁先生看着我，不以为然：“我那老朋友蓝天野比我岁数都大，怎么他去了？他都能去，我去不了呀？”

老先生挑礼了，我赶紧给他解释了半天，蓝先生是我媳妇儿她们剧院的前辈，所以把他请去了，您实在是没敢惊动。说笑一番，入座饮酒。

袁先生是田占义先生陪着来的，田先生是袁先生的徒弟，这大家都知道，但他一般不在各种场面走动，我是第一次见他。田先生当时还不到70岁，但看着比袁先生岁数还大，一脸褶皱，大眼皮一耷拉，下眼袋一鼓，眼睛就是一道缝，也不怎么说话，显得谱儿很大，我觉得这位老先生不太好打交道。

田先生是中国铁路文工团的评书艺术家，早年就享有大名，他说的《秘密列车》尽人皆知，但我跟他还真没接触过，也没听谁聊过他。

在酒席筵前大家兴高采烈之时，田先生忽然跟汪老师说："先生不好意思说，我这人说话直，我不怕得罪人，我得替先生说一句：将来电台再重播先生的书啊，你们就别给钱了。"敢情电台重播袁先生的评书，给的钱非常少。汪老师还解释说，因为是重播，钱都一样，这不是我定的，这是制度规定，我说了不算。

他又突然跟我说："问惠林子好。"惠林子就是王文林，这么叫他的人一定是老交情了，我唯唯称是。

我觉得这个老先生说话还真是比较耿直，不像曲艺界的人那么八面玲珑。第二天王文林就给我来电话了，说："田占义田先生来电话说，见着你了，没想到跟你还有这点儿缘分，让你上他家去呢。老头儿想跟你聊聊。"我说："好啊，好啊，您跟他很熟啊？"王先生说："我跟他太熟了，他是评书名家，但他最早是相声门的，是王世臣的徒弟，王世臣是我老岳父啊。刘洪沂老师都得管他叫师哥。"我说："这我还真没想到。"于是，不久后我们找了一天去他家里看他，他住在万寿寺附近一个老楼里。我们敲开门，见到了他和他老伴，平凡普通人家，寂静祥和的二老。

这是一个老两居室，两边是南屋、北屋，中间一个黑的小客厅，房了并不大。那是春节，给我印象最深的就是南屋客厅这间屋的东边桌上，最少摆了十来盆水仙。一米多长的桌面儿上全是生机勃勃、绿油油的叶子和香气扑鼻的嫩黄花蕊的白色小花儿。

我们在一起聊了大半天，聊相声比较多，以至于后来我再去找他的时候，都尽量避免跟他聊相声的事儿，因为他一聊起相声就没边儿，评书反而聊得少。他曾说过他原来跟李鑫荃先生学说书，他对李先生崇拜、佩服得五体投地，话语之中非常尊重，说李鑫荃先生是老私塾的底子，张嘴全是四六八句，他学说书时，很少背诵传统的"赞儿"，遇见什么景儿，遇见什么楼台殿阁，遇见什么人，一张嘴，都是四文八句合辙押韵的古文，学问大极了。田先生跟他学的《三国演义》。曹操看孝妇曹娥碑的《三绝碑》这一段儿几乎一字不差，下过功夫。但是，学完《三国演义》之后，不知为何，某些人不许他说，可能是有过去封建的行帮制度的影响吧，他也没辙。后来他去找袁先生说，我没饭吃了，您得给饭。袁先生说："这可不像话，这不是掐孩子鸟食罐吗？得了，你算我徒弟吧，什么书都能说。他要不乐意呀，让他来找我，我连他都教！"没辙，袁先生辈分大呀。

这件事儿具体如何我也没听他细聊过，可惜一段往事或将沉于茫茫历史之中。

他爱上相声、评书是在20世纪50年代初，在鲜鱼口的"迎秋茶社"，那个时候那些老艺人已经经过了社会主义改造，无论是演出内容还是生活中的精神风貌都比较积极向上，所以这个行业在他心里是很高级、很神圣的，他对那些老前辈们都是从心里尊重有加。他说："我亲眼得见，在迎秋后台，高德明和王世臣坐着聊天儿。他们当时都三四十岁了，岁数也就差十来岁，而且王世臣当时已经是名家了。他们聊着一般生活中的事情，忽然说到业务了，说到节目上了，王世臣立刻就站起来了，双手垂立，规规矩矩地这么听。高德明说：'你怎么还这样？你坐下听。'王世臣说：'不，您这是给我饭呢。'"

说不聊相声，还是聊相声多。田先生是工人家庭，跟文艺一点关系没有。他们家原来住在鲜鱼口里边豆腐巷，有个小胡同。那时解放时间不长，他小时候出来玩，往西走不远，那就戳着"水牌子"呢，那是北京曲艺三团在迎秋茶社的相声大会。他兴致勃勃地给我介绍："那会儿买票的时候，还能选座呢，你选这儿，他在图上画一'√'，就表示这个座卖出去了。"

"迎秋"是二三百人的一个小园子，木板座，有的是小方凳，还有个凳子垫。一场演出，从一点钟能演到六点。分为前四场、中四场、后四场。前四场，有黄铁良、福保仁的对口相声，还有冯广月的山东快书，贾振良、王学艺一场，赵春田、于世德一场。中四场，是赵振铎、赵世忠一场，陈涌泉、张善曾一场，罗荣寿、李桂山一场，王长友、谭伯儒一场。后四场，王世臣、赵玉贵一场，孙宝才、王文禄一场，高凤山、高德亮一场，高德明、福保仁一场。

我问：怎么福保仁上两回？

他说：对，我赶上的，都是他开场捧一个，结尾再捧一个。

我说：这后四场都是大名家啊，谁当“底”啊（就是谁演最后一场）？

他说：他们“倒”着当底，无非就是有人多演几回底，有人少演几回罢了。

他那会儿是真爱这个，不但听白天场，还听晚场。晚上七点就开了，得演到十点多钟。观众回家怎么办呢？那会儿晚上有电车，也有人力车，有蹬的三轮，也有拉的洋车。他回家就方便了，往东一溜达就到家了。回家还给哥哥学，哥哥也乐。

孟母三迁有她的道理，家庭住址和一个人的成长真有关系。田大爷说，我们家旁边娱乐场所太多了。鲜鱼口里边往东一点，是“大众”，就是过去的“华乐”；往西是“迎秋”；再往前，“广和楼”；过了马路，“中和”；再往里，“三庆”“庆乐”；再往里走，“同乐”电影院，“大观楼”影院；再往南走，是“华北”；“华北”的对面是“民主”，也就是过去的“开明”，晚上、白天都演，上座率都不错。这样，田大爷就成为热爱文艺的小学生了。他想学什么东西，都有地方听去。

刚这么大点儿，他就花钱听相声去，家里不管，因为那会儿相声可文明了，没有脏的臭的。后来他老听相声去，不好好上学，家里就该管了。他说：“我爸爸是做鞋的，家里存的千层底鞋底子一摞一摞的，把两个千层底摞起来打我。”

可这么打，也没把这荒废学业的爱好打没了。田大爷的初中是在四十三中上的，在琉璃厂的八角琉璃井。当时东琉璃厂有个宣武区第四文化馆，那个时候各个区的文化馆都有很多的文化娱乐活动，书法班、画画班、唱歌班、话剧班、京剧班，还有曲艺班。负责曲艺的工作人员叫王梦柯，为了支持社区的文艺活动，请专业团体派老师来讲课。宣武区还有个业余的红旗大学，学生有很多，相声这一门，就请的曲艺三团的著名相声演员王世臣到这来讲课。这也就有了他后来拜王世臣的缘分。

后来，跟田大爷一块学的那几个师哥都“摆知”拜师了，但他们家里不让他说相声，让念书，就没“摆知”。他说：“我那时候也没钱拜师，就算个记名徒弟。”但算个记名徒弟也有好处，就是前台后台的可以乱串了，也就不用买票了。他对“迎秋”的诸位先生，也就更熟悉了。

黄铁良，开场老使《跳舞迷》，这段子演一个织袜子的工人，迷上了跳舞，不但业余时间跳，织袜子的时候也跳舞，嘣嚓嚓、嘣嚓嚓，一看，袜子一丈多长了。

这是底。

冯广月对艺术特别较真儿，唱《东岳庙》，唱到半截，手一滑，鸳鸯板掉台上了。现在演员出点事故很正常，下台自嘲两句就过去了。那天田大爷是前台看他掉板，后台看他往那一坐，一动不动，显得心里特别难受。老先生高德明还过来安慰了他两句。他说了一句："您说我是干吗吃的呀！"这句话说得高德明也没词了，说："自己琢磨琢磨吧。"就走了。

他唱《武松传》，胳膊怎么举，腿怎么抬，都要学成少林寺武僧那样。有人跟他开玩笑："也不知道少林寺的和尚听不听快书，你学这么像干吗？"

陈涌泉、张善曾给田大爷印象最深的是《窝头论》《借火挂尸》《空城计》这几段。张善曾八十岁那年，还提着两瓶酒，骑车找田大爷来了："占义，我得好好跟你聊聊。"聊一上午，到饭口了，应该留老先生吃点喝点，田大爷说："我不敢，他喝完酒骑车，这岁数了，万一出事怎么办？"

赵春田、于世德常说《倭瓜镖》《对春联》，包袱特别脆。高德明常说《老老年》《官衣贺喜》。

我说："《官衣贺喜》这活太老了。解放以后再说这个，观众还能听得懂吗？"

田大爷说："别看它老，高德明使出来能'炸堂'——老太太过生日，我得去，得换身衣裳，穿什么戴什么，往外一走，小孩直嚷：'高德明诈尸了！'他那模样、那个头儿，太形象了！后来他腿有点毛病，一上台手拄着桌子，站这不动，照样把人说乐了。他跟我说过一句话：'孩子，什么时候把相声说成自己家的事，你就能把相声说好了。'他没文化，但是说的这个话，到现在也是真理。他走了以后，别人再使这活，怎么使也使不了他那样儿。"

老先生们的随机应变也是一绝。当年有一次，因为某种原因，已经演到最后一个节目，而演出的时长还不够。最后这节目又是双簧，如果说相声，可以多说点，双簧都是很短一"番儿"、很短一"番儿"的，不能抻时间。等垫话使完了，孙宝才刚坐那，要演双簧了。罗荣寿上去了，问王文禄："你该我那钱什么时候还啊？"要账去了，这里边也有包袱，观众一乐，孙宝才把罗先生劝下台，台上批评王文禄："这像话吗？让人家要账要到台上来，丢不丢人？演吧。"刚一拍醒木，高凤山又上去了，问孙宝才："你该我那钱什么时候还啊？"观众乐得前仰后合，时间也抻长了。

有时候高德明、王长友、王世臣演三人相声《扒马褂》，台下观众真有劝架的，说明他们演得太真实了。

王长友跟田大爷说："占义，我告诉你，出汗不叫艺术。"王长友嗓子不好，谭伯儒又那么大年纪，他们往台上一站，底下真"起堂"——当时是计时收费，十分钟两分钱。人家不爱听，出去先转转，等会儿回来再听。王先生一点不带着急的，就那么说，过不了五分钟，走的那些人，怎么走的，还得怎么走回来，因为他们在外边真听见里边哈哈乐啊。

王长友嗓子不好，可是特别爱唱，有一天他要演《汾河湾》，田大爷看着水牌子愣了，他这嗓子还能唱梆子？王长友看见了，哑着嗓子说："小子，看什么呢？我告诉你，三天不唱，我这嗓子刺痒。"给田大爷乐坏了。

高凤山给田大爷印象最深的是他在唱快板之前的那些小"垫话"，能继承的人很少。"这个周仓为什么服关老爷？开始他也不服，关老爷拿过一根鸡毛来，说：'你不是劲大吗？给你根鸡毛，看你能扔多远。'傻周仓拿过鸡毛一扔，掉地下了，又一扔，又掉地下了。关老爷一看，说：'你不行，你看我的。'关老爷拿过一只鸡来，'你看看，这一堆鸡毛呢。'一扔，那边去了！打这起，周仓才服关老爷，这才给关老爷托刀。今儿咱们唱这段《周仓偷孩子》。"

田大爷说，20世纪80年代了，有一次我跟他聊天，说："高大爷，有一个节目你肯定忘了，但是有一个包袱我始终记得。"高凤山说："小子，你说哪块活？""《红色卫星闹天空》！""我忘了。""我看过。""我是演过，可词我一句都想不起来了。"

田大爷说："我记得呢，玉皇大帝带着天上的神仙，正走呢，只见一道白光冲天而起。玉皇大帝问：'这是什么？'旁边回答：'那本是人造星外国造。''外国的，咱们管不着啊。'"高先生的八字脚一错，大褂一摆，往后一退，那个帅！包袱那个脆！

田大爷始终拿自己当学生，对像王学艺这样的青年演员，他应该叫师哥的，他都叫老师。夏天，白天在"迎秋"演完，晚上要赶场。在北京市工人文化宫，有个文化园，露天演出还有一场。王学艺下了场，蹬着平板车，上边放着扬声器什么的，去准备演出布置舞台。田大爷坐在他那平板车上边，他拉着田大爷上公园玩去。六十年以后，田大爷给我讲这段，叹道："这都是老哥哥！"

我问，您过去学说书是怎么学的？您按照过去的方法教教我。他说我们也得听，然后就得死记硬背，背下几段儿了，再自己琢磨着怎么说。像《三绝碑》这段儿，我就是一字不差背下来的。说着他就"当当当"从开始到结尾，说了一遍。确实是很好。整体说下来像大贯口一样，真是有好基础。

下次去，我特地拿着录音笔，说："麻烦您再给我录一遍吧。"他又给我说了一遍，好几十分钟，确实是一字不差。

平时他老跟我讲他怎么处理书中的人物、情节什么的，怎么开脸儿，怎么拴"扣子"，还讲到怎么选书，到老年以后他说《聊斋》、说《八仙得道》。他说，我为什么选这种神怪书？这种书里其实还是讲"人情"。

有的时候，他自己想到精彩的处理方法，立刻就拽着我打40分钟电话。比如说他想到《聊斋》某个回目，他如果说这段，怎么处理，这就开始跟我聊，到一个"扣子"，问："你还想接着听吗？"我说想听。他说："不聊了，咱们俩下回再见。"

他也迷京剧。我写的话剧《天命》演出之后，他屡次给我提出意见，甚至非常生气，说："你怎么能把一个京剧演员写成汉奸！"我说什么人都可能当汉奸，这只是一个人物，不代表她的行业。他依然不高兴。

还有一次，我画了一个脸谱的扇面。因为画京剧脸谱没有我自己的特点，我就画了几个小猫头，把小猫脸上的花纹变成了张飞、关羽等的脸谱，看着是五只猫，但是懂京剧的一看就知道是画的几个脸谱。画完了发微信朋友圈，田大爷看完了马上给我打电话。大意是，这个京剧脸谱是往人脸上画的，这是应该尊重的，你往猫脸上画，是不是不太尊重？我又跟他谈我的看法：过去戏剧是祭神的，脸谱是巫祝盖脸的东西，是要尊重。现在呢，大家都喜欢猫，小猫长这个花纹儿也没关系，还有全用动物形象的动画片呢。说了半天，他也不以为然。

但他确实是喜欢我，确实有什么话就直接跟我说，比如我这个《天命》，他给我说了好几次，而且都是看我实在不肯"就教"或是"下问"，他忍不住才给我说的。一说就是好多遍，对我的结构、人物都提出了自己的看法。我对我自己的文字向来敝帚自珍，对他的意见并不太看重。但他还是不停地说，以后你要是再拍这个戏，可以这么这么改……有一段时间吓得我都不敢跟他聊话剧。

他也爱话剧，给我讲述过他跟人艺的老前辈学话剧的经历。到现在，书法篆刻家于连成先生还能想起1977年、1978年看他演的话剧《枫叶红了的时候》，就在前门楼子东南侧的北京铁路俱乐部，他演的是厂革委会马秘书，于先生说他演得真好。中国话剧团演这出戏，是文兴宇演这个角色，可见这个角色戏份之重、难度之大。

其实说到底他还是爱相声。他说他特别想念曲艺三团的那些老先生们，他们拿他真当自己孩子那么看。在20世纪90年代，这些老人们全老了，他们谁看望谁去都不方便，这些人名气都很大，但家庭条件都一般，串门都不方便。他能想办法让天津、北京这些老人坐在一起聊聊天。他跟北京电台文艺台的副台长于万海商量，说："我门头沟有一位朋友，三家店粮铺那，让他出地方，你电台出点钱，两天，来一个录音的晚会，让这些老先生住在那，他们老哥儿个还能聊聊天。"

这事就成了，老前辈们来了以后在一块吃饭。天津挺有名的一个老先生跟田大爷客气："田占义，你的书我听过，很好！我打听打听，你这个'占'是哪个占啊？"田大爷说："这不是我师父给的'字儿'，是我家里的名字。""你的书说得确实好。"初次见面人家就是捧两句嘛，很正常。

高凤山，这位老爷子，脸立刻沉下来了，也搭着太熟了，对天津那位说："你说点人话成不成啊，他那书会好？净给孩子假的！瞎捧什么！自己爷们你给点儿真的，给点儿实话！听见他的书我就换台，没滋味，他以后还得好好下下功夫。"这是真拿他当自己孩子看。

罗荣寿的涵养、为人、场上使活的严肃劲儿，一般人达不到。下场以后，他老是后背背着一顶草帽，骑着自行车回家，他家住校场胡同。过春节，田大爷跟罗先生的徒弟李国盛，一块上王世臣那去，再一块上罗先生那去，过年嘛，看看老人，送个点心盒子。谁能想得到，他们是大年初二去给罗先生拜的年，正月十五，老先生夹着点心盒子，让李国盛带道儿，上田大爷家给他回礼来了。老先生太讲礼儿了！

后来罗荣寿在曲艺团教学，田大爷有一个节目叫《站台风云》，火了。北京曲艺团请田大爷去教学员。当时田大爷就提出来："教，可以，我教他的过程中，罗先生必须在场，因为这是罗先生的学员。而且我讲的哪点不对，罗先生可以随时给我提出来。"田大爷去了以后，教了半天，罗先生一直在旁边坐着听。到中午，罗先生说："行了，今天就到这儿，占义，咱们吃饭。"曲艺团吃食堂，罗先生在食堂里，愣给田大爷叫了六个菜，正式请他吃饭。别人都看傻了。

老先生最怕的是你不尊重他，你尊重他，他比什么都高兴。

田大爷给我印象最深的是他说他的评书要传递他的价值观。一次，他突然跟我说，咱们说书说的是人情，这是老先生的话，用现在的话说，就是要传递价值观。

这种话，那些只知道按师父教的背书的评书演员说不出来。这也使他成为近年来播讲近代史评书成就最高的演员之一。

有一年，我在大观园办了一个"百墨百猫百福"的画展，请了十位京城名家来给我捧场，给老百姓抽奖送福字。我请他代表评书界，其他还有代表学术界的、京剧界的、足球界的等。我跟他一说，他说："没问题，我必去。"我说："给不了钱。"他说："我跟你还要钱？但是我这儿离那儿太远，你能不能找个车来接我？"我说："事太多了，恐怕也找不了，您打车来吧，我给您报销。"他说："我打车去没关系，你要不然找一车把我送回来？因为在大观园里也没车，我也不会用手机叫车，我腿脚也不利索，没法儿出来呀。"我说："没问题。"

到日子他早早地就来了，怎么来的我也没来得及问。画展开幕式现场非常热闹，七八百观众把大观园后边的小戏台都围严了，一个多小时的画展开幕"送福"活动，有老太太甚至一骗腿儿从一米多高的台子边上爬了上来。现场事太多，我也实在管不了。结果完事田大爷自己走了，我打电话问："我给您安排了车了，您在哪儿呢？"他说："我已经走了，你太忙，咱们哪天家里聊吧。"

后来他会玩微信了，可得意了！隔了两天就录个小段儿、说个小笑话儿给我发过来，很有点儿意思。后来我一想，干脆，我找他录口述历史吧，可以在我的《徐徐道来话北京》里播出。我专门找他一说："咱们好好地聊聊您的历史，您是哪个学校的？怎么学评书的？当年谁不让您说来着？把这些个咱们都好好聊一聊，您要敢说我就敢放。您要是不愿意让我放，我就当个资料留着。"

田大爷说："没关系，你要录什么我都给你录，怎么放随你的便，我听你的。"但可惜的是我只去录了一次，就赶上了疫情。就在2020年2月18日，还没出正月呢，突然之间在网上看到了他因心脏病去世的消息。

在这之前，他曾经跟我说："给我画张画儿啊。"我说："好啊。"但这个事儿一直也没落实。就在春节前两天，他还让我写"福藏清闲里，寿在乐观中"几个字，要挂墙上。我写了好几张自己都不满意，在网上发给他看，他还说挺好，让我写上"赠义净居士"。我还准备再写几张挑挑呢，没想到他这么快就走了。

他在五里坨开书场的时候，带着徒弟说书，我求李燕先生给他写了五里坨书场的匾，但路途太远，又是上午，有一次我准备去听，车都开到六环外了，一算时间发现怎么也赶不上，又掉头回去了。他在那儿也说了不少好书，内行的评价是：他都这岁数了，能耐还在长，身上嘴里，抬手动脚，真像个老说书的。

2015年，袁阔成先生去世的时候，我正在飞往埃及的飞机上，没能给他送行。2020年，田先生去世，又赶上疫情最严重的时候，搞不了告别仪式，也没法给他送行。当天夜里，我戴着口罩，把一张画和写好的字拿到了路口，掏出打火机点燃了，默念："田大爷，这是许给您的，我没法儿送您去了，希望您一路走好。"宣纸不经烧，几秒钟就烧没了。但是那股烟尘之气一直在我的口罩儿里出不去，当时又是疫情最严重的时候，一点儿不敢摘口罩。就这样一直回到家里，二十多分钟，满嘴都是烧纸的味道——这是我这辈子都忘不了也再不会有的感受。

值得纪念的青年曲艺队

在纪念田占义先生的文章里，我写了很多曲艺三团在"迎秋"的演出，干脆把当时比曲艺三团稍晚一点、和北京市曲艺团同时存在的北京青年曲艺队的情况，也写一写吧。这主要是我听王文林先生的回忆写成的。

青年曲艺队是民办公助的大集体组织，虽然不是国家单位，但比私人班社强一点。1961年9月1日王文林加入青年曲艺队的时候，他们正在西单商场里的"第二游艺社"演出。队长是胡仲仁，副队长是齐信英、孙德明，政治指导员是刘瑞华。

那时候"青年"没什么固定的阵地，队部在教育部街口，演出在各个小剧场，像天桥曲艺厅、二友轩、东安市场“会贤茶社”等。1963年西单商场的第二游艺社又重新装修开业，“二游”成了“青年”一个固定的演出地方。

说说当时的这几个曲艺小剧场。在现在天桥那条斜街往东，天桥乐剧场往西，就是万圣轩。万圣轩前面有两个艺人露天演出的场地，有一个饭馆，饭馆对面是天桥曲艺厅，就是原来的天桥电影院，曲艺厅后面是二友轩。

现在万圣轩是翻盖的，翻盖前万圣轩和天桥乐的位置是错着的，以前万圣轩挨着中华电影院，南面是天乐，往西一点是一个小吃店，旁边是春华园，是一个老的曲艺茶社，二十世纪三四十年代有很多人去那里演。春华园对面是跤场，原来天桥有名的张宝忠要大刀就在那里。跤场北边是一个饭馆，后面是天桥曲艺厅，再后边是二友轩。那个时候王文林他们演出要赶场，穿过曲艺厅后门斜对面就是二友轩。再往东走，顶到东口是一个茶馆，也是很有名的说书茶馆，每天都有评书艺人在那里说书。

这些曲艺厅都不大，也就能装百十来人。天桥曲艺厅算大的，能装一百多不到两百人，二友轩比天桥曲艺厅还小一点，也就能装百十来人。东安市场“会贤”大，基本能装个三百多人，“迎秋”当时也能装个三百来人。天桥曲艺厅和二友轩这种小场子里面，还都是像公园里的椅子一样一条一条的那种条椅，“会贤”和“迎秋”都已经改成折叠的木板椅了。

“迎秋”在鲜鱼口里头，等于在全聚德的停车场那块。鲜鱼口把口是便宜坊，就是二层楼的那个老店，旁边有一条胡同，没多长，也就二三十米，走进去顶到头就是迎秋的正门。正门拐过来旁边有一条小窄胡同，那里是迎秋的太平门；再往北走就是剧场的后台门。那地方原来是一个澡堂子，后改的曲艺厅。后台的那块地方就是池子，整个剧场里边就是原来洗澡休息的地方。十年前鲜鱼口、便宜坊，还都有，现在前门大街改造，是一点也看不出来了。

前门大街东边的迎秋是曲艺三团的演出场所，而西边的小剧场也就是广德楼，那是曲艺一团、二团的演出场所。

那会儿“青年”的演出都是计时收费，这是向天津吸取的经验，后来北京曲艺团也计时收费，“青年”是十分钟两分钱，北曲是十分钟三分钱，也就是北曲一小时一毛八，“青年”一小时一毛二。这在当时是合适的定价。因为那时候“青年”

上剧场演出的话，票价分三毛、四毛、五毛，演两个半小时。算下来，还是在园子里听便宜，园子里听一小时一毛二，三个小时不才三毛六吗？而剧场演最便宜的票也要三毛。

另外还有一个优越性，就是计时收费灵活。观众身上就带了两毛钱，他也能进去看演出：一个小时一毛二，听一个钟头的，还剩八分钱，够坐车的了。

那时候车票价格分四分、七分、九分，一般的三五站地的也就四分钱，远一点的，五站以上七分，再远的九分，一般从前门坐到十里堡九分，也就这价码，那已经了不得了。所以，这位要有两毛钱，就敢听一毛二的，但如果是剧场演出的话，有两毛钱也买不了票，听不了一场。

计时收费还有一个灵活的地方：爱听这个我就听，不想听了抬脚就走，再遇到想听的还可以再进来。比如说：这位观众三点钟进来了，看这个节目还行，就坐下听；等这场下去了，三点二十，一看这场我不喜欢，我就结账出去。二十分钟才四分钱，外边转一圈，一看自己喜欢的演员上来了，又进来了，特别灵活，观众可以随心所欲，不白花钱。

还有一个好处，就是计时收费可以培养演员。你的演出排在他后头，说明你应该比他强，但人家说的时候，园子里起满坐满，效果热烈；等你一上场，人家都站起来了，“稀里哗啦”走大半堂，结账的那里都排上队了，对演员绝对是一个刺激。真有那一上场、刚一张嘴，观众一百人一下站起来六十人的，坐着听的才有三十来位，倒有六十多人在那儿排队结账。这对演员是多大的考验！要求演员必须一上来就要让观众喜欢，整个一段子都要对观众有吸引力，哪个地方都要精彩。

那时候场次的安排是这样的，一场接一场地演。下午一点钟开始，王文林一般是二场、三场，也就是一点半左右就上了，计时收费的节目一般都得“磨着使”，也就是要多抻时间。

但时间长了，观众也都有经验了：虽然下午一点钟就开场了，不用着急，中午睡午觉，下午两点多钟起来了，三点多到园子就能听上中场的节目。也正因为如此，中场的效果就得好一点了，“角儿”和“活”都得“硬”。到四点多钟，那是最吃劲的时候。因为什么呢？这个节目要不抓人的话，观众就该回家或者干点别的了，马上要吃晚饭了嘛。一直要演到五点或者五点多。

在“青年”，孙德明、孙桐增这一对相声演员是“底角儿”，一般都是最后，四点半上场使活，到五点多钟下场；王长友的徒弟丁玉鹏就是四点到四点半的时间演出，前面就是胡仲仁、席香远啊，顺次往前排，王文林当时还是小孩，在前三场。

五点多以后，就是齐信英上去说评书，偶尔也说单口相声。他是评书大家赵英颇的徒弟。一般说《聊斋》，还有《铁道游击队》《烈火金刚》《吕梁英雄传》《林海雪原》等新书。

齐信英得从五点多说到六点多。但他在“青年”很少说长书，都说“打票车”“打洋行”这种“段儿书”，为什么呢？过去说评书讲究说长篇大书，靠“扣子”吸引观众。但来“青年”的观众本身是来听相声、逛商场的。五点到六点多这段时间人少，但节目也不能停啊，齐信英就这段时间上场。观众有的时候十来个人，有的时候三五个人，有的时候七八个人，能有三十来人就不少了，因为那个园子一共才能装一百多人。

六点半以后是张凤云的坠子或者是赵玉宝的琴书，等他们下来就又该王文林上了。等王文林下来差不多七点。七点以后观众都吃完饭了，有好多逛商场的又来听，园子里又开始上观众。像席香远、胡仲仁、杜学力、丁玉鹏……依次上场演出，他们从七点到九点半，这两个半钟头，演五六场。

八点半以后最吃劲，为什么呢？商场八点半关门。人大多数都往外走了，园子里的观众是走一个少一个，这钟点进不来人了，就得给他说住了不能让他走。所以这种时间上场的演员，是最有功夫也是最受观众欢迎的。

青年曲艺队的演出一直坚持到“文革”，“文革”后重建，1982年停办。

回忆徐炳寿大爷

1993年秋天的一个中午，我正在家里磨蹭，准备去上学。那个时候儿，我刚上初三，身体灵活，头脑不笨，头大身瘦，精力充沛。我住在东便门，我的学校是北京96中学，在崇文门，整整一站地的路程，还要过一个大十字路口，道儿并不近，就算是骑车骑得飞快也要十五分钟。但我看了看，刚刚一点四十，准备再玩儿十分钟，一点五十再出门。

那时的中小学都是两点上课，我们学校也不例外。但是我就有这个把握，在十分钟之内就能赶到——我在大人眼里一向是好好学生，平时并不冒险，其实我总是玩儿悬的，但是老也掉不下去。因为我算准了一点五十三有一趟44路车到东便门站，每天如此。一到一点五十，我就窜出家门，顺着楼梯往下跳，一圈一圈转下去，比坐电梯快，然后冲上过街天桥——这时44路车刚从东便门桥上下来。我飞速冲下去，正赶上车停进站。从后门上车，“咣当”一声关门，车就走。因为大中午的也没有什么人上下车，一秒钟都不会耽误。

车到崇文门要经过两个红绿灯，就算赶上红灯了，五分钟也足以到站下车，这时基本还有三分钟上课。我冲过马路，穿过一个楼下的穿堂门儿，离校门就差一百米，当然进了校园还要上楼进教室。那时候我真是身轻如燕，从来也没迟到过，坐在教室里，都不觉得累，还觉得自己省了很多时间。

那个秋天的中午，我正在家里等一点五十的到来，突然有人敲门。家里没人，我自己去开门，一看，门外边站定了一个老工人。

他六十多岁，穿一件蓝色的衬衫，很旧，但洗得很干净。他个儿不高，微胖，方脸，面皮粗糙，面色红润，大鼻子、厚嘴唇，嘴唇下好像总有一些剃不干净的胡子茬儿。两腮下沉，嘴角上翘，他正冲我眯着眼笑。我一看："徐大爷，您怎么来了？"老头儿热得满头大汗，和气地问我："我能进屋吗？"我赶紧把他让进屋来。他进屋边用手绢擦汗，边四下打量了一下，就是个普通的工人阶级的家。他问："你家长都没在呀？"我说："都上班儿去了，您坐吧。"当时我小，也不懂得给倒杯水，他坐下，我也坐下，就不知道说什么了。

他看了看墙上，正好当时我看金庸入迷，《神雕侠侣》里某女性念叨的"衣不如新，人不如故"这两句诗深深地打动了我，就把这两句写成对联儿，用透明胶贴在了墙上——下边靠着墙就是双人床，我就是踩在床上贴的。他看了看说："你这字真好啊！什么体呀？"我说："瞎写，没体。"他说："怎么是瞎写，这是欧体呀。"我有点吃惊，这张确实是我瞎写的，但我一直练欧体字也是真的，他居然对书法也很了解。然后他从布袋儿里拿出了几篇稿子交给我，说："你想说《学大鼓》，这是我给你写的《学大鼓》的文章，你看看。还有你能说《八扇屏》《报菜名》，我在家里，把说贯口的文章也写了一篇，你看着玩儿吧。"其实我说我想表演《学大鼓》，只是那么一说，没想到他这么上心。我连忙走过来把文章接过来，顺势又看了一眼表，这是从他进屋以来看的第三眼了，因为分针马上就要走到五十了。

他立刻看出我心神不宁，问我："你下午还有什么事儿吗？"我说："下午我得去上学。"他立刻很惊慌，问："周二下午不是都放半天假吗？"那会儿全北京的学校，周二下午老师都要政治学习，学生放半天假。我说："初三就不放了。"他很慌张地站起来说："那你快上学去吧，迟到了可不行。"我还想说两句挽留他的话，他已赶着走出门去了，在门外招呼我："快走快走，我走了，你不用管我。"我于是又像往常一样窜出屋中，跳跃下楼，过桥追车去了……

三十年后，我在抽屉里又翻出了那叠红格稿纸，就想起了那个中午，想起了徐大爷的木讷和敦厚温文，想起徐小爷的好学和青春灵便，还想起了墙上的“衣不如新，人不如故”。

这位徐大爷是北京钢厂的工人，但他的行动做派实在不太像个工人，有点像那种老式的极憨厚的知识分子。我是工人家庭出身，认识很多工人叔叔，也喜欢他们的性格话语，所以我说徐大爷不像工人，并不是贬低工人的意思。过去说有人爱挑别人的毛病，说是“拿着镊子看文章”。现在的网络社会，不用拿着镊子了，好多人看个题目就开骂，所以不得不多说一句。其实多说这句也没用，再“向下看齐”的时代，广大网民要骂，根本不看你写的是什么，只得由他去吧。

徐大爷爱好曲艺，尤其爱相声，此外他还研究古文。他知道我喜欢古文，还曾送我一篇他自己注的赛金花墓志碑文，抄写相当工整，几乎是逐字注释，解释也非常准确。他说话有点大舌头，费劲，为了吐字真，说话就更加慢，但他爱相声，在票房还偶尔说个单口儿。说实话，水平一般，毕竟没学过，是自己研究的，但他还是爱说。而且他听得非常多，爱做文字工作，爱研究，在相声文本和不同派别的表演方法上有自己独到的见解。

在票房，他有时说点小段儿，或把当时社会上发生的热点编个小故事，组织几个包袱，很有意思，这有点儿像柳荫街票房“攒底”的张喜林，我跟徐大爷就是在那个票房认识的。

在后海南岸柳荫街恭王府花园儿斜对面，有一个两层仿古攒尖亭子似的建筑，叫柳荫阁，人概是社区居民的活动场所，每周日下午两点到五点，在它半地下的一层有个票房活动。

那是一个大厅，前面摆着场面桌儿，是正式演出的形式，后边是几张折叠桌子，能坐二三十人。“置场”负责人是何剑锋老人，“坐弦儿”是李家康先生。名票高家兰在哪儿唱都是攒底的最后一个，只有在这儿让位于张喜林。张喜林是老资格了，是铁路文工团的老演员、著名曲艺作家。他的外形非常有特点，白白胖胖，脸上的肉都向外膨胀着，像个非常饱满的大面包，戴着个圆圆的眼镜儿，老是笑模样儿，像从哪个动画片儿里钻出来的人物。

柳荫阁票房的开场总是我干爹马增锟说二十分钟的《大隋唐》，然后各位票友分别按次序说演弹唱。马先生在下边儿听，遇见满意的票友，再弹一场梅花大鼓，亮亮手就得了。我每次说个小段儿的单口相声——其实就是几分钟的小笑话，后来会唱岔曲了，就唱一个《春至河开》。

有一次我去晚了，正看马先生在收拾东西，气哼哼地走了，也没理我。我正不知道原因，过了一会儿，这位徐大爷走了过来，坐在我旁边儿，跟我搭拉话。那是我第一次看见他，当然也不知道他姓徐。

我才12岁，他怎么也60多岁了，样子十分忠厚，非常平和，问："你是马老师的徒弟呀，我刚才有点儿……我不知道……我的……"意思是有点儿自责，也有点儿想让我替他传达歉意的意思，但终究因为我太小，也没说什么。我后来才知道那是徐大爷第一次来票房玩儿。他不知道票房的规矩，跟"置场"的何先生提出占用一点儿时间，说个单口相声小段，他是第一次来，怕自己说得不好，不敢在后边儿，希望一开场就让他说。

哪知道这开场的第一段是马先生的"保留节目"，自有这个票房开始，他就在这儿占第一个，因为他是说评书的，等后边大家大岔曲、小岔曲各种牌子曲唱起来之后，再说二十分钟书就不合适了。

马先生每次都说他最着迷的《大隋唐》，一回接一回，书目都是连续的，当然也是为了过瘾，所以徐大爷要第一个演，马先生当然是不让了。谁知道马先生越不让，徐大爷就越自谦，就越要求第一个上。可在马先生看来，他是要争开场，不懂规矩。马先生脾气不好，几句过后就恼了。那天他说没说书我也不知道，我一去他就气冲冲地走了。后来徐大爷了解了这一情况，又专门去找马先生说明情况。一聊之下，马先生发现这位仁兄虽然是工人，但胸藏锦绣，很有学问，而且为人谦虚，忠厚老实，很是喜爱他，一来二去，这二老竟成了挚友。

马先生多次跟我说："徐大爷知道的太多了，你学相声可以跟他学。"但说实话，我还真看不上他的表演，他确实也不会演。但是呢，他能聊，他能把一个节目的来龙去脉分析得清清楚楚。这段原来是怎么说的，是谁创作的，后来各个派别都是怎么说的，有什么不同之处，在解放以后又是怎么修改提高的……说得头头是道，我也挺爱听他聊的。

我在票房说小单口儿，相声每次都要说不同的，我哪有那么多存货呀？当年股文硕录《君臣斗》之前在东花市文化站录过一晚上单口相声小段合集，我记住了几段，就说那些。后来发展到去票房之前在家翻看笑话书，每次找个不同的笑话儿说说。有一次我说的时候，刚上去，大家也不怎么听，我就想先把大家的注意力拉过来，便说："我先问大家一个问题，在世界范围内什么笑话流传得最广啊？"大家果然安静了，然后我自己回答："据一些专家研究，在世界上流传得最广的笑话，是生理笑话。"——这是我在书上看的，然后再自作聪明地评论两句："就是拿别人的生理问题开玩笑，这也是没有办法的事儿，您像我就不说这些，我说点儿什么呀……"就往下说了。说的是什么我早就忘了，说完下来坐着，听别人唱。最后依旧是张喜林表演，他上台说了半天，我都没听出来他说的是我。大意就是有人说生理的包袱，这也没有办法，而且人家火了，你要生气，你得气死。当时我也小，也不记得他具体说了些什么，但是徐大爷后来跟我说，张喜林说你在台上扒人。我说我根本也不懂什么叫台上扒人。

徐大爷说，你说"对儿"的吧，我给你捧，你会什么样的对口儿啊？我当然求之不得，多演一场就多过一次瘾哪，我就把我会的这些个对口儿的段子都跟他对了对词，演了几次。他也写了一个小段儿，让我背下来，准备演出。这是一个作诗的节目，是过去的传统相声的路数，徐大爷添了新的内容，都是用这个票房儿的人来写的。我一看还挺好，高高兴兴地背下来，跟他对了对，下次就上台去说了。

这段词儿我一直留着，现在附在下面，大家一则可以看看作诗类的相声是如何布置包袱的，二来也可以看看当时这个票房的情况，它对参加活动的人的介绍颇为详细，也算史料之一吧。

乙：这回我给您说一段……

甲：啊！

乙：我说一段单口相声……

甲：啊！

乙：这段名字叫《解学士》……

甲：啊！

乙：这……

甲：啊！

乙：我说你这儿过乌鸦哪！

甲：啊！先生，您好！

乙：您好！

甲：瓦哈腰苦搭一吗斯。

乙：日本话。

甲：福尔木须。

乙：又改法国话了。

甲：托拉斯基。

乙：俄语也会。

甲：姑得摸倪。

乙：我说你到底是哪国人呢？

甲：我是中华人民共和国的公民。我非常自豪，我为我自己感到无限的骄傲。

乙：你有什么可骄傲的？

甲：难道您真的不知道？

乙：我不知道。

甲：我先向您做下自我介绍。

乙：好。

甲：我是一位诗人，我作的诗比俄国高尔基还高。

乙：没有这么比的。

甲：我会七八国的英文。

乙：都不知道说哪国话了。

甲：我能写汉赋、唐诗、宋词、元曲、流行歌曲、大鼓、单弦、莲花落……

乙：反正吹牛不上税吧！

甲：我不但经常在家里作诗，而且用诗的语言把话来聊。

乙：说他咳嗽他就喘。

甲：最近我作了几片诗。

乙：诗论首，词才分上下片。

甲：我的诗就论片。

乙：几行算一片呀？

甲：那要看喝的水多水少！

乙：作诗跟喝水有什么关系呀？

甲：我的诗，喝的水多，湿（诗）的片大；喝的水少，湿（诗）的片小。如果一口水不喝，被窝褥子全湿不了。

乙：尿炕哇！

甲：也有管这叫尿炕的。

乙：全叫尿炕。

甲：这是开个小小的玩笑。

乙：开玩笑连实话都说出来啦！

甲：最近我真的写了一首诗。

乙：噢！

甲：想用片刻时间向各位老师请教。

乙：我也借机会欣赏欣赏。

甲：我本来才疏学浅，年纪幼小，写诗文更是乍练初学。

乙：又客气上了。

甲：我这诗免不了有地方不通不顺，免不了有地方平仄不调，免不了有哪句用词不当，免不了有哪句不押韵脚，哪里有不妥之处，（鞠躬）敬请各位老师批评指导。

乙：还真客气。

甲：我要献丑了，我要朗诵了，我要朗读了，我要……

乙：你还有完没完呀！

甲：我这首诗的题目是……

乙：先报标题。

甲：题目是……

乙：题目是什么哪！

甲：这首诗的题目……到现在我还没想好。

乙：好，还没谱？

甲：题目是没想好，我可以先把内容介绍介绍。

乙：内容是？

甲：这首诗的内容嘛，念完了你自然知道。

乙：这不废话嘛！

甲：这首诗的内容说的是柳荫阁。

乙：厂桥文化站。

甲：柳荫阁小楼有一层半高。

乙：这儿是两层楼。

甲：有半层在地下。

乙：那也得说两层。

甲：出地面是一层半高。

乙：这倒是。

甲：门外是杨柳成行。

乙：柳荫街吗？

甲：两边有绿水环绕。

乙：什刹海、后海。

甲：后面有连绵的高山。

乙：不对，后边是马路，没山。

甲：后面有美丽的香山。

乙：香山离这远着呢。

甲：您站在银锭桥上观瞧。

乙：银锭观山呀？

甲：每星期日的下午，曲艺爱好者一起来到，门票您花上人民币五毛，先把茶水给您来泡，听曲艺老观众都是知音，名演员、名票友来得不少。

乙：都有什么节目？

甲：光单弦有十来场，先介绍剑峰何老。

乙：何先生是组织者。

甲：多才多艺水平高，牌子曲会一百多套。

乙：会得多。

甲：最好的是《武十回》。

乙：武松与潘金莲。

甲：表演好，学人物惟妙惟肖，上台来甭说甭唱也甭学，您一看，就是武大郎来到。

乙：嗐！

甲：文的听高家兰，唱词是文雅深奥。唱腔是，韵味悠扬调门高，滑稽的《穷逛万寿寺》拿脚。

乙：那叫拿手。

甲：拿手我是知道，说拿手就不合辙了。

乙：没有这么凑辙的。

甲：武的您听蔡芳，身段做派真好，《高老庄》孙猴去捉妖，这段节目拿脚。

乙：还拿脚哇？拿手。

甲：拿手我是知道，说拿手就不合辙了。

乙：还是凑辙。

甲：您听他唱一回，余音能把梁绕，十年八载永不消。

乙：错了，绕梁三日有余音。

甲：您只要把录音带存好。

乙：录音呀，那一辈子也消不了。

甲：希世珍嗓子冲，音量响彻云霄，唱一句就震得墙角把土掉。

乙：这么大声。

甲：这剧场可该把房扫。

乙：该扫房啦？

甲：他受过名师的真传，也得过高人的指教，唱一回白猿孝母去偷桃，这段节目拿脚。

乙：他拿定了脚了。

甲：拿手我是知道，说拿手就不合辙了。

乙：他就这两句熟。

甲：张玉林唱单弦，新词幽默可笑，《家家有本难念的经》，他这段节目……

甲（同）乙：拿脚。

乙：拿手！

甲、乙（同）：拿手我是知道，说拿手就不合辙了。

乙：我都学会了。

甲：张振元唱快书，一段分为三落。

乙：春云板、流水板、连珠调。

甲：注头、话白、把醒木敲，最后的流水板最俏。

乙：不对，最后连珠调。

甲：最后是流水板，不信您注意观瞧，没唱完就从兜里把手绢掏，把脑门子上的流水擦掉。

乙：出汗呀！倒真卖力气。

甲：刘云亭唱西河，长书整本大套。

乙：西河大鼓。

甲：鼓点儿嘣嘣一个劲地敲，唱个新词小段——那算盖了帽。

乙：他这诗里什么词都有。

甲：范淑玲唱京韵。

乙：京韵大鼓。

甲：会得还真不少，她还能唱单弦、快书、乐亭调，听诊、打针、处方、开药。

乙：范女士是大夫。

甲：刘宝光唱京韵，他把白派来学，优优雅雅韵味高，节目有《探晴雯》《黛玉焚稿》。

乙：这是白派的代表作。

甲：张卫东唱京韵，还把单弦来学。

乙：拜何剑峰为师了。

甲：声音洪亮调门高，昆曲唱得更好。

乙：小张是专业昆曲演员。

甲：李燕生唱梅花。

乙：梅花大鼓。

甲：受过名师指教，唱大鼓女演员的艺术水平高。

乙：不对。这三位全是男的。

甲：而今唱大鼓的女演员多，男演员实在稀少。

乙：这倒是。

甲：真不好找。

乙：对。

甲：您也就到这儿来找。

乙：不错。

甲：这里男演员有青年、中年，多数都是年老。

乙：老、中、青，全有。

甲：张喜林说相声。

乙：那可是专家。

甲：治病疗效很高。

乙：这不对，范女士是大夫，张先生可不是大夫。

甲：他的相声疗法疗效高。

乙：相声治什么病呀？

甲：小肠串气苦难熬，他逗您哈哈一笑，准好。

乙：你说逗笑多省事，何必转弯儿。

甲：演员还有不少，都是名角儿名票。

乙：还有谁？

甲：因为时间关系，我不能一一介绍。

乙：介绍完了。

甲：徐炳寿说相声。

乙：还有我。

甲：能治血压增高。

乙：也是一逗笑，血压降下来啦。

甲：不，听完您的相声，观众血压准增高，乱侃云山雾罩，上台胡说八道。

乙：到我这，怎么改这词啦？

甲：有时也学段唱。

乙：我唱得拿手。

甲：犹如鬼叫狼嚎，您吃饱了美酒与佳肴，没听完，哇的一声——

乙：鼓掌欢迎？

甲：吃了什么都从嘴里往出倒。

乙：我招人恶心呀！

甲：观众避难躲灾，齐往厕所去跑，都说他脸皮比城墙也不薄，都说他恬不知耻——

乙：什么叫恬不知耻呀？

甲：说白了就是不懂害臊。

乙：我呀！

甲：就这样他还吹哪！

乙：怎么吹的？

甲：谁说我的相声不好？没听完就已把病消，上厕所就是化水、利尿。

乙：我是车前子呀！

这里还有一个小插曲，去柳荫阁，每次票友们要交五毛钱，一切活动经费等都从这里出，算是茶钱，但是何剑峰老人从来不跟我要。所以我就每次给他帮帮忙儿，我帮他往每个玻璃茶杯里放茉莉花茶，我问："放这点儿行吗？"他跟我说："再多一丢丢儿。"那个专注认真的神态我都记得非常清楚。这段子里，本来写的是"您花上人民币五毛"，正好儿那天何先生宣布因为要给弦师攒车钱涨价了，涨到了八毛。所以我在台上随机应变，把词儿就变成了八毛。可何先生宣布的时候徐大爷没听见，他来晚了。一听我说八毛，还以为我背错了，还特地冲台下说"五毛"，结果底下人说"八毛啦"，变成了一个大包袱。

他家住在西四北三条东口路南的一个大院子里，那个大宅院房屋起脊，都是大房子，恐怕过去也是个大宅门，沦落成了大杂院。他家是南院儿的两间东房，他住靠北的那间。我去家里找过他玩儿，看他家里的各种曲艺资料还很丰富。他家里人也和他一样，态度和蔼，颇懂礼貌。

有时候他家里来人或有其他的事儿，我们就从西四北三条出来，坐车直奔什刹海。当时的什刹海远不是现在这样，修得金光缭绕，是网红打卡圣地，也不像2003年"非典"之后渐渐兴起的酒吧一条街那么喧嚣热闹。当时的什刹海，就是安安静静的一潭湖水。我们走到前海东岸，当时水面周围也没有护栏，也没修石头岸，都是斜坡，顺着斜坡，甚至可以一直走到水里。在斜坡上有长凳，我们就坐在那长凳上，畅谈相声，遥望西岸的荷花市场。杨柳依依，有蝉在树，微风拂过，水波不兴，确实很值得怀念。

徐大爷本来嗓音就不好，说话慢，在我经过初三考试之后，再在票房碰见他时，他的嗓子有点沙哑，几乎说不出话。我问为何？他说是工作积劳所致。我还让他吃点儿药，多保养，说了一些诸如此类的话。再后来我又上了高中，高三忙于学业，就再也没见过他。等到考上大学，再去他家找他时，他说话依然沙哑，并且说这沙哑是好不了了，只能这样儿了。

未料想那次见面竟成永诀，没多长时间，1998年初，我就听说了他因矽肺去世的消息。他是车间工人，粉尘车间里，很多工人都会有这样的职业病。

再说两句张喜林先生，我知道他是相声作家，当时很想和他学写相声。有一次活动结束之后，我找到他，问他如何写相声。他就很激动，跟我说："这教不了你，只能你自个儿悟！就像骑自行车儿一样，我告诉你怎么蹬，怎么扶把，怎么骗腿儿上车，怎么找平衡，这都没用，一定得自个儿骑，摔两次跟头你就会了。写相声不是教出来的，是自个儿写出来的……”巴拉巴拉说了一大堆，然后问我：“你今年多大？”我说：“我12。”他愣了，瞪大眼睛看了我半天，说：“你12啊！”双手一抖，“嗨！那我跟你费这么半天劲干吗呀！你才12，慢慢儿下功夫吧，你再下十年工夫不才22嘛！”也可见当初我长得有多显老了。

话犹在耳，张喜林也于同年病故了，这都是值得怀念的老先生。

说到徐大爷的好学，他的很多学问都是自己看书看来的，并没有老师教，所以有很多也未必正确。比如他给我讲四声，谈到“平声平道莫低昂，上声高呼猛烈强，去声分明哀远道，入声短促急收藏”。这四句诗我知道，我问他什么是入声。他说：“入声就是说得短的字，你如果把这个字音说长了，声音就变了。”我说：“哪有这种字呢？”他说：“有，比如国字。你不信，你如果把国字的声音说长了，它就变了。”我试了试，说得很长，它也没变呀！他说：“你自个儿再理解理解，长了肯定就变了，入声要短促嘛！”

上大学之后我才知道入声到底是怎么回事儿，古汉语里，尾部有一个喉塞音的字，一说就停，但北京话里常见的几乎就没有入声字，在网络不发达的时候，也没处找人去问。这种对于南方人不是问题的问题，到了北方人这里变得很不好理解。也可见徐大爷的学问里有很多这种“自纂”的甚至错误的，但是这并不妨碍他有颗爱好钻研的心。据《八角鼓讯》登的他的讣告介绍，他曾写过50多万字的文章，别说对一个工人，就是对一个大学讲师来说，这恐怕也是很大的工作量了。

怀念可爱的臧老爷子

一

2012年2月12日，我和王文林先生去拜访书法家赵宝荣先生。赵宝荣是老相声演员赵亮的儿子，属于从小看着我长大的一群人。在赵先生那里，我看到了一幅珍贵的老照片。照片摄于1960年4月9日，是相声前辈王长友先生师徒于北京的合影，至今已经有52年了。我特请赵先生扫描传给我，因为这照片对我有着特殊的意义，除了王长友是我最钦佩、仰望的相声艺术家之外，这照片上还有我四位老师。

照片上前排正中是王长友，左有王文林，右有寇庚杰，中排是臧鸿、赵亮。后排是丁玉鹏和茹少亭。我十岁左右说相声，是臧鸿先生给我开的蒙，赵亮是他四十多年的老搭档，后来我在丁玉鹏先生那里进修；再加上这几年一直给我捧哏，几乎每天都受他教益的王文林先生，共四位老先生。

我认识他们的时候，他们都年届花甲，我印象中的他们都是老头儿，所以一看到他们年轻时的照片，觉得非常有意思，非常亲切。

2月16日上午，我听说臧先生在医院已经病危，虽然早有心理准备，但还是有点儿接受不了，等我下午赶到医院的时候，他已经不认人儿了，心率130。家人在他身边喊："亮子看您来了。"他动了动，但是睁不开眼，说不出话，光喘气。我握着他的手，还算热乎，叫了他两声。我觉得他的心率和呼吸都有变化，但还是睁不开眼睛。我看了他半天，知道这个当年身体倍儿棒、嗓门最大的老小孩，这个最爱热闹、最爱助人的老朋友，这个演出最火爆、待观众最热情的老艺术家，已经到了生命的尽头。

他的儿子、儿媳妇在旁边伺候，我知道臧老爷子落炕这半年，都是他们轮班日夜服侍。臧老的二儿子在病房的过道椅子上睡得死死的，五六十岁的他已经几十个小时没合眼了。

我在对待有人去世这个问题上，从来不矫情。亲戚或余悲，他人亦已歌，生老病死，没什么可说的。况且人活八十，不算遗憾，有这么孝顺的子女，也是修来的福气。

2月19日下午，师哥姜笑打来电话，臧爷没了。我们正在演出后台，所有人听到这消息，都是长叹一声。这事大家都有心理准备，但真来了，还是要长叹一声，沉思一会儿。我觉得臧老爷子值了。

二

我是20世纪80年代末认识的臧先生，只是个几年级的小学生。那时候臧先生可能已经从北京铁路局建筑段退休了，在崇文区东花市小花艺术团当指导教师。从小花团还没建团的时候，我就已经在东花市文化站学京剧、学笛子，所以很早就见过他。只记得那会儿有一个嗓门特大、特有意思的豁牙老爷爷，没什么其他印象。后来小花艺术团建团，有了相声班，我就在相声班学相声，臧先生是老师，我才跟他学起相声来，也才开始了我的相声生涯。

小花艺术团是东花市社区文化站的站长姜顺魁先生一手创建的，从周边各个小学里招收小学生，有舞蹈队、曲艺队等，利用当时学校老师周二下午政治学习、小学生周二下午放假的空当活动。歌唱舞蹈队主要是马敏荣老师教，京剧是阎元靖老师教，评书大鼓是马增锟老师教，相声就是臧鸿、赵亮两位老师教。

现在想来，这个团体有点儿像少年宫，但和少年宫的区别是，完全不收费。

每周二下午，来自周围花市上头条小学、上三条小学、天龙东里小学等学校的小学生文艺爱好者，就会聚在文化站不大的小二楼里，小小的多功能厅是舞蹈队的小女生压腿，教室里是马先生给唱鼓曲的小姑娘们弹唱，相声队十几个小学员就挤在小会客室里——相声不用地方，又没有乐器响动。

臧先生的第一堂课我印象深刻，那么小的一个屋子，挤满了一群三四年级的小男孩，其乱可知。我知道臧先生嗓门特大，我还很怕他一嗓子"安静"震着我，还跟旁边的小朋友说："别说话啦，别说话啦。"现在想想，估计我这声儿比别人都大。但臧先生并没有用大嗓门吓唬小孩，而是用比较低的声音让大家安静，然后说："大家要学相声，得先记住十六个字：帅卖怪坏、三翻四抖、迟急顿挫、顶刨贯盖。"然后小孩们就开始各自大声地重复，马上就有孩子站起来显摆："老师我记住了。"然后大声重复。臧老师就特别认真地给纠正错别字，特别认真地表扬记得又快又好的同学。

不能不承认，人小的时候脑子就是好使，小时候学的东西一辈子都不忘。这十六个字我就在那天努力记了一下，就一直记到二十多年后的今天。

平心而论，这十六个字，都是相声术语，其间没什么必然的联系，不但小孩不懂，就是一些上了年纪的相声演员也不一定能解释清楚。那小孩们为什么能记下来呢？就因为臧老师教得好。

臧先生没什么文化，但小孩都喜欢他。他教得又特别认真——不是每个人教小孩都能这么认真的，教每个孩子都是一字一句，连比画带说，还得哄着，其间还得管着别的小孩。"你别咬手指头。""起来，地下脏。"小孩都拿臧先生当大朋友，他也拿小孩当朋友，他自己不就是个老小孩吗！

说到臧先生文化不高，和我一起学相声的应宁贤弟老爱说这个典故，而且每说必笑得不行：臧先生写板书，写到"小毛"的毛字，写了三笔，回头问同学们，最后这笔应该往哪边拐来着？

我一直深切地怀疑这就是臧先生为了让大家有兴趣，故意逗大家笑的。教小孩不容易啊，我现在就不教小孩，甚至没相声基础的学生都很不爱教，教徒弟太累了。

臧先生却拿带徒弟当正事，特上心，特认真。这真跟性格有关，他拿事儿当事儿。

再后来就是练绕口令了。他教我们的是：吃葡萄不吐葡萄皮，不吃葡萄倒吐葡萄皮。他说得很正式，一丝不苟，但是说得并不快，只是每个字都咬得很清楚。马上有小男孩站起来："我能说，吃葡萄不吐葡萄皮，不吃葡萄倒吐葡萄皮。"说得比他快多了。这小男孩很显摆，很想得到夸奖，臧先生说："光快不成，得清楚，不是让你说多快，是让你说清楚了，得是——"说到这儿他提高了一个调门，嗓音已经震得屋内有回音了，"小葱拌豆腐一清二白，不能葡萄拌豆腐一嘟噜一块。"说到最后他还"使了个相儿"，就是咱们在电视上都见到过的他那最有特色的"相儿"，一咧嘴，一露豁牙子，一乐。

全屋的小朋友都哈哈大笑起来，那个小男孩也明白了，又说了一遍。臧先生说："嗯，这回好多了。"这小男孩从这儿起就记住了。说相声的练嘴，不是为了练得多快，而是为了练得清楚。

这个小男孩就是我。

三

我们跟臧鸿、赵亮两位先生学的段子不多，都是些打基础的"小孩哏"，《反正话》《蛤蟆鼓》等。大一点儿又学了《规矩套子》《打灯谜》《对春联》《报菜名》。

臧老师为了给我们示范，还特地给我们拉上赵亮老师，"执公执令"地在多功能厅的小舞台上正式演了一场《对春联》，虽然下边只坐着十几个猴了吧唧的小学生，还是一丝不苟，一个神儿一个相儿都不差。不是我自夸，从小学到中学，我在哪儿都是好学生，仔仔细细地看，可旁边有的孩子不爱听，居然说笑打闹起来，臧老师只得停下，没生气，只是有点劝慰还有点遗憾地说："多难得的机会，你们还不好好听。"说笑的小孩儿挨说了，老老实实地闭嘴了。臧老师又重新接着演，依然是一丝不苟、神完气足。

《对春联》后我又到丁玉鹏先生那里进修了一下。丁先生是臧、赵二位的同门师兄，说实话，在相声的能耐上，比这两位要大得多。但我这段，最起码的词句和法度，得到了丁先生的认可，这都是我从臧先生那里得到的最初的教益。

2006年春节，我和王长友先生的公子王文林先生搭伙，连着开了七场“子母哏”的相声，就是两个演员一对一嘴地说台词，差一句都接不上。像《打灯谜》《对春联》《五红图》《五行诗》《规矩套子》等，我们每场都是只对一遍词就上台，台上一句都不差。王先生很意外地说：“我可没想到，臧爷跟玉鹏师哥教你教得这么瓷实，全是我爸爸的东西。”

好多人只知道“京城叫卖大王”臧鸿，不知道“相声演员”臧鸿。其实臧、赵两位先生早在20世纪50年代就拜在王长友先生门下，一板一眼地“科”过些年，后来还曾经调入了当时的北京铁路局文工团，后来该团解散，他们又回了铁路建筑段和服务段，但一直没把相声扔下。

后来臧先生又把他的师大爷、天桥八大怪之一“大狗熊”孙宝才的双簧继承了下来，我们在20世纪90年代初跟他在学校、社区、庙会、下农村演出的时候，他就主要以双簧为主。每次都是他“攒底”，就是最后一个演出，无论是大台小台，观众多观众少，露天不露天，天冷天热，只要他的双簧一上，准是翻江倒海的效果。

他每次演，我就上前边去看，看了没有一百遍，也有八十遍。我亲眼见过他在农村演出，冲台下使相儿：“这位大娘，您见着我们家阿毛了吗？”而把台下坐小板凳的老太太乐得坐到了地上，我也亲耳在庙会上听到有老观众议论：“真棒，大狗熊的儿子吧？真像他爸爸。”可见臧先生的双簧水平。

臧先生演双簧的时候，往往是和孙宝才的徒弟王振英搭伙，赵亮先生当时给姜笑捧哏。姜笑是我们这批同学的大师兄，我们什么都不会的时候，八九岁的他已经和赵亮先生表演大段贯口的节目《地理图》了。现在他在大兴殡仪馆工作，出过好几本关于殡葬行业的专著，我想他后来选这行也是颇受臧老师爱讲民俗的影响。他也没离开相声这一行，现在给我徒弟杨多杰捧哏。臧先生的白事，他一力担承，尽了孝了。

很多为相声做贡献的人，都在职业演员之外。

四

该说臧先生最为著名、成就也最大的北京货声——吆喝了。

我们跟他学相声的时候，他还没出名，也还没有“京城叫卖大王”这个名号，但是他非常喜欢吆喝，演双簧之前，一般相声演员演出都是用小笑话当“垫话”，而臧先生的垫话就是吆喝。

他为什么这么喜欢吆喝呢？我分析有以下几点：

第一，他是纯粹的北京人，他热爱北京的这些玩意儿。我们20世纪90年代初在天坛庙会演出的时候，他老是主动给人讲天坛的历史，当初皇上怎么“焚黄表祭天”，不管人家爱不爱听，也不管认不认识，讲起来就没完，而且表演性极强，眉飞色舞，他嗓门又大，一会儿就围了一大堆人听他讲。后来有的天坛的工作人员还说，应该把这些都录下来，好多他讲的书里都没有。

他爱走会，就是老北京的香会、小车会。中幡、五虎棍、耍狮子，他都会，他都懂。我们在庙会演出的时候，要正赶上我们的台旁边是耍狮子、抬轿子什么的，那他算得了意了。没事他就挤过去看，甚至拿过绣球来带着人家舞。他能完全沉浸在表演当中，说老话有点儿人来疯，一听见锣鼓就想练。

王文林先生还说过一件旧事，虽然对臧先生有点儿“揭丑”的意思，但我还是愿意把他写下来。1964年，臧先生的父亲过世，出殡那天，王长友特地让王文林搀着臧先生，怕他悲伤过度。出大殡，臧先生请了一堂儿香会。他扶着棺材往前走，哭“爸爸吔”，在旁边搀着他的王文林看见他的手扶着棺材，还不自觉地随着锣鼓点儿微动。

这些北京的民俗，已经渗入了他的血液。

第二，传统相声中有不少关于货声的段子，孙宝才老先生有《十二月货声》录音传世，摹学极其精妙，侯宝林大师的《卖布头》前边也有很多学吆喝的内容，并用学吆喝来找包袱。臧先生的师叔罗荣寿先生更是学吆喝的高手，罗先生的《卖布头》里学吆喝是一绝。臧先生这么爱相声，所以必将更加关注相声里吆喝的内容。

我小时候曾看他演过《三不吆喝》这个小段儿，就是卖什么东西都吆喝，唯独剃头的、卖掸子的、收破鞋的不吆喝，因为吆喝出来不好听。“好大胆子！”“快刀热水，一吐噜一个。”“谁家有破鞋。”这三个包袱，臧先生使出来，每个都是“大响”，效果极佳。他还教过我学卖白薯的吆喝，分生白薯、烤白薯、锅底儿等不同的吆喝方式，可惜这些我有些都忘记了。

有一次我演《卖估衣》，前边说了“卖砂锅的就吆喝两个字，砂锅，但北京小孩淘气……”这个包袱，颇让王文林先生吃惊，这是久已没人演，都被行里忘记的包袱。这也是小时候一次臧先生给“念活”我记住的。恐怕在他这辈儿，只有他关注吆喝的包袱而学下的，算是他独有的吧。

那时候我曾问他，您会多少种吆喝。他说，会一百零七种。我心说，加一种，凑一百零八种多好玩。现在想想真是可笑，这些已经消逝的历史，能再凑出来吗？

我小时候要跟他学吆喝，他也教我几种。我学着不太是味儿，就要他给我录点儿下来，我多听。他说：“你就跟我吆喝吧，光听录音，不是那味儿。”我说：“您多给录点儿，我都听完了，您再给说不是快吗？”他说：“你别着急，我刚六十，且活着呢。”言犹在耳，二十年就过去了。再想学，难了。

后来，他以吆喝享大名，也和相声有关。要拍电影《伤逝》的时候，导演找到相声大师侯宝林先生，请他为影片配点儿吆喝。侯先生说：“我的声音观众太熟悉，一听就是我，我给你推荐一个人，我们相声界有个臧鸿，他吆喝得好，会得也多。”就这样，臧先生给北影厂录了一批货声。这下倒好，几乎所有拍旧京的电影都得用他的吆喝。他独特的嗓音、淳厚的韵味，就慢慢地被观众记住了。

后来，有一两百部影片都有他的配音，他在演双簧之前都要铺垫一句：“我对咱们老北京的吆喝，是特别地热爱，我给一百多部电影配过音。”赵亮先生问：“哪一百多部啊？”他就有一个贯口：“《伤逝》《知音》《城南旧事》……暨《夜深沉》，都有我的配音。”每次这个贯口说下来，都是一阵掌声。后来随着影片的增多，后边又续上。如“……《夜深沉》，暨《大决战》都有我的配音。”越续越多，但这个“暨”字，是永远不变的，我不知道他为什么要用这么书面的一个词，也许他觉得这个词比较正式吧，也可以看出他对电影中有他的配音这事非常看重。

第三，他有一条天赋异禀，声如黄钟大吕的好嗓子。这让他的吆喝可以轻易地出类拔萃。无论多乱的环境，只要他一较丹田气，声音准是压盖一切。他的演出大多是民间的，或露天，或话筒极一般，但只要他一吆喝，不但观众听着过瘾，多远的人都能给招着围过来。

小花艺术团那时候的演出，一般都是下学校、进社区。有时寒暑假“集训”两周，就去徐水、白洋淀、大厂等地搞夏令营式的演出。徐水是臧先生老伴的老家，我上五年级的时候就跟小花团去过。跟臧先生他们睡火炕大通铺，臧先生还让我“睡炕尾，炕头火大，小男孩火力又壮，长哆么糊（眼屎），让老先生睡炕头”。

在空场搭台演出，下边全是乡亲，得有一两千人，有一次演着演着没电了。底下老乡都不走，喊着：“再给闹一通吧。”臧先生站在土台子上，抖丹田一声大喊：“大家放心，我们修理一下，等来电了一定给大家接着演。”大空场啊，一千多人啊，每人都听得清清楚楚，全广场的人都给臧先生的好嗓子鼓掌。

有这么一条好嗓子，加上爱研究吆喝，能不好吗？

后来，老舍先生的夫人胡絜青女士听了臧先生的吆喝，称赞不已，说：“就是这个味儿，好像回到了我当姑娘的时候。”胡女士给臧先生题了“京城叫卖大王”六字，这六字也伴他度过了人生的最后十八年。

五

写这篇纪念文章之时，我想过起什么样的题目才好。沉痛悼念？不好，臧先生一辈子开朗，我们什么时候提起他都会哈哈大笑……想了半天，决定给他用“可爱”这个定语。

他确实可爱，太可爱了。

他什么事都不往心里搁，年轻时就这样。王长友先生好玩蛐蛐是有名的，臧先生就能带着师父去徐水县自己的岳母家里，陪师父一住就是一个星期。早晨天蒙蒙亮就出门，逮蛐蛐去；中午回来，吃完饭歇完晌儿，东家西家的街坊就凑到这屋来，让王先生给说两段儿。

我小时候，离东花市文化站近，晚上也常去玩。小二楼上没什么人，有时候赶上臧老师带老伴来洗澡。那时候住平房，家里洗不方便。小二楼上的男厕所里有个喷头，可以淋浴。有一次我问臧老师，厕所里谁在洗澡呢？臧老师说：“你去问问——”然后学着小孩的声音说：“你是臧鸿的媳妇吗？”

太可爱了。这个老小孩。

小时候有一次他跟我聊：“我有一次跟侯先生打对台，侯先生说《夜行记》，当地人没这生活，听不懂啊。我比他老人家还火。我敢跟侯先生打对台，你说我多浑吧。”那会我十岁，他六十。可他说最后一句的时候，一缩脖子，就是个孩子。

前年，我们在北京台录《书香北京》的时候见着了。老爷子那时已经病了，但他自己不知道病情，快八十的人，耳朵也背了。我去他屋里问安，顺便问他：“爷们，哪天我上您家，这搭棚您得给我说说，杉篙怎么就直立着不倒呢，棚上边是怎么接的？哪能安花儿玻璃呢？”臧先生祖传棚铺的手艺，在老北京，臧家棚铺是有一号的。我说相声唱单弦，里边说到红白喜事搭棚，老觉得心虚，我都没见过，怎么能说得真呢？见着了，赶紧让臧先生给说说。

臧先生迟疑了一下：“……过去棚铺有几家，臧家棚铺，某处的某家棚铺什么的，现在他们就是有人也都我这岁数了……我们都上不了高儿了。”吓得我一哆嗦：“爷们，我可不敢让您上高儿，就到家去拿筷子一比画就得了。”

不过他这手艺我是见过的。我们又说到二十年前去白洋淀，农村空场搭台，那时候他六十岁，也是个老人了，一见搭台的活抢着干，多长多粗的杉篙一搓就上肩膀，利落极了。干活其实不缺人手，一是他热心，二是他见着这活，手痒。

这个老小孩。

臧先生最好出风头，好抢镜头。所有的集体照，无论人多人少，他永远是正脸儿，而且谁也甭想把他挡上哪怕一点儿。无论什么时间地点，老想把别人的目光都吸引到他这儿来。

臧先生最热心，曲艺界里各种婚丧嫁娶，那是没他不行，永远别提钱，永远得有他，他还得是主角。

到晚年，他添了一个毛病，谁要跟他照相，甭管是单照还是合照，总是不马上照，先说“别忙”，再从包里拿出一把大扇子，打到最大的角度，上边斗大的六个大字“叫卖大王臧鸿”，再照。

这个老小孩呀。

六

臧先生人好，特别好。有人嫌他人来疯，有人嫌他太闹，还有人嫌他有个别叫卖的味道不如老前辈，但提起他来，都得先说一句：“臧爷，绝对是好人。”

臧爷在演出时经常说：“这段吆喝，是我跟崇文门外花市卖水果的张六爷学的。”虽然所有观众都不知道这个张六爷是谁，但是人家对他有一好儿，他就绝对念人家的好儿，把人家的好儿常挂在嘴边。

好多演出都是他组织的，无论有多少演员，他保证是有零有整地平分，一分钱都不多拿。其实“组穴”的人多拿点提成无可厚非，但是他不，绝对一分也不多拿。

有一次庙会是五天的活儿，一个练飞叉的练了两天就冻病了，差一个节目，都是臧先生顶上。年后练飞叉那位来小花团找臧先生结账，我在场。臧先生给他钱，他一看就说，真不少。敢情还是五天的钱，一分没少给。

我第一次跟臧先生庙会演出，才十岁，也给我钱，一天十块。那时他们大人一天挣三十，我们节目又不够时间，又不够效果，但是也给钱。但得跟我们说明白了：“你们这不是演出费，因为你们不够，这是车钱饭钱。”演满五天之后，臧老师又从自己的钱里单拿出五块：“拿着，再给五块！”这算奖励啊。

后来他有名了，据说跟人谈钱的时候最不好意思，人家一还价他更不好意思，多少钱都去。他就图一乐儿，不图钱。

我在2007年写过一篇文章《相声是市井的活录音机》，提到过臧先生，文中说：“我幼年曾跟他学过相声，也学过两句吆喝，不过实在不太是味儿，就放弃了。后来杂事繁重，我们有十多年没什么联系，前几天他忽然给我打了个电话：‘你最近干得不错，我听说了，电视上也看见了，好事。有能力了就多孝顺孝顺你父母，别忘了你小时候，你母亲大风天儿的在羊市口北口卖报供你上学。’除了感动之外，我还发现，电话那边的声音见哑，而且有点耳背了，当年那个精力充沛、高门大嗓的臧先生也老了，不知道他的吆喝有没有传人。”

七

臧先生去世了，有人评论说：北京的胡同哑了。我深以为然。

不管有意识无意识，臧先生是第一个把吆喝从民俗中独立成一个门类的人。吆喝这种非物质文化遗产，不像沙燕、牙雕、景泰蓝，技艺失传了，好歹还有个物件留下。如果不是相声，如果不是臧先生，还会有多少人对旧京的吆喝有记忆？也许还有老先生会几种吆喝，甚至比臧先生吆喝得好。但臧先生这种成批量、成系统的吆喝，对社会的影响力，对文化传承的贡献，当然要大得多。

臧先生过世了，他的二儿子努力继承他的货声艺术，他的孙子臧志彪也拜在了本门的李金斗门下，学习相声。

但那个年代已经逝去了，臧先生这个“京城叫卖大王”，既前无古人，也必将后无来者。

八

我十来岁的时候，他六十岁。我们小时候，叫他臧爷爷，大一点儿，叫他臧老师。据说姜笑拜丁玉鹏为师的时候，臧先生开始还不太同意——这爷爷、爷爷地叫着，怎么就变成叔叔了呢？后来姜笑拜了师，也没改嘴，臧先生也没不高兴，他不在乎这个。

臧先生官称臧爷，我们背地里提起他的时候，也都叫他臧爷。

后来再大点儿，到二十多岁的时候，自己觉得是说相声的，都要讲辈分，还都爱攀大辈儿，我们这一辈儿的，都觉得只比臧爷小一辈儿。

2008年我俗事缠身的时候，臧先生怕我委屈，曾给我打过一个电话，说：“以后打我的蔓儿。”意思就是，以后说是我徒弟。我也真怕给他找事，没提过。

年前，我听说他落炕了，要不好，恐怕过不了阳历年，赶紧去家里看他。他在床上躺着动不了，骨头里边疼啊，见着我，他第一句就是：“好孙子。”

他的脑海里，又浮现出了二十年前，他逗着一群小孩，教他们说相声的情形了吧。

他动不了，还扎挣着给我说台上不能光说，还得增加表演成分呢。

第二天我见着姜笑，还开玩笑说："臧爷见着我第一句就是，好孙子。我这辈儿可下来啦。"

以前在别人的葬礼上，老能听到他的大嗓门："著名表演艺术家某某某，因慢性病急性发作，于某年某月某日亮寅时，不幸驾鹤西游……"过几天，我们在他的葬礼上，在冥冥中，还能听得到吗？

臧爷爷，您走好，一路顺风！

当过国军少校的相声演员

每次当我想写我的老师、曾经的相声演员张善曾先生的时候，我总是有点迷惘，不知道如何下笔。本想从他的相声艺术成就开始写，但老先生并没有多么惊人的成就，也没有多么伟大的杰作，而且他从1958年起基本上就已经离开了相声界，而且平空吹捧老师有吹捧自己之嫌。想从我和他学相声开始写吧，他给我说的活（就是教过我的传统节目）并不多，尽管我和他学习交往的时间长达十数年；想从他从军抗日写起吧，虽然他和我说过多次，而且是长夜尽兴之谈，但我当时太小，很多细节都记不清楚了，斯人已逝，也无处再去考究。想从他晚年大力研究的“沙书”和“辙韵”开始写吧，这些其实都是小道，也不够写的。那么，国为家本，我就先写写他的抗日故事吧。

当然，我要事先声明，这是20世纪90年代初至2000年初他多次和我谈及他自己的故事。他往往说到激动之处热泪盈眶，而且所有细节丝毫不差，所以我非常相信他说的都是真的，但口述历史往往有不准确之处，而且必有因各种原因的放大或缩小，但我依然愿意相信这些都是真的。而我因为年纪小，当时又没动笔记下来，很多细节也许不对，故事可能接不上，但我依然愿意尽最大努力，把他所讲的还原出来。如果和某些史料不符，我宁愿认为是我的误记。

他说，他是大家大户出身。几乎每次说起这些事，他都以这句话开头。他说，他为什么叫张善曾，是因为他的曾祖父是清朝的大官张善芗，他是张善芗公之曾孙，所以他的父亲给他起名叫张善曾。提起这个，他非常自豪，他说他受过良好的教育，也享过福，从小有乳母伺候。虽然他的亲生母亲不是正房，但他在大家庭里算是长子，十分娇生惯养。

他每次看到电视里春节节目中把“福”字倒着贴的大背景，都会骂：这都是胡来，我们家大家大户，每到过年贴“福”字，从来就没有倒着贴过。还什么“福到啦！福到啦”，多俗啊！

所以我很深信他就是大户人家出身，但是只有一次，我看见他落款写“张善增”，我问，您不是张善芗公之曾孙吗？他一摆手，不是，我们家上辈子没当官儿的！我不知道那次是怎么了，是不是因为什么事他想起了他的出身不好，后来挨整而心情不爽。因为20世纪50年代的那些曲艺材料——新相声文本的出版物、当时曲艺团的老节目单——都显示那时候他是叫张善曾的。

写此文时，我在网上搜到了他的外甥金楷先写的《六舅》一文，文中说“张善曾，我六舅。六舅排行第五。这听起来有点蹊跷。当年我外婆连生四女，无子。后来外公娶了满族的二外婆，隔年就生了我六舅。因为‘五’字与‘无’谐音，为图吉利，才叫六舅的”，又说“六舅出身于诗书人家。其曾祖父张广居是清道光内阁大学士。其祖父张筠是光绪进士。两代祖宗都是翰林院编修。六舅的父亲，也就是我外公张之兴，字梦平，是新文化运动的先行者。当年，我外公用笔名硁斋在《北京晚报》上连篇发表针砭时弊的‘今言试帖’白话诗。1921年，外公与书法家沈尹默先生在家创办‘辛酉字社’。《啼笑因缘》的作者张恨水先生等都是外公家的常客。六舅曾记述了这样一段故事，他写道：‘我家在菜市口外南横街时，有一天张恨水先生在我家过厅里吃晚饭——涮羊肉，因木炭火锅火焰过高，正上方的大灯泡儿被火烤炸，导致立时断电。桌上杯盘尽是玻璃碴儿，只好赶紧重新更换，继续进餐。’六舅对此留下很深的印象”。

金楷先先生1938年生于北京，少年就读于南京教会学校，1956年考入杭州大学外语系，1960年毕业后在浙江湖州中学执教23年。他所写的，除了“梦平”或为“孟平”之误外，大致应该不差。

我又查到张筠是浙江省严州府建德县人，光绪九年癸未科二甲53名进士。授翰林院编修张广居是道光二十四年甲辰科进士。已经足以说明张先生说自己是大家大户出身毫不夸张。至于张广居是不是号善芗，我就懒于考证了。

张先生自己说，除了上学之外，回家必做的功课还有写大小楷、联句、对对子、学诗、填词，背诵《论语》《孝经》和《幼学琼林》等。但他又说，他上学时，放学途中，总爱去天桥看相声。那时候一般天桥的相声场子，有长条板凳，人家说完一段下来要钱的时候，对于坐在板凳上的观众，都会挨个儿要，当然，您没有也可以不给。但是对于围在周围的人往往就一带而过，甚至不要，等于默认可以"听蹭儿"。所以一般的小孩儿，都是站在周围听。唯独他这个小孩，大模大样地坐在板凳上听，而且每次都给钱。解放后他加入曲艺团，当年天桥的那些老艺人还都对他有印象，他也专门写过幼年在天桥听相声的文章。

但是在天桥听相声，回家可不敢告诉家长。因为在那时，天桥，是下等人去的地方，去天桥，等于不学好。

他因为爱听相声，又爱唱戏，学习上就十分堪忧，后来，还是利用家庭的关系，才上了"北平外国语专科学校"，刚上学，全面抗战就爆发了。

他是1922年生人。到1938年，他虚岁也才十七。

他的父亲好像曾在日伪时期的北京警察局任伪职，但他父亲说，我是一个中国人，给日本人干活是迫不得已，但我的儿子不能当汉奸，我的儿子应该去抗日。

金楷先的文中说："我外公张之兴'七七'事变前曾在二十九军宋哲元将军麾下任职。抗日战争爆发后，因年近花甲未随军南撤，和全家人留在北京。"后来，他利用社会身份参加敌后地下抗日活动，此是后话。

总之，张善曾被他父亲通过一些途径送离北平，南下抗日。

张先生不是一个人去的，当时同去的还有一批人。也许是战火的原因，他们取道西安。在西安，他们受到了国军的接待，算是正式走上了抗日的道路。他说，刚到西安，人家安排了一个联欢，欢迎我们这些参加抗日的知识青年。当时，马最良正在西安，他是马连良的叔伯兄弟，正红的时候，把他也找来唱戏，和我们合作。上边就问，你们谁会唱戏呀？我就说，我会唱青衣。于是，人家就安排马最良和我唱《坐宫》。按说我一个票友的水平，是远远不能和马最良唱的。但这是军队的事，而且又是欢迎抗日青年，马最良也就应下来。当时我不到二十岁，扮相又好，演公主，还在胸口团了一双袜子。那一场演得真好！

戏迷就是戏迷，他把和马最良唱戏的事给我讲了好多遍，至于怎么离京，换火车，困难地步行，混过关，只细讲过一两次，闹得我也记不清楚。

金楷先的文中又说：“六舅大学没毕业，即在弱冠之年，怀揣着外公亲笔写给某将军的举荐信，离开北平，投奔抗日大军。到了洛阳，刚出车站，突然一声枪响，只见一位青年倒在血泊之中。一个穿便衣的汉奸当场宣布这就是敌方间谍的下场。情急之下，六舅立即避入厕所，把那封信嚼入口中，吞入腹中。”这个情节张先生有没有给我讲过，我不记得，可见讲过也只一两次。

南下抗日了。可抗日不是喊句口号就行的，这些青年什么也不会，怎么抗日呢？他们就被送到了黄埔军校培训，似乎培训了三个月，就上前线了。我问他，您算黄埔几期？他说，几期也不算，就是培训过而已。

上前线，他被编入国民革命军第一军。但军队的番号是保密的，对外说就是七十八军，为什么是七十八军呢？不忘“七七”事变，七十七加一就是七十八军，其实就是第一军。

他说，那可是蒋介石最嫡系的部队，最高长官是胡宗南。参军之后就开到了前线，哪里呢？潼关。日本人打到了风陵渡，我们在那里守了八年，没让日本人再前进一步！

反复被提及的，除了“风陵渡”这个词之外，还有一个词，就是他的职务——军荐二阶军法官。这两个字都是我以前不曾听说过且他又不断重复的，所以不会记错。

我问过他，您是什么军衔啊？他说，我们本来应该是中尉，但因为我们是在黄埔受训过的，所以一去就是上尉。

老实说，我对军衔的概念也比较模糊，但我当时想起了传统相声里边有一个胡批“总理遗言”的段落：“孙中山说了，革命是个连长搞的，但他没搞成功。为什么是连长呢？他说过‘革命尚未成功’，上尉不就是连长吗？”所以我就记得他是上尉而不是上校了。

相声名家陈涌泉写的艺术自传中说：“他（张善曾）曾经是国民党胡宗南整编

八十八师战干团的少校代理军法主任。”可能是他参军几年后又升了一级吧。

张先生说，我刚到军队上，就当上了军荐二阶军法官。可问题是我什么也不会呀。我就想起我父亲的话来了。我父亲说过，无论你干什么工作，你要不会，你就看档案，就按以前的人办事的方法办。于是我就翻档案，照着档案上的例子干，慢慢也就会了。我们在潼关挡了日本人八年。蒋纬国都是我们那个军的，从排长开始干起的。虽然他爸爸是总统，但他要当官也得从最小的开始当。虽然一个星期有三四天，他都不在连队里，但还是不时要来看看。绝不能因为你爸爸是总统，你直接就来个大官当，那不行！

他话里话外总有某种不满。

金楷先的文中又说：“六舅是一位文化人。即使身着戎装，服役军中也不失时机地‘说（相声）、拉（胡琴）、弹（琵琶）、唱（京戏）’。那时，军官俱乐部时有余兴活动。夜晚点上汽灯，挂在梁上，组织几个节目，或唱或跳，南腔北调，别有一番热闹。当时蒋纬国正在潼关挂职，也是俱乐部的常客。六舅曾与其有过几次握手言谈，述及祖籍建德，同为浙江老乡。”

张先生说，本来他在军队中能干得不错。但抗战的形势越来越严峻，各方面顶下去都很吃力。眼见得军粮军饷都要成问题了。正好他们抓住了一个或几个走私鸦片的，就毙了。人死了也算按军法从事，可身上所带的鸦片应该上缴。此时，张善曾的上司单独找他谈话，说现在这么困难，不如你去把这些偷偷卖了，换些钱回来。

张先生愣住了，同时脑子里飞速转动：如果我去卖赃物，等于我也走私了，而且是偷军队的东西走私。就算钱都交给上司了，万一以后查起来，或者他根本就没把钱用于公家，那还不得把我毙了呀！

他想了半天，说：我不敢，您派别人去做吧。那个上司看了他半天，说了一句：不堪重任！转身就走了。从此，他就不得烟儿抽了。

抗战终于胜利了，据张先生自己说，他被分派到了某县城当了副县长或者是教育局局长，并在当地和士绅之女结了婚。解放战争，解放军破城，他和夫人分别化装成流民逃走。他被一个兵追，那个兵一枪刺来，他都喊岔了音儿，说：“老百姓！老百姓！”正好那个兵脚下一滑，刺刀偏了一点，人就冲过去了，也就没再回头，他捡了条命。

但最终他还是被解放军俘虏了。压到一个地方，一堆被俘人员，他一看，夫人也在人群中呢。两人使个眼色，千万不能暴露身份。这时审问他们。人家问他，你叫什么？是干什么的？张先生想蒙混过去，人家军人乐了，说：你姓张，叫张善曾，是这儿的教育局长，那边那个是你媳妇，对不对？

敢情人家都知道！

每次讲到这，张先生都会类比一下："解放北平，连傅作义的闺女都是地下党，这仗怎么打？共产党的地下工作做得太好了。"

他们这一大批被俘虏的国民党，被带往太行山学习。时值冬天，张先生只有单衣，在队伍里差点没冻死。有一次吃饭时，他看见另一个俘虏身上披着两件军大衣，蹲在那儿吃饭。他就把相声《偷论》里"大街上公开偷帽子"的桥段想起来了，过去一把就抓过一件，披在自己身上，转身就蹲下了。那个人以为谁开玩笑，等站起来回头看时，周围挤着的都是不认识的人，都穿着差不多的军大衣，也不能肯定哪个是自己的，也没好意思问，好在还有一件，只得自认倒霉。

"我小时候老去天桥听相声，老因为这个挨骂，谁知道就是相声救了我一命。"张先生每次说到这里，必要总结这么一句。

到了太行山上，学习了半年，都是国民党中下层官员，还颇有几位能提到名姓的，可惜我都忘记了。吃的什么，穿的什么，住得怎么样，张先生都曾讲过，可惜我都忘记了。据张先生说，这半年，他的思维是天翻地覆的变化，从内心觉得共产党干的才是真正解放全人类的事业，最后成功的一方一定是共产党。学习完毕之后，他就被派回北京，做地下工作。

我问：您还做过地下工作？

张先生看了我一眼，反问道：我敢吗？

经历了八年抗战，经历了出仕，又经历了破城、被俘、学习一系列的事儿，说好听的，他的雄心壮志都被消磨了；说不好听的，他的胆已破。

他回到北京，就过老百姓的生活了，也不敢跟共产党的上级联系，也不跟国民党的政府联系，就这么混着活着。

解放了，他参加了文化馆的工作，在北京第一文化馆当宣教干事，后来，他真的进了曲艺团，后来又和陈涌泉搭档说了相声，那都是后话了。

再说一点相关内容。在抗战后期，住在北平的张孟平他们干了一件大事，他们侦察、制图、发报，使大后方中国空军飞临北平，轰炸了日军南苑机场，给日寇以沉重打击。当时重庆、延安、东京、美国之音、BBC都有报道。但这事他始终没和我细说过，大概觉得和自己关系不大。但他每次提到必说一句，这要是拍成电视剧，比现在这些都好看。可惜，没人拍啊。当然，这都是20世纪90年代中期的慨叹了。

以下再说说我跟他学相声的始末。

我是1991年和他认识的，崇文区东花市小花艺术团请他来教相声，我是七八个小学员之一。第一眼见他是什么印象，我已经忘记了，当时我只有十二岁，相声有了一些基础，但还都是“小孩儿活”，他给我扳的第一个毛病就是，说得太快！“慢点儿说，一个字一个字地说。”从他那里，我才知道了相声语言的韵味在哪里，什么叫逻辑重音。

跟他学的第一个节目是《小抬杠》，他说，什么叫相声？相声就是多一个字不成，少一个字也不成，这才叫语言艺术。《小抬杠》这个节目，捧哏、逗哏两个人的语言完全是“合槽儿”的，一句一句递进，那真是多一句不响，少一句也不响。响，就是观众笑。

他说，新相声里真能做到这一点的，以侯宝林的《买佛龛》为代表，在真正懂相声的人听来，那真是字字珠玑。

甲：年轻人就爱说，您买这干吗？您有钱买冰棍吃好不好？

乙：实在。

甲：老太太不爱听了，我这不是为我，我这么大岁数还能活几天？我这是为你们，求佛爷，就为保佑你们。其实老太太保佑谁了？

乙：保佑谁了？

甲：保佑那卖香的了。

乙：怎么保佑那卖香的了？

甲：老太太要不烧香，那香店就转业了……

直到现在，一听这段录音，我老是下意识地琢磨，不这么说行不行，加一句或减一句行不行？结论是：不行。

张先生是很推崇侯大师的，他说，当年的相声改进小组确实救了相声，要不然，相声早没了。

我还跟他学过《绕口令》和《大保镖》，这都是我自己上的活，就是自己排练的节目，然后再让他“下挂”，就是去除毛病。自己把词背得好好的，等真站他面前一说，敢情哪都不对。《绕口令》当时能听到的录音主要是“倒口”的，但张先生说，干吗非要“倒口”？非要用方言才能使包袱？就说北京话，一样响！老先生们净是说北京话《绕口令》的，只不过现在你听录音只能听见那一段。

后来，我的《绕口令》就是北京话的了，现在，恐怕这么演的人不多。这个节目费力不讨好，主要按传统路数演，我的个人风格也不突出，所以我也不常演。有一次李立山先生给我捧哏，我想不起来说什么，干脆说这段儿吧。一段说下来，李先生说，我上回刚跟某某录像，就说的这段，他要能说成你这样，那该多好啊！

学习这个节目对我非常关键，在我十二岁的时候，张先生就通过它给我树立了两个正确的艺术理念。第一，“扑忙子”必须有准词儿。第二，欲快先慢，值钱的就那一句。

其实这两点都是相声里应该保密的技法，每个行业都有一些这样的技法，不足为外人道也。但能看到这篇文章的，应该都是相声知音，我就大概聊一下，也是代张先生传道了。

“扑忙子”就是看似没准词、满嘴胡说的一种表演方式，好像不知道怎么往下说，只能东说一句、西说一句地说怪话怪词来引起观众的乐，比较典型的有《五红图》《八不咧》《老老年》《扒马褂》等。《五红图》在被侯宝林改编后称为《阴阳五行》，结尾部分是捧哏不断挤对逗哏“山里红有金吗”，逗哏万般无奈，随口胡说。《八不咧》也一样，被苏文茂先生改编后称为《论捧逗》，结尾部分是捧哏不断挤对逗哏“我兄弟长什么样啊”，逼得逗哏的胡说八道。“扑忙子”这种技巧在相声里很常见，是一个必须过关的技法。但是很多人演来要不就是不像被逼得胡说八道，一看就是背好了的词，要不就是真不背词，只顺着一个大概思路，真在台上胡说八道。

而在老先生的经验中，“扑忙子”必须有准词，每回都得一样，包袱必须准，这才够得上艺术二字。全是准词，可是让观众一看觉得都是顺嘴胡说，再有出乎意料的包袱，才是好的“扑忙子”的技法。所以我每次演完《绕口令》，返场的时候都跟观众说一句：“这说不上来比说上来还难呢。”

“扑忙子”不但是一种技巧，还是一种风格，往往面相粗俗，看上去没什么文化的演员演来，更像，更容易出效果，因为他这种艺术形象，就像是满嘴跑火车、不知道哪句是怎么蹦出来的人。所以侯大师、苏先生以学者型的演员演《阴阳五行》《论捧逗》还能那么好，更见功力。

欲快先慢，也是一个具有普遍性的艺术规律。尤其我学《绕口令》最后一个大段“打南边来个喇嘛，手里提着五斤鳎目，打北边来个哑巴，腰里别着个喇叭……”的时候，我的速度始终慢不下来。他说：这整段都要慢，甚至可以一个字一个字地说。

绕口令怎么能说得那么慢呢？我找不着方法。

他就一遍一遍地示范。到“也不知”，是一个大“气口”，就是换一大口气，后边这一句是要劲的地方。“也不知提拉鳎目喇嘛打了别喇叭哑巴一鳎目，还是别喇叭哑巴打了提拉鳎目喇嘛一喇叭，喇嘛回家炖鳎目，哑巴嘀嘀嗒嗒吹喇叭”一定得一气贯通，一定得“要下来”，就是把掌声和喝彩声要下来，可这句怎么能要下来呢？就得前边匀速，要清晰，要慢。

张先生说：值钱的就这一句。

他还老做类比：你看戏曲，是唱戏的，科班出身，都练过功夫。“铁门槛儿”对他们来说都不算什么。那为什么有的人跳铁门槛能要下来，有的人要不下来呢？要不下来的，都是太快。用手一抄脚，这就跳过去了，那不行，来回跳几下也不行，人家观众认为你应该会，你是练过的，甚至会觉得这不算什么。可你看那名角，到该铁门槛的时候，慢着呢，手抄住脚，且不跳呢，甚至做出紧张的感觉，就让观众觉得这下特别难，很有可能过不去。锣鼓场面也全停了，全场安静，演员这时候就像运动员比赛一样，先停两秒，一咬牙，嘣！跳过去了，立刻满堂的喝彩声。铁门槛唱武戏的人人都会，可是要说值钱的，就这一下。

除了一些自己背下来的小段，我还跟他学过一段《北京话》，这是他自己写的词，自己花钱印出来供我们学习，统一学、统一指导。前些天我翻出了这个词儿，发到网上，应宁贤弟看了很是感慨，回忆起20年前我们一起学相声的很多往事。

当年应贤弟是很得张先生喜爱的小学员，他还把20世纪50年代他写的获奖儿童相声《偷杏》教给应宁演，我依然记得他一句一句地教，怎么说，怎么使相儿，怎么翻包袱。真是快啊，倏忽20多年了。

当年张先生70岁了，每次都是独自一人骑车从西单骑到东花市，有一次下大雨，他还穿了一身上下分体的很专业的雨衣，骑车非常方便。小花团的姜团长还赞叹他身体好，我也才知道这是他在西城房管局二龙路房管所当小工的必备之物。

后来他在北京电台还做过一个系列的关于相声艺术的讲座，理论完备，自成系统，比如讲“包袱”与笑料的区别，发前人所未发，让人很受启迪。

后来我就提出要去他家里学，他也同意了。于是我也老骑车去西单。他们家住在西兴盛胡同9号，顶胡同西头一个冲东的小院，很逼仄，我还记得第一次进院的情景，那院子小得连我这个初中生都觉得转不开身，有好几个门，不知道是哪家。先敲了一户人家，人家给我指了张先生家是哪个门，我转身走了两步，就到了小南屋那个门，果然张先生就住这里。

一间十四五平方米的房子，一个双人床就占去很大的面积，还有大衣柜和老电视，就是普通得不能再普通的北京人的家。双人床旁边是个小沙发，每次我们都坐在那个沙发上，基本除了那儿，屋里也没什么地方能坐，张师母和我们一起聊天的时候就搬个小椅子坐对面。

在这屋里我们聊了好几年，等我大点了，知道感叹他的居住环境的时候，他却说：“罗荣寿，够艺术家了吧？住的那小破屋还没我这大呢。”

多年后，我拜李燕先生为师学画，师娘孙燕华曾经在西城房管局工作过，跟他一个单位。我闲聊至此，师娘说：“他那房子还是我给他弄的呢。要不他从茶淀回来住哪？”

他去过茶淀农场，还不只一次。他蹲过几年大狱，是劳改还是判刑，我到现在也闹不清楚。

有的老炮儿说："茶淀偏僻，好混，挺滋润的，不受罪。"这说的可能是二十世纪七八十年代以后，当年张先生提起茶淀，可全是眼泪啊。

不过他说得更多的并不是茶淀的苦，而是把他送到茶淀去的原因。他解放后在文化馆工作，因为工作关系，更主要是因为爱好，特别爱跟曲艺三团这群说相声的接触，混得比较熟。那会儿，各种文艺形式都要说新唱新，就算是说老的也要把旧词儿、旧思维和封建落后的内容去掉。说书唱大鼓还好办一点，说相声，尤其那时候的老相声，净是荤的臭的，骂大街、占便宜，好多人都是一嘴的炉灰渣子，让延安来的党的文化干部一听全是糟粕，这哪能让演啊！

除了组织那些艺人学习之外，文化局要求，要把所有说的词写成文本，交文化局审查，审查通过才能演，而且得完全照着词演。这帮说相声的就苦了，大多数人连字都不认识，学的相声都是"口传心授"，老师怎么教，我就怎么背，怎么能把词写下来呢？

更重要的，这些大都是"平地扣饼"的最底层艺人，"怯官"！当着当官的说不出话来，还让他们交词去审查、听审查意见？简直是要他们的命。好多人都准备不干这行了，用《扒马褂》里的词说："改行，卖耗子药去。"

这时候，这位文化馆的干部张善曾就有用了，他是政府的人，跟他们又熟，对相声又了解，就帮着他们整理了好多词，整理完了，给他们一念，没问题，他再给往上交。上边一看，你给交来的，再一问，就是你帮着整理的，那我们还看什么呀，这就算审过了吧。就这样，好多相声也都能演了。

再往后，文化局的人说，你又喜欢这个，干脆就把你调到曲艺团去吧，有你在那，我们也就不用再费劲审了，你给把关就行了。张先生就从文化馆调到曲艺团了，文化馆可是国家单位，当时的曲艺三团可是"民营公助"，在解放初期走这一步可不容易。

张先生也有自己的想法：刚一解放有那么些运动，社会上也越来越严，要是把我以前是国民党这些事再挖出来，我还活不活得了？得了，我呀，尽量"往下"吧。跟一帮说相声的混到一块，就没人查我了吧？

当时，他还不到三十岁，可是那些老艺人都管他叫张先生，他有文化，他们指着他呢。

后来，张先生主动说，你们在一块，都跟一家人似的，相互称呼，都是师父、师叔、师兄、师大爷的，你们老叫我张先生，这多生分啊！我也想拜个师，我也跟你们打成一片行不行？

张先生跟我说，我本来想啊，拜个王长友这一辈的相声演员就完了，没想到，我师父赵蔼如听见这话就把话接过去了，说您要真想拜师，我可以收您。

张先生一听，自己还有点忐忑不安，他岁数比赵蔼如的那些徒弟们，什么王长友、罗荣寿啊都小，比赵蔼如的大徒弟孙宝才小二十二岁。那会儿王长友的徒弟赵振铎虽然不大，台上都可以独当一面了，等于进门就当师叔，人家干吗？

赵先生说，您要是愿意，我跟你这些师哥们商量一下，如果他们都同意，咱们就摆知（举行仪式）。

赵蔼如跟徒弟们一说，大家还都同意，然后张善曾按相声界的规矩请客拜师了，张善曾在徒弟里是最小的一个。师父在摆知的时候当众宣布：这个徒弟的岁数就够小的了，收完这个徒弟，我就"关门了"。

每次提到此，张先生又要愤愤不平一次。"张喜林确实比我早，他跟我师父住街坊，而且我师父确实早就要收他了。结果他要拜唱单弦的谭凤元，我师父是老艺人，很在意这个，生气了，你不是拜他吗？我不收你了。所以到最后张喜林也没拜师。后来相声界有个聚会，一起照合影的时候，赵振铎把他轰出来了，一共轰出俩来，一个他，一个张世芳，说你们不是我们相声门户里的，别跟着一块照相。张喜林受不了，就找王长友去了。王长友也都知道这些情况啊，就代师收徒，当时我师父已经去世了，这叫代拉师弟，张喜林就也算我们这枝儿的了。可我是关门弟子，他是代拉师弟，这谁都知道，我师父去世的时候，孙宝才抱的头，我抱的脚。可后来王决他们出《相声史》的时候，在相声家谱上，把张喜林名字下的'黑点'移到了我名字下边。我成代拉师弟了！我去找王决，王决说是排版排错了，也没办法了。其实不就是因为后来曲艺三团把我踢出来了吗！当时我师父收我，都得给天津去信，因为当时相声的家谱在人家阎笑儒手里掌握着，那怎么能错呢！现在印出来的这个家谱，错得多了！"

成为同行之后，大家倒真不拿他当外人了。曲艺三团相声大会，一切文字性的工作，都是他来做，他也觉得终于找到了后半生的事业，真正尽心尽力地为自己这个爱好做着贡献，发挥着自己的主观能动性。

都是自己人了，他再挑相声中的毛病，就不被理解了。比如《黄鹤楼》是罗荣寿最拿手的节目，里边有一个段落是，逗哏的不停地用嘴学小锣的声音，捧哏的说："你少打一下吧！"逗哏的说："我多打又不交税！"张先生给他提出来，说你这不行。这句在解放以前是讽刺国民党的税多，现在是新社会了，没有那些苛捐杂税了，就不应该说这句了。

罗荣寿接受不了，因为"活"（节目）就是"饭"，他认为这是在"毁他的活"，"差一个包袱，你得给我补一个"，为这事，罗荣寿抬手打了张先生一个嘴巴。后来到了改革开放以后了，罗荣寿说：善曾啊，我得跟你郑重道歉。你说得对，那会儿我理解不了。

相声是张先生从小听惯了的，在曲艺三团，每天都是相声大会，每天都听那些当代高人聊相声，长进自然很快。但是师父并不教，他的相声都是自己记下词之后，去找"长友师哥"学的。

王文林回忆说：他是我父亲的师弟，每次来我们家都很客气，我父亲对他也很尊重。

每每他写了新节目，老给他师父的儿子赵春田演，或者给王长友的徒弟赵振铎演，这两场青年相声在当时是颇有影响的。

他自己想说相声，却说不了，没有搭档，也没有什么上台的机会。后来，和同为青年演员的陈涌泉合作，他给陈涌泉捧哏，才能上台，也是演前三场。

他跟我说："我在曲艺团待了八年！八年啊！我就是学大夫也学出来了吧？曲艺三团，不培养人！"

后来，电台居然播了一段20世纪50年代他和陈涌泉合说的《窝头论》老录音，这是从来没播过的，大概他自己都不知道有这么个录音。他一听之下，非常惊喜，跟我念叨："你听听，我们那'尺寸'，那'腻乎劲'，那包袱，这说明我们当时还是有一定艺术水平的。"话里话外透着一股压抑很久的自豪。

也是，后来风气越来越"左"，三团的那个女领导又极其严厉（此人去世时，只有老好人廉春明去送她了，别人一个没去，可见此人的人缘），终于把他这个

“历史反革命”揪了出来，批斗之后，一副手铐就被拉到了茶淀。所以，张先生对曲艺三团始终又爱又恨。

他说：我都说相声了，说相声的又把我“剋”出来了！

后来我把这话在闲聊天的时候说给一位青年工人出身、从业余转为专业、后来上春晚、享大名的老相声演员听时，他说：就应该给他“剋”出来，他打心里就没看得起相声！

我一惊，敢情他们是这么想的。

有这个“底子”了，后来有一位同行跟我说“你就是打心眼儿里看不起相声”的时候，我倒没“前后二更，离天亮不远了”。

有一届央视的相声大赛，前后台、内外行一致哈哈大笑的一个包袱，是一个写“几十年以后孙子的生活”的段子中的一句：“到那个时候，哪个孙子还说相声呀！”

话题扯远了，还说回张善曾在茶淀的情况。茶淀农场也组织内部演出，自己演给自己看。领导知道他是曲艺团发配过来的，让他演个节目，他就唱了几句评弹，就是著名的那四句：

> 无端受屈配沧城，好一似虎落平阳鸟失群。一别东京何日返，我此仇不报枉为人。

这是林冲的唱段，正与张先生的心境暗合，他唱得满宫满调、情绪饱满、激昂慷慨。

他一下来，管教就把他拉到一边审去了：你到底要干什么？你要杀谁？

吓得张先生心跳都快停了，他赶紧说：这是侯宝林的段子里的，这段子侯宝林录过音，在全国播放的。

据说茶淀的干部真的到北京调查了半天，发现真如张先生所说，这才作罢。

茶淀的事，他跟我聊得不多。第一，当时我只是一个中学生；第二，这毕竟不是什么光彩的事。

倒是后来王文林先生跟我说过：张先生20世纪60年代初从茶淀回来了，在北京干点零活，出去搞点演出，凑合活着。结果“文革”一来，他一看，我要留在北京，非让人打死不可呀！老先生主意高，自己又回茶淀了。到了茶淀，人家一看，你不是张善曾吗？怎么又回来了？他诚恳地说：我觉得我没改造好，我想在这继续改造。就留下了。

那会儿茶淀也要排“样板戏”，在那关的人里边也有高人，马连良的女婿、著名杨派武生黄元庆也在里边呢，排《沙家浜》，他演郭建光，朱嫱的沙奶奶，让张先生演刘副官。张先生懂京剧，又当过军官，演起来是得心应手，所以茶淀的《沙家浜》水平还挺高。

高人都是逼出来的，张先生自己回茶淀的智慧，不亚于王世襄为保护文物，自己主动要求抄家。

还是聊他在曲艺三团的相声创作吧。

传统相声《地理图》是寿字辈的门长张寿臣在民国时期创作的作品，其中大段地名的“贯口”也成为后来相声演员的基本功。但是，张善曾先生说，他去问过张寿臣，他当年写这个“趟子”，从哪走到哪，绕中国一周，就是照着月份牌上的铁道线的站名写的，所以都是老火车线路，有点详略失当，还有很多新地名没写。

张先生说：一出国，外国地名就更不准确了，有些都是编的，比如，老的“趟子”里有一句“蒙得维的亚，拉普拉塔河”，到这是一个大气口，还是一个包袱。捧哏的说：“这都什么地名啊！”观众一乐，逗哏的正好缓一口气，再接着往下背。我们在地图上找不着这个地方，那就是编的，找个包袱而已。我写这个新的“趟子”，就把这些都去掉了。

多说一句，我在老地图上还真看到了“拉普拉塔河”，也许是老先生记错了。蒙得维的亚是乌拉圭首都，拉普拉塔河是乌拉圭和阿根廷之间的界河，这一地区是南美洲最发达的地区之一……总之，有“拉普拉塔河”的，就是老的《地理图》的文本，现在这个文本也还存世，刘宝瑞有片刻的录音，我也偶尔听过有相声演员还按这个背的。但是现在大部分相声演员背的《地理图》，都是张先生这个新的文本。

当时，他们找了一张大地图，每天演完以后，就铺在“迎秋”小剧场的舞台上，大家围拢着看，以张先生为主，他写一句，给大家念一句，如果大家觉得顺嘴，不挡气口，又容易讨俏，符合相声“贯口”的艺术规律，就定下来；如果谁觉得念着不顺，有问题，就再改。就这么写了好几天，这才把最终的文本定了下来。

这里边，依然有很多的历史烙印，比如，“玉门、安西，由猩猩峡进新疆”这句，这还是清朝平定回疆叛乱的老路，到20世纪50年代，要进新疆依然必须走猩猩峡。还有一句是“浦口过江南京市”，那会儿还没有南京长江大桥，要过江去南京，必须从浦口坐船过江。从河北到山东还有一句“深武饶安河间府，南皮东光济南市”。“深武饶安”是深县、武强、饶阳、安平四个地名，这是清代以来对那一片地方的习惯叫法，“饶”字还要读成“摇”。张先生当时想改，因为四个字四个地名太简略，怕观众听不懂。后来有人说，这是寿老写的，也别都给人家改了，就留下了。现在这么大一个“趟子”，只有这一处是一个字就代表一个地名的。

也有很多是很明显的解放以后的时代烙印，比如，加上了“大渡河、泸定桥”“百色”“延安”这样的地名，尤其是“到延安”后边，安排一个大气口，捧哏的说一句“那是革命的圣地”，时代特征很明显。

背到外国地名的时候，也是有一定历史特点的，“到苏联，列宁格勒、斯大林格勒”明显是后改的，原来是“到俄罗斯”。

这种贯口都是幼年背好了以后，再背就不用过脑子，直接张嘴就能背，也不可能忘。但是如果想改其中一个词，很难改，如果一改，后边就容易忘了。

所以有的演员在苏联解体以后，把“到苏联”改成到“前苏联”，多这一个字，就很费劲，后来又改成“到独联体”，又费一次劲，谁知后来又改成“到俄罗斯”。还好这后边有一个大气口，后边可以过过脑子，稍做调整。

中华人民共和国成立初期，和第三世界国家交好，和美国还没有建交，所以在《地理图》里，非洲和南美洲几乎所有国家都有，而北美就是“过了大西洋到美洲，加拿大魁北克，美国波士顿，纽约华盛顿，中亚美利加……”就奔拉丁美洲了。

前些年我又改了一版，把大家熟悉的美国地名都加上了，因为演员背外国地名，总是大家听到熟悉的地名才有共鸣。但年纪已长，也没背下来演出过；给徒弟，他们也懒于下这样的功夫了。

绕世界一周再回到国内，往北京走的时候，张先生改成“天津市北仓，豆张庄王新庄廊坊落阀安定魏善庄黄村黄土坡丰台，回到北京天安门”，一气呵成，很容易要下彩来。当时的铁路就这个线路，要从丰台过来。

都整理定稿了以后，曲艺三团还特地派人去天津，向张寿臣“请示汇报”，当然，那时候演员都“追求真理”了，老前辈也不会有什么异议，表示“很好很好”。

在这个大贯口之前，张先生为了宣传伟大祖国的幅员辽阔，在前边还加了一个小贯口，把中国的国土面积和其他国家比较了一下，那可是20世纪50年代初，一切资料都是他自己去图书馆查的。那个贯口是这样的：

“我们伟大的祖国，约有九百五十九万七千平方公里领土，跟其他国家的面积比一比，相当于一个多美国，三个印度，五个墨西哥，十个葡萄牙，二十九个日本，三十个意大利，四十个英国，八十八个古巴，一千一百一十个塞浦路斯，要像新加坡，我们能顶它一万五千六百六十六个，欧洲有个国家叫摩洛哥，面积比较小，我们能顶他五十万个，还饶四个伊拉克！”

这个贯口，用现在的话说，既有正能量，又有包袱，总能在笑声中要下掌声来，之后再背大贯口，效果更好。演了一个时期，后来就不让演了，说是“大国沙文主义”。

再后来，张先生自己演的时候，总想和别人有所区别，他把之前学的英语用上了。把南美洲的地名全用英语说出来，“拉丁美洲、尼加拉瓜、委内瑞拉……麦哲伦海峡”这一段，全是英语。捧哏的要连“翻”三句话：“什么呀这是！我一句没听懂，您还是说中国话吧。”一句一个包袱。这在20世纪90年代中期我听他演过一回，他都七十四岁了，气力有点顶不上了，但气口准，就听着不费劲，是老演员刘树江给他捧的，英语这个段落确实效果火爆。

后来他又写了《魔椅》《到处碰壁》《无痛分娩法》等对口相声和化妆相声等七十多段。在中华人民共和国成立初期那会儿，对相声的贡献真可以用伟大来形容。

《魔椅》是说有一把椅子，谁坐在椅子上，谁就说出心里话来，站起来马上就变成了违心话，既反映了现实，又讽刺了口是心非的人。据张先生讲，《魔椅》的这把“椅子”，是他从外国电影里得到的灵感，但是整个段子的故事、人物，和外国电影就一点关系都没有了。写的是解放以前黄河大水，国民党官员嘴上说救灾，心里盘算着怎么贪污腐败这些事。高凤山演部长夫人，马玉萍演处长夫人，高德亮演裁缝，给他们做衣服，量马玉萍的腰，却量高凤山的腿，说你这腿比人家那腰还粗呢……可火了！

《到处碰壁》是讽刺随地吐痰的人，结尾部分按王长友的建议，用的是传统相声《怯拉车》的技巧和结构。

《无痛分娩法》更神奇，就是介绍最新的产科技术——无痛分娩法的，这居然在张先生的笔下都成了相声题材。在那个年代，相声负担着各种题材的宣传任务，都完成得不错。我记得他跟我津津乐道于这个节目的“底”，就是结束部分。逗哏的介绍马上要生产时的相关内容，要求一定要严肃认真。只要有一点开玩笑的感觉，这节目就庸俗了。可是捧哏的不爱听，自己从边幕下去了。过了一小会儿，他觉得这逗哏怎么还没说完啊，从边幕把脑袋伸出来看看台上，这时逗哏正说到“这孩子的脑袋就出来了”，你想，观众能不乐吗？捧哏的还要做出一副不知所谓的神情，他越不知道观众乐什么呢，观众就越乐。最后，捧哏从边幕走出来，要拉逗哏一起下台，逗哏正介绍到“这小孩就全出来了”，捧哏冲观众“翻”这个包袱：“哦，还是我呀！”

这些节目都没地方去听了，现在肯定也都演不了了，但可以想见，当时那个万物复苏的时代，文艺界是怎样的欣欣向荣。

从《大福寿全》开始，张先生也创作了几段化妆相声，他说，每次演化妆相声，票价都高一点，可每次剧场都爆满。“现在这小品，不就是我们那化妆相声吗？比我们那时候的效果差远了！”

张先生说：我就这点好，写完了我去问别人，人家都是老艺人，都是专家，谁给我添个包袱，我就把人家的名写到作者上边，而且排我前边。可那时候那些演员也真都够角儿，我写出七分，人家能演出十分来。哪像现在啊，你写出十分来，能给你演出七分来就不错。

除了相声，张先生也写快板，当年他以“木公”的笔名，可没少发表作品。高凤山唱的《张羽煮海》就是他写的。高凤山是老艺人，快板艺术的一代高峰，可是不认识字。每天，张先生给他念四句，他自己念念，要是顺就自己背去了，要是不顺自己再顺顺，反正每天四句，第二天再给他念四句。可有一样好处，只要背过的，他永远不忘，连一个磕巴都不打。这一个节目，两个月他才排练下来，可是一演就是经典。

张先生说：到发表的时候，文化处的领导给提了点意见，我按人家那意见改了改，就把人家的名字加上了，而且还把人家的名字放我前边。等我从茶淀回来，再一看，作者只剩人家一个了，就没我了！

虽然有不好的回忆，但他还是非常看重相声作者这个身份，并以之为荣，我不止一次听他跟别人说，侯宝林先生的相声里说“我们这行也有作家了”，他指的就是我！

我看重相声创作也是受了他的影响。我十二岁的时候，就照着小说的目录编了一个《八扇屏》里写秦琼的“贯口”，起名叫“黄面人”。拿给他看，他看了说很好啊，但是这个黄面人怎么引出来呢？

“你别跟我一般见识，我是一个粗鲁人。”“粗鲁人你可比不了，那是一位古人……”，背“粗鲁人”。

“你别跟我一般见识，我是一个浑人”“浑人你可比不了，那是一位古人……”，背“浑人”。

这黄面人怎么说呀？

我还对付呢，就说“您看我又黄又瘦的，我是一个黄面人”……张先生不由得笑了，问我：这词你是从哪找的呀？

我说：我写的呀。

张先生说：不能，我都写不出来。

我跟张先生学的《批三国》《罗圈怕》都是我拿手的节目，当然也经过我自己的加工。张先生当年在张家口演出，跟当地的二人抬演员学的著名唱段“走西口”，编成了相声《走西口》，虽然比较冷门，现在有时候我还说呢。

虽然我跟他学了好多年，也管他叫师父，他也答应，但这只是我们爷俩儿好，我不算是他的徒弟，因为他辈儿太高。他只有一个业余的徒弟叫白晓芳，比我大了四十岁。我也不可能拜他，行业里也不能承认。

有一次，我跟王玥波去他们家，一进门，王玥波冲他一鞠躬："师爷。"我冲他一鞠躬："师父。"王玥波知道我是找便宜抖包袱，一推我，说："你怎么个意思？"

又一次，李金斗的徒弟付强组织演出，王玥波带我去了，故意给我们介绍："这是付强，是李金斗的徒弟，这是徐亮，是张善曾的徒弟。"

付强立刻使了一个"掉凳"，就是故作站立不住、要往地下摔的样子。我们都哈哈大笑。王玥波还不算完，非得"问应喽"。他故意高声问付强："你管张善曾叫什么呀？"

李金斗管张善曾叫师爷，付强就得叫老祖了。他脑子也真快，说："嗯……舅舅。"

劲头儿（表演的技巧）真好，合算归了娘家人了，我们又哈哈大笑。那都是我们不到二十岁的事，多年以后再提及，依然哈哈大笑。

白晓芳好像也就一个徒弟，后来还"跳了门"了，张先生这一枝儿算是绝了。

到了晚年，他时运不佳，有的子女也不孝，只跟后老伴相依为命，可用"晚景凄凉"形容。从我进家，就是这位师娘，但也不是原配。张先生跟我说，我这一辈子，结过四次婚，这是我的第四个老伴，晚年我们才结婚，可是还真长久。可不是我要结四次婚，之前的媳妇，有的死了，有的跟人跑了，谁不想一辈子踏踏实实啊，我是没办法。

大约在2002年，西单的房子拆迁的时候，因为是公房，给了他十二万。他跟我说：我不买房了。我再把这钱都买了房，万一有点事怎么办？这钱我存着救急了，平时就花我的退休金。

虽然当时我也刚大学毕业，完全不懂房地产后来的汹涌之势，但我还是劝他：您还是买间房吧，稳定，是个产业。

当时北京市里的房子四千多一平方米，回龙观、天通苑的经济适用房两千多一平方米，十二万再加点存项，是能买一套一居室的。

他说：我不买了，我就租房住吧，租房也没多少钱，我还能活几年？

后来房子拆了，他租了六里桥一个小区的一个一居室，和原先小花艺术团的姜团长很近，也有个照应。屋里用大衣柜隔成两个空间，比原来住平房还要局促。我忙，也不常去他那了。

我一去，他就跟我说他要出书，出一本关于"辙韵"的书，说是他原先有过一本是吴晓铃还是罗常培出过的十三道辙的书，叫《北京俗曲百种摘韵》，对创作很有帮助，后来丢失了，他就想自己编一本。

这一编，就历经数年，他天天去图书馆查资料，资料越积越多，书越编越厚。他说：我这水平真是不行，一看才知道，有多少东西是人家早就写过的，有多少东西是咱们根本不知道的。但确实现在社会上缺这么一本书，干这件事对后人的创作有帮助，我这辈子得做出点事来呀。

大概也就是这段时间，他坐公共汽车，嘴被窗口的风吹着了，歪了，治了治，也正不过来了。

后来，张卫东兄帮他找人把书稿录入、打印，他自费印了三千册，都送人了，有人闻名找来要买，他一本也就收个十块二十块的。

再后来，他把书稿编了一些，改了一些，又托了好多人，一心想出一本带书号的正式出版物。当时我还没出这点小名，经济上不宽裕，也帮不上他的忙，只好装不知道。

曲协有位领导不知道我跟张先生有师生之谊，在我有一次提到张先生时，大惊，好意劝我说：您可别搭理那位老先生，他半夜两点给我打电话，让我给他出书。

也别说，后来还真是曲协或是东城相声俱乐部什么的，给他把这本书出了。他这心愿一了，身体就不行了。

后来，他和老伴住进了敬老院，据说非常远，我没去过。

再后来，他说敬老院条件太差，又搬出来了，在六里桥又找了一个更小的房子。我每次去看他，都给个五百一千的，我也就能表示这点心意了。

这是2009年左右了，我想说，当初您买间房多好。可没好意思说。

他看出我要说什么，自言自语地说：谁知道我不死呢！

在曲艺三团时期，全团两个身体最差的人，一个是老先生、盲艺人汤金澄，一个就是年轻的张善曾。一起下乡演出的时候，多少老艺术家都坐大卡车的露天的“斗儿”里，司机旁边两个座，就是他们俩坐。谁知道他晚年倒落了个好身体，得感谢茶淀，也得感谢他后来的单位西城房管局。

我最后一次去，是老太太给我打电话，说：“你快来吧，你师父要见你。”

我赶紧去了，进屋一看，老头躺在床上，双手拽着被子，瞪着眼睛，一脸惊恐，冲我说：“他们说我是地下党！”

老太太说：“你走吧，他这会儿没事了。”

老年痴呆了，我能怎么办呢？留下点钱，我就出来了。

他这一辈子是挺要强的，也做出了一些成绩，但是这些对他的老年生活都没帮助。我想起他教我唱太平歌词，教我白沙撒字。一般艺人只能在地上撒单线条的小字，他的书法功力不错，撒的线条一笔就能有一米多长，所以能撒双勾的擘窠大字，又研究出了把字“立起来”的方法。用刷上红油漆的大五合板，撒之前拿湿布抹抹，白沙也有特定的处理方法，一撒，白沙就沾到木板上了。把木板立起来，就能向人展示。他还带着我们一帮小孩演过“一字一相，一升一降”，每个字他都撒出来让观众看，一是有助于观众理解，二是展示一下白沙撒字的艺术。

他管这手艺叫“沙书”，说这是古人为写巨幅书法打草稿而发明的技术，我估计这是他编的，为了提高白沙撒字的艺术地位编的。可这个说法也没传开，知道白沙撒字的，都只知道这是艺人撂地卖艺、吸引观众用的。

我又想起我考上北大向他报喜时，他还提到他有一个哥哥，是民国时期的老北大，他去北大翻旧档案，还找到过他哥哥在当时的北大足球队照的全队合影，但是他哥哥的姓名、系别，我都不记得了。我也不知道金楷先的文章和他说的为何不一致——也许是堂哥吧。

没过多久，听说他们又搬去了一家更远的敬老院，他就死在了那里，怎么死的，在哪烧的，墓在哪儿，甚至有没有墓，我都不知道。他身体挺好，虽然没活够九十，也算高寿。他有几个子女，都生活无忧，甚至可以说，他其实有一大家子人，老太太虽是改嫁过来的，但自己家也有人，我们管不了什么……我是这么安慰自己的。

余悲与长歌——纪念张振元、杜三宝二位先生

一

2000年对曲艺票界很有些流年不利，单是秋天来说，先是10月14日张振元先生去世，继而11月10日杜三宝先生又与世长辞。卫东兄让我写一写杜先生的生平，我觉得很难落笔。因为我虽然和杜先生接触很多，但具体到生平，则要求翔实准确，杜先生平生经历之丰富，就是他自己也很难回忆完全，我一个后生晚辈又怎能详论之。

振元先生没了以后，我就想写一点纪念的文字，然而踌躇再三，终于没有写。时下正统的纪念文章和古来的墓志铭如出一辙，其要求是要写出被怀念者的某种精神、某种品质，使之成为后世甚至万代的榜样。我思索良久，觉得振元先生虽然对我很好，但他并没有什么足以泽被万代的光辉业绩，也没有什么堪为万世楷模的“精神”，因而终于没有下笔。

现在杜先生又走了，我本来还是如上的态度，也许是因为一个月之内连走了两位的缘故，我在压抑低沉之下忽然“开窍”了：这纪念文字本无一定之规，无论怎

样写，在生者是纪念，在逝者是告慰，在作者是倾诉，在读者是共鸣。如果能借此一纸的文字，保存一副逝者的真容，则是生者与逝者的共幸；如果把纪念的文字写成了墓志铭，则是这文字本身的悲哀。

二

1992年左右我在北太平庄的票房认识了振元先生，当时我十一二岁，由于爹马先生带着，在彼处和蔡先生学唱单弦。彼时常去那个票房的除蔡、马、张三位之外，还有刘宝光、赵俊良、刘富权、侯世权、许吉星、崔景贤、贾振良、刘淑珍诸先生，现在蔡、马、张、侯、崔诸位都已经作古了。我那时很内向，除了学唱之外，常常不怎么说话。诸先生聊天，我只在旁边听着，绝不插嘴（也插不上）。但是我非常在意别人对我的评价。有一次唱《春至河开》，蔡先生皱眉了，另几位也没像平常一样鼓掌以示鼓励，我立刻紧张起来。此时振元先生说："前几天在柳荫街你唱得多好啊……"这"多好啊"三个字真如发自内心的赞叹一般，分明是借鼓励我给我排遣的意思。说实话，那时我十一二岁，就刚学了一个《春至河开》，还不知道什么叫好、什么叫不好，这"多好啊"三个字不但当时让我不太难受，也鼓励了我很长一段时间。

振元先生平时以唱快书居多，牌子曲我只听过他的头本、第二本《毒设相思局》和《霸王别姬》。他对于快书非常热爱。北太平庄的票房实际上类似一个单弦研究会，人多就唱，人少就聊天；当时的诸先生都是博闻强记之辈，我在旁边听他们聊天，真是长了不少能耐。我很清楚地记得有一次振元先生很有兴致地说："咱们说了半天单弦了，说说快书吧……"音容笑貌，如在耳目。他并不是要显示自己的所知所学，而是抱一个研究、学习的态度。我记得那次就是宝光先生聊了快书的板式、尺寸等问题。

他春天的时候还让老伴用三轮拉着去过集贤承韵，我一见他，都瘦得脱了相了，把我心疼坏了，他说，整整瘦了四十斤。他已经连路都走不动了，卫东兄让唐柯出来给先生弹，先生不依，挣扎着站起来，拄着拐杖，在众人搀扶下进屋，边走边说："有那规矩吗？"唐贤弟给他弹了半段《羽扇纶巾》，弦高，他唱不下来了。后来唐柯唱《截江》时，他对我说：“他（唐柯）如果唱到四十岁，成就不可限量。”他爱曲艺，所以爱有才华的后辈人，自己更不保守，我向他要什么活，从没驳过我。我录完他的《霸王别姬》之后，下一排他给我一张小纸条，上边是“汉王有德兮……”四句，他说：“当年我上这活的时候没有这四句，等我抄来以后，我自己却加不上去了，你背的时候把它加上，不加也无所谓，但是你得知道……”在票房唱，弦师问他唱什么，他靠近弦师小声说：“小徐想要这段《闹天宫》，咱们唱什么都行，都高兴……”这都保存在我珍贵的录音资料里。

三

振元先生是一个感情丰富的人。那时我学弹弦儿，少一副指甲，干爹让我求振元先生做一副，我一想，那我何不找他学学怎样做指甲。过排的时候我和他一说，他当时就给我讲开了：什么骨头好，什么叫“地羊”，怎样切割打磨，角度与厚度等；并让我找几根羊腿骨来学练。说到这儿他问我：“能弹什么了？”我说：“也就能弹个小岔曲儿。”他应了一声，忽然沉闷下来，整个人都显得暗淡了，缓缓地说：“我儿子也像你这么大，也能弹个岔曲了……可惜没了。”他一伤心，就紧闭起嘴唇，眯起眼睛，这时眉骨与嘴唇都显得很厚重，眉毛与胡子茬儿都很突出。我当时也小，不知怎么劝慰他，只是呆呆地看着他，他就那样沉迷在回忆与哀痛之中。这时有位先生问他“说谁呢”，他深吸了一口气，说：“我儿子。”对方“哦”了一声，他继续自言自语：“没了……早的事了……”

我和振元先生相互感情都很好，可能与此有关。那时我就不知天高地厚地想学快书，觉得《斩华雄》最短，好学，跟振元先生要，他下一排就把录音带来了，是一段《蜈蚣岭》——“你跟我要什么，我都给你，可是这《斩华雄》呢，唱的人少，你听的机会也少；你要学就先学《蜈蚣岭》，一般的都会这段，你听的机会多。”但是毕竟当时我刚学《春至河开》，终于没有学快书，直到他去世，我正经跟他学的只有一段《秋景雁声哀》。

我另一次见他那种悲哀的神情是在张喜林先生逝世之后，在集贤承韵过排之时，他先唱了一个《聊斋志目》，这么熟的岔曲，他刚唱了一句“大力将军勇无边”就忘了，显然是心不在焉。好歹唱完一支，他说：“又失去了一位好……”深深一叹，紧闭起嘴唇，眯起眼睛，眉骨与嘴唇都显得很厚重，眉毛与胡子茬儿都很突出。“比我大一岁……”他整个人还是那么暗淡。后一排他唱了一个大岔曲，大概是歌颂工农兵一类的，他除了《清明赋》之外很少唱大岔曲，这个岔曲我更从没听过，我问他，他说：“我是为了纪念张喜林，这个岔曲是张喜林写的……”

但是这种神情他从来不用之于自己，他得的病与蔡先生完全一样，他第一次手术之后，在集贤承韵和我聊天，这时他已无论如何都打不起精神了，语调低缓但不低沉，说道：“我这病跟你蔡老师那病一样，蔡老师做完手术以后又支撑了两年……”我赶紧说：“您心情开朗，不会这样，您别老想这个。”他说：“嗐，这有什么，我现在根本不想它，活一天儿就唱一天儿。”蔡先生逝世前一年的痛苦是他眼见的，但他还能这么看得开。

现在他不需要再纪念别人，他要做的就是在冥冥之中微笑着接受我们的祝福。

四

杜三宝先生官称杜三爷，我与他认识得较晚，大概是1997年。在老京味茶馆，也是票房过排，他的底活——京韵《宋江坐楼》。在唱前先“铺纲”，我才知道他就是杜三宝，我想起在此前很早我就见过他，但没什么印象。当时票房里唱男京韵的绝无仅有，不像现在还有一位唐柯贤弟；我本身又非常喜欢京韵，非常想学，所以我坐在第一排，包里藏着录音机，录下了这段《乌龙院》。

这段活表演的成分很重，杜三爷的台上不用我再多说，出奇的好，真把活儿使“活”了。加上他的嗓子不刚不柔，十分受听，我才第一次见识到什么叫男京韵。下来之后，我对他说：“您这段我可录下来了。”三爷说：“录吧，录吧，没事。”我说：“有时间我找您学学去成不成？”他说：“成啊，有时间你就去，什么相声、单弦、京韵、梅花、西河、乐亭、奉调，什么咱们都会点儿。”我告诉他我的姓名、电话，他也留下电话，说：“电话联系吧。”

不久，我用电话约了一个日子，去到他们家。屋子不大，很是阴暗混乱，几乎没有落脚的地方。在这里，我不由自主地融入了三爷自己的世界，这个世界中已经有很多地方模糊不清了，但是依然掩盖不住它的博大与精彩。在中式对襟小棉袄、青布棉裤与沉沉的眼皮下面，讲述着一个又一个很遥远的故事：

“那时候我跟大方（佟大方），一天儿跑天津、北京五个电台，当时都是直接播音，不像现在录好了再播。在这个电台播完了，赶紧到火车站买票，上天津了。红火得不得了，那真叫火，解放以后他们都说新段子，那新活不行啊，使不出包袱来。”

“大方嘴最快，包袱脆，可是啊，他一张嘴，我就知道他要说什么，两人腻乎极了。那会儿都是节目当中插播广告。这播广告有规定，比方说，一段节目中间，只许插十个广告。可是我跟大方呢，不按顺序念。前边念一条，后边念一条，让旁边监督的那人找不着在哪儿，我跟大方嘴又快，每次都多报好多，呵，那真叫棒，多报钱就多啊。”

“20世纪50年代末因为……我跟大方分手了，这说相声就跟夫妻完全一样，有一个有外心了，这一对儿就不行了……”

“我这一辈子，真是跑了大半个中国，除了台湾、西藏，几乎哪里都到过了……就拿大兴安岭来说，咱瞧着可真可惜，这么粗的大树，砍了劈柴烧，没办法，运不出来啊。”

“解放前我什么都说过唱过，什么火就来什么，得活着啊。最早我是学弹弦的，这弹弦可不容易，人要跟木头说话，我父亲就是弹弦的。后来我父亲不让我学弦了，为什么呢？弹弦的地位低呀！让你长点，你就得长点；让落点，就得落点。我就学唱，拜的是王先生。后来，20世纪40年代中后期又拜的老郭爷。在外边我什么都演，相声、双簧、单弦、京韵、梅花、太平歌词、竹板书，什么拆唱、八角鼓带小戏，什么都演，难不住就挣钱，难住了就再找师父学。”

……

三爷毕竟年纪大了，有些事情记不太清了，但丝毫无损他的广博与真纯。

后来种种的原因使我并没从三爷身上学到什么大活，只有《层层见喜》《包公夸桑》《宋江坐楼》三段京韵，老《白猿偷桃》一段单弦。竹板书《鹬蚌（读“葛蹦”）相争》我听他唱过，但是没留下录音，京韵《小古城会》（弟兄相会诉折磨）他会唱，但记不全了，我把原词给他找来，种种原因他也没上，也没有了。

五

三爷最是平易近人，跟谁都笑呵呵的，小辈儿们在他面前最没大没小。我和他学《层层见喜》时记词是这么记的：大概是去年夏天，我与律宁在二驥叔家溜活。正好三爷在“天桥乐”使完买卖，来找二驥，于是一起闲聊。聊着聊着聊到了京韵上，三爷说《层层见喜》老没人唱了，我问您会不会，三爷说会呀。律宁立马说：“找纸找笔，记下来。”当时就已经很晚了，二驥叔家又是一间屋子半间炕，媳妇闺女都得睡觉，我们就在外间小厨房里找了三个马扎坐下（连腿都伸不直），三爷念词，我记。三爷毕竟老没唱了，记得有些混乱。这段小活是字头咬字尾的，但是里边有两个地方都是咬“边”字，一句是“边山一带”，一句是“鞭鞭打马”，一到“边山一带”就串到“鞭鞭打马”去了，所以三十几句只记了十几句。但是总觉得不对，可就是想不起来是哪错了。此时已经夜里十二点多了，我们愣不让三爷回家，里屋的三个人都已睡着了。最后，总算把词串上了，三爷一点没有恼的意思。

我们仨“偷偷”地从别人家里出来，律宁回家，我骑着车一直把三爷送到天坛东门。这时已经凌晨一点了，体育馆路上空空的，小风飕飕，三爷骑着他那辆小三轮，一点一点地蹬。我问他：“您今年高寿？”他笑了：“我可还小哪，七十一。”一直聊，他说：“咱们这里边的词好哇，都是有点意义的。你像‘天堂地狱两般虚’，告诉你，这都是虚的，但是呢，‘要论人的行为是非曲直’，得看你个人干不干好事，‘凡事间离不开因果二字，就是那讲今比古说书唱戏，也无非是惩戒人心分辨善恶，可莫要您哪信以为实’……”

我在他那听过他和曹宝禄曹先生、尹福来尹先生拆唱的《双锁山》，如今已成绝唱；我又见过20世纪50年代他和刘荣培、刘宝光诸先生演曲剧《秋江》的几张照片，黑白的，很小，却是曲艺史上浓浓的一笔。

三爷最爱开玩笑，大家也常跟他开玩笑。他在票房唱，唱前一定铺纲，铺纲一定离不开包袱。三爷唱梅花，一到落腔，准是一屋子人起哄跟着唱，三爷就用鼓楗子当指挥棒，反串一回西洋乐队指挥，一比一画的还真像，招得一屋子人哄堂大笑，他自己也笑了。

三爷最好鼓捣机器，大机器小机器，收音机电视机，全好鼓捣。他不戴老花镜，从来要看什么都戴一个修表用的放大镜，一个小圆柱体用眼皮夹着的那种，像一个专业机械师。

六

我是几个星期前听说三爷让煤气熏着了，听说的时候是说没什么事，已经出院了。11月5日，我与王金凤老师相约去看他，我去的时候王老师已经在门外等我，说：“别进去了，已经不认得人了。”我大吃一惊。王老师说他的病又反复了，已经拉床上了，“喂了他一块蛋糕，他知道吃；问他‘我是谁呀’，他就说不上来了。”我当时就很有一种不祥之感，但实在难以帮上什么忙。11月11日上午，卫东兄打来电话，告知三爷10日晚9点已与世长辞。

三爷走了……

我想起某一日上午我给三爷打电话，杜大妈接的，说三爷一早就走了，昨天他师傅郭荣启没了，他今天一早就去天津了。再想想今天，还不到一年。

我又想起一日三爷让我给他找1946年的《小实报》，说是上边有一篇写他结婚的文章，题目是“杜三宝演双簧，台上台下戏两场”。三爷说着说着就笑了……

现在他依然笑着，但是我们已看不到；我只看到自从他离开专业队伍以后，专业里管事的人就从来没有重视过他，甚至从来没有想起过他。他和曲艺界很多20世纪50年代的老人儿类似，住着二十几平方米的房子，骑着自己的小三轮满处走。

听说已经合并到歌舞团里的曲艺团年底要彻底解散。哦，呵呵，好得很。

作者注：此文是2000年写成，并发表于2000年12月的《八角鼓讯》上。当时我刚上大四，不成熟，愤青气质明显，写文章追鲁迅的风格，所以开头和结尾这两段写成这样。过了二十年，我依然不太成熟，把愤青气质也藏起来一些，回头再看这两段，也只能笑道：太年轻！

访谈赵玉明先生

庚子疫情期间，著名单弦表演艺术家赵玉明先生走了。说意外也不意外，毕竟她已经91岁了；说不意外也意外，毕竟她是那么精神的一个老太太，思维那么敏捷，口齿那么清楚，90岁还能盛装上台演唱呢，怎么说走就走了呢？

我在2004年初曾应千龙网之约去赵先生家采访。那个栏目是外包给一家文化公司做的，他们找我采访一些曲艺界的老先生，我也很愿意配合，留点儿资料。当时我在外企工作，也想给自己起个笔名，免得招惹是非，就按西河大鼓门户的“景”字儿起了一个“徐景明”的笔名儿，采访了两位先生之后，稿子都刊发了，反响也都很好，但对于报酬的事，他们黑不提白不提。于是我很不好意思地去找他们，虽然耻于谈钱，但觉着多少应该给点稿费呀。但人家脸色立刻就变了，说你们在千龙网上发表文章，这是多大的宣传呀，哪里有跟我们要钱的道理！

从那我就知道了，社会上有“巧使唤人”的恶人，毕竟我当时大学毕业没两年，还不知道海里的水有多深。

那次是托师兄弟儿帮忙领我去赵玉明先生家的。她住光明桥，其实离我还真不远，小屋儿干净整洁，有很多曲艺的音像资料。以前我见过赵先生好多次，但并不太熟。她跟我没见外，也没有大的客套，直接说：“你想问什么就问吧。”她是曲艺界的宝藏，去她那里问艺的各路人等非常多，她是来者不拒，从不保守，尤其对年轻人，都是掰开揉碎细细讲。

我说明来意，这回是想就曲艺的生存发展和对您的人生经历，做一次深入的访谈，文字会整理发表在千龙网上，至于当时列没列采访提纲我就忘了。老太太很爽快，说："你想问什么就问我，我是知无不言，言无不尽。"我说："这都是要发在网上的。"她说没关系，是我说的话，我全负责。

于是就开聊了。

说到最后，她和我说"我现在打牌还'扣张儿'呢"，全屋大笑，我倒不知所因。因为我不打麻将，这"扣张儿数嘴儿"是打麻将的一种方法，需要脑子极其灵活。

直到现在，我听到她的牌友儿崔琦先生等人聊起她时，还啧啧赞叹：90了，打牌还"扣张儿"呢，老太太这是什么脑子！

那次访谈做得很成功，但我和她一直走得也不太近，也没跟她学过什么。可能主要因为那时候她不怎么去票房，去了也不唱，大概是嗓子还没有恢复。后来她用极大的毅力恢复了嗓音，居然又能演唱，而且是登台表演，颇为精彩，可称奇迹。

这种女性老艺人"塌中"之后唱不了，后来又努力使自己的嗓音恢复焕发艺术青春的，见于书史者的是孙书筠先生，我在她的自传里读过，但是我没赶上。我眼见的就是赵玉明先生和另一位老艺人王金凤。刚认识王老师的时候，她连说话都是哑的，要给我录个20世纪50年代的岔曲，说这段儿里有很多老岔曲的好腔。没有弦子伴奏，她就直接对着录音机小声唱，努力把每一个小腔都唱完美以供我学，但高八度、低八度都出不来音儿，嗓子听上去非常疲劳，气息也跟不上。我听着直心疼。但过了不到半年，忽然有一天，她在票房唱了一曲《碧天云外》，"天外有天"这一句，用"楼上楼"的高腔唱法，声震屋瓦，颇出意外，令我大感惊奇。立时觉得50年前，那个正当青春年少、正在好时候儿的王金凤又回来了。赵先生嗓音的恢复也是很神奇的事。

后来我拜章学楷先生为师，拜师大会她也出席并做了发言。后来的近十几年间，每逢曲艺界有什么活动，在场面上或者在演出后台，我和她见过多次，我都是恭敬行礼，赵先生都是热情招呼，但也仅此而已。

2018年，有一个同行结婚，婚礼现场非常热闹，我去晚了，跟各个桌上的人打招呼，然后坐定观礼、吃饭。没想到到了晚上，听人说老太太生我的气了，说我上午故意没理她！

这可把我吓坏了。我赶紧给她的外孙女儿翟静婉打电话，非常恭敬而怯生生地讲了此事的过程，并再次表明我真的没看见她，并非故意不理她。静婉非常通情达理，说："没事儿，没事儿，我跟她说。"我挂上电话，一想不行，又给她打了电话，我说："还是把您家里的电话告诉我，我直接给老太太打电话吧。"于是我又拨通了她家里的电话。

电话通了，一听声音就是赵老师接的，我说："赵老师您好，我是徐德亮。我得跟您说明一个事儿，今天我真的没看见您，不是故意不理您。"老太太一听是我，非常生气，说："行，你没看见我！你跟我们这一桌子的人都挨个打招呼，还聊天，就单不理我，你说没看见我，你就没看见我吧！"于是就要挂电话。我说："您千万别挂，您想，我跟您没有任何的不愉快，而且我非常尊敬您。我怎么会不理您呢？可能是人太多，一聊天一照相的，错过去了。您千万要原谅我，我没看见您，是我不对！"

赵老太太余怒未息，挂电话的时候很明显还不高兴。

恰巧第二天晚上就是活动家谢岩在长安大戏院组织的八角鼓老艺术家的展演，我傍着我师父章学楷唱一个《截江夺斗》。我特地跟章先生说了这事儿，章先生还说，待会儿到后台，你去找老太太当面再解释一下。

在后台，赵先生和她的徒弟一起用一个大化妆间。我听到屋里欢声笑语，心想老太太可能这会儿高兴，趁此时机进去吧。

我推门一进去，正赶上赵先生穿着上台的漂亮旗袍，正兴致勃勃地跟大家谈话欢笑，看见我，先冲着我说："是我误会你啦，是我想多啦，我岁数大了，你千万别往心里去啊！"我很感动，想再说点什么，她说："你什么也不用说了，是我理解错了，你赶紧备场去吧。"

那天的整场演出都非常成功，观众热情得简直要把长安的顶子掀起来了。我特地注意了一下赵先生的表演，她带着几个徒弟，满面含笑地走上台。观众掌声雷动，她在中间精神饱满地向观众致意，打鼓就唱，完全不像一个90岁的老人，足以用英姿飒爽四个字形容。

没过多久，赵先生还特地托人送了我一本她的回忆录《艺苑寻踪》，并且在扉页上特地写上“徐德亮贤侄存，赵玉明赠”。我本想有机会多找老先生学习讨教，没想到后来疫情来了，在疫情期间又得到了这样的噩耗。

我又找到了原来采访她的文字资料，细看之下，更增感慨，附记于后以示纪念，希望老太太在那边儿依然能够称心如意，扣张儿数嘴儿，多赢各路神仙的法宝、仙桃。

徐景明访谈赵玉明

徐：单弦牌子曲是曲艺里很重要的一种艺术形式，在清代中后期以及民国时候，有过非常辉煌的历史。仅从数量上来看，仅演述《聊斋》的单弦牌子曲，据目前掌握的材料看，现存的曲目就有七十多本。在民国时，单弦达到了顶峰，形成了以荣（剑臣）、常（澍田）、谢（芮芝）、谭（凤元）、曹（宝禄）为首的五大派。上至王公大臣，下至贩夫走卒，无不以闲来唱两句八角鼓为乐，更有大批票友以会唱单弦、能组班走局为荣。可是为什么到了现在，人民的文化层次普遍提高，单弦却并不被人接受了呢？

单弦过去是上层社会、显官名流的娱乐，文人爱它文词雅驯，官员爱它唱之不失身份。晚清和民国时期，能唱八角鼓、能写单弦岔曲唱词的王孙贵胄比比皆是。然而现在的知识分子也并不喜欢单弦，或者根本不知道单弦牌子曲为何物，年轻人更是不听不看，电视里播出的单弦节目也几乎没有，这是为什么呢？

赵：你看现在北京的情况，单弦艺术的业余爱好者也就是“票友”比专业单弦演员要多得多。你知道这是什么原因吗？这是因为这些老票友都是受老一代的艺术家如过去的荣、常、谢、谭、曹等老前辈的影响，因而爱上了单弦艺术，而且一爱就是一辈子，再也摆脱不开。老一代的票友都是受他们的影响，新一代的票友又受这些老票友的影响。所以北京的票友队伍，相比专业的队伍，最起码从数量上来说，是占了很大优势的。现在北京专业唱单弦的也就这么两三位：张蕴华、崔伟丽算年轻一点的，马增惠的年纪就大了，而且她也不怎么唱大活（完整的整段节目）了。就这仨人！

所以，没有观众，不要抱怨观众不懂艺术，这是因为演员没有影响观众，演员没有把观众拉拢住。无论是过去还是现在，也无论是什么艺术，都要凭好的演员去影响观众，这门艺术才能有生命力，才能有影响。咱们现在说追那些港台明星的孩子们是追星族，可是从另一个角度考虑，没有“星”就没有“族”。没有有影响力的演员，就没有大批疯狂追随的观众。只有观众爱听爱看了，他才想学，才有票友的产生。没有好的演员起模范作用，观众不爱听，也不爱看，自然就不爱学。

现在我们说曲艺不太景气，就是这个原因。无论什么艺术形式，只要有好的演员，就会有观众，有票友，有追随者。比如种玉杰，大家都承认他不错，在票友、年轻人中，才有追随他、喜欢他的人。这就是追星族，曲艺的追星族。只要多树立起来几个这样的“星”，就不愁没有“族”。

又比如现在天津的情况，梅花大鼓这门艺术就有个籍薇，在我记忆里，当初花小宝、花五宝也没她这么大的号召力。当然，老艺术家也有号召力，但是一个籍薇，就把梅花的新一代观众和演员带起来了。这就是影响，好演员的影响。再比如白派大鼓有个王莉。说实话，像赵学义这样老一代的表演艺术家都没有王莉这么大的号召力。出了一个王莉，随即就出了一大批的白派大鼓的年轻爱好者。当然赵学义也有很大的影响，自从阎秋霞没了之后，白派就一直是赵学义在支撑着；而且另外也有一些白派的演员一直在唱。但是相比较而言，王莉的影响力就更大一些。

徐：我有这么一个观点，“星”不是凭空产生的，一个天赋好的演员不一定能成为好演员，这里有一个艺术土壤的问题。用最简单的话说，就是他得有园子去演、去练、去见观众、去增长舞台经验和功力。任何演员都不可能从一开始登台就是头路角儿，就有那么大的影响力。但是现在曲艺尤其是单弦大鼓的剧场演出都非常少，即使有也是演一场赔一场，支持不了多长时间。这就不是演员努不努力的问题了，而是演员根本没有努力的动力，也没有外力的帮助和成长的土壤。

天津有一些小型的曲艺园子，卖票也很便宜，大概五块至十块钱，每天都有很多观众，有的园子几乎天天满员。我算过一笔账，一个园子坐一百人，每人五块，一天下来是五百块。演员有十几个人。就算场地不要钱，这些钱全给演员，每人一天也分不了几十块钱。在北京，不要钱的剧场根本就没有——即便有，一天挣二三十块钱，而且很不稳定，怎么能够生活？

更不用说那些天天都去看演出的观众大多数是六十岁以上的老人，就是在天津也几乎没什么年轻人进园子。不单是演员，观众也断档断得很厉害。

赵：你看二十世纪五六十年代，我不客气地说，我和马增惠占领中央广播说唱团这个阵地，那时候学单弦的就特别多。虽然那会儿谭（凤元）先生、曹（宝禄）先生都还在世，但是我从二十几岁起就开始辅导业余演员了。1955年我就在劳动人民文化宫辅导单弦，老有人去学。我可是教了不少学生。外地的、北京的、业余的、部队的，都来学单弦。这大概是因为单弦的反映面广，什么内容都能反映；还有就是我和马增惠经常演出，不断出新节目，影响面很大。天津唱单弦的演员就更多了，像石慧儒等。那时候学京韵大鼓的少，因为京韵大鼓在初学时非常难，板眼很不容易准确掌握，可能那时候的人都觉得学京韵麻烦吧。三弦、四胡、琵琶，这是三大件，相互之间还要配合好，总之是比较费力。单弦就不同了，只用一把大三弦，2/4的节奏，既容易掌握，又是快节奏的旋律，什么内容都能唱得很活，反映现实很容易出彩儿——甚至临时编一段都可以。

所以，从二十世纪五六十年代一直到七十年代，单弦都是很有影响力的。可是慢慢地呢，民族艺术受到了外来艺术形式的影响；这还不仅仅是单弦、大鼓这些曲艺形式，京、评、梆子都受到了很大的冲击。随着时代的发展，尤其是改革开放以后，人们都喜欢那种快节奏的东西。现在的单弦都讲究短、平、快了。我那《孔雀东南飞》一唱四十五分钟，谁听啊？

所以，单弦就被外来的摇滚乐、迪斯科等这些年轻人的艺术取代了。

曲艺也是随着文化的衰落而衰落的。曲艺是文学艺术，是语言艺术，是表演艺术。过去有人喜欢单弦，先是由喜欢岔曲开始的。过去的岔曲很多都是文人的消遣之作，风花雪月、梅兰竹菊无所不有，无所不美。岔曲词句的文学性是非常强的。所以，一个有文学修养的人，可能听一段岔曲就喜欢上了这门艺术。京韵大鼓也是这样，一段《刺汤》、一段《剑阁闻铃》，单单是看唱词的文本就能带来一种美的享受。如果再有好的演员、好的旋律、好的音色、好的情绪感染，当然更是魅力无穷了。整个的中国文化从“文革”以后是一个断层，演员和听众也是一个断层。这是个人很难扭转的。就算有演员，观众的文化层次不够也不行。

徐：是啊，单弦大鼓的很多唱词，尤其是文人创作的这一部分，是完全按照中国传统诗词的审美和文法、句法来写的。如果说从诗词的角度要求，这些东西落笔太俗，算不得好诗词。但如果从民间艺术的角度说，它们把处于上层的庙堂文化和处于下层的市井文化非常好地天衣无缝地糅合在了一起。应该说是中国文学史或者说是俗文学史上的一个创举，可惜，对此，目前的学术界和研究者们重视得还不够。

话题扯远了，还说观众的问题。对传统文化的认知不够，打破传统的审美习惯的人自然喜欢不上单弦艺术。换句话说，喜欢唐诗宋词的少了，喜欢单弦的自然也就少了。

赵：但是话又要从两头说，观众断层，演员也断层。现在的希望还是只能寄托在热爱曲艺的这些有文化、有思想的年轻人身上。现在在年轻人中，对曲艺感兴趣的恰恰是一些文学水平相对比较高的大学生。他们对传统文化的热爱使得他们在推动振兴曲艺这项事业中不遗余力。

徐：但是现在的演员在表演中似乎找不到一个好的方方面面都能兼顾到的方向。无论是在创作上还是在表演上，主要有两个方面的分歧：是完全按照传统的格式，“曲头”“数唱”……这么唱下去，还是迎合现在的观众，迎合晚会性质的演出需要，搞一些短、平、快的东西，比方说在杂糅一些西洋乐的东西等。单弦传统的“曲头”+“数唱”+“太平年”的格式很有其科学性。首先，“曲头”升华出全文的主旨，接着，长于说理的“数唱”对这个主旨仔细地说明，并做故事的背景介绍、故事的起因等，然后是重叙事的牌子如“太平年”等，一步一步深入展开故事。但是好像这种形式在节奏上较慢。现在的演员走第二条路的多一些，也受到了来自老观众的很大的非议。对此我倒是觉得双方都有道理，观众花钱买票，当然要买自己认为值的东西。而演员以此为职业，要吃饭，当然要搞一些能挣到钱的东西。但是其中的矛盾就很难解决。这个矛盾，往小了说是新与旧之间的矛盾，往大了说，就是曲艺以变种生存还是以原种灭亡的矛盾。

赵：你说的这第二个方向其实并不被人接受。新的和老的必定会产生一定的矛盾。我记得种玉杰过去曾经说过这样的话：我到现在也找不到感觉，我想搞新的，老观众不认可，管我叫曲艺歌儿，不承认，可是，我难道能老唱《闹江州》跟《华容道》吗？

徐：这正是现在曲艺遇到的一个很尴尬的问题。

赵：问题是，唱新的不被老观众接受，可是新的观众也未必接受。可是不改又能怎么样呢？难道总在原地踏步？这也不符合时代和艺术发展的规律啊。无论什么都不能老在原地不动。这话又要说到20世纪70年代，那时候我们的唱法和老先生的唱法也不一样。比如我唱的《瓢》《地下苍松》等节目，和老先生们站在那四平八稳的唱法，那就是不一样。无形中也在改革。我唱的也是“太平年”，也是“怯快书”，但是我唱得快了，而且在进入人物等方面都有新的东西放进去了。这难道不是改革吗？

徐：但是您那会儿的改革还是被观众接受的。

赵：改革应该是无形中的改革！不要以为把洋歌的东西直接放到单弦里头就是改革，这是不行的。一个有争议的人物曾经说过一句话：“京剧姓京，评剧姓评。”这句话是非常正确的，无论怎么改革，都不能离你这门艺术的本来面目太远。这门艺术为什么能传下来？观众能一代又一代地喜欢？是由其自身的原因决定的。比如说单弦，说说唱唱，进进出出人物，以表演为主，用一种说书的方式讲故事，以民间俗曲的各种曲牌作为载体，唱一些和观众感觉很近的事，这就是单弦的“艺术”所在。无论怎么改，“太平年”还得有点“太平年”的味儿。有时候你听新的节目，听半天也听不出是什么牌子。一个牌子就有那么一两个音儿像是这个牌子。现在的曲剧就有这个问题。曲剧是以单弦的曲牌为主要旋律兴起来的剧种，有些剧目曾经很受观众欢迎。但是现在曲剧的这种改革，我觉得不妥，也许是我保守。

徐：但是这就又有一个问题，新戏新曲可能不被人接受，但正像您刚才所说的，光唱老的东西是不行的，如果光唱传统的东西，可能连演出的剧场都找不到。就像京剧也是这样，如果光唱几出老戏，不排新戏，可能就没有上级的拨款。京剧的实情我不了解，但我觉得，也许有的剧团就指着一年排这么一两个新戏活着呢。

赵：这都是光靠我们解决不了的问题。说到京剧，你看现在的电视节目就可以看出来：观众们最喜欢的，就是片断——名演员一个一个地站出来，各唱一段他们拿手的节目，就唱核儿，这样观众就爱听。如果是从头到尾、四平八稳的两个多小时的整戏，可能有很多观众，包括很多戏迷，都会不喜欢。我现在七十多岁了，我都有这种想法，更别说年轻人了。

徐：在单弦里面保存的传统文化是方方面面的，您觉得单弦里我们最应该保存下来的是什么？

赵：干脆说，还得有好演员。我个人认为，有好演员，好嗓子，会表演，唱得好听，才能给观众以启迪，才能让观众喜欢，而且还是单弦，不是别的。改革是要在无形中有形。

徐：怎么叫无形中有形？

赵：现在有些改革者认为，改得越不像，就越是改革，这是不行的。还得是单弦而不是别的，还得符合观众的需要和时代的要求，这两个条件都达到的节目才是好的节目，才是成功的改革。一个好演员就得有时代感。你比如，都唱《春至河开》，有时代感就跟没有时代感的人不一样，你就能把春天万物复苏的景象唱出来，就能把你今天高兴的心情唱出来。没有这种时代感的，就只能用所谓的原汁原味的方法，当初我师爷怎么唱，我师傅怎么唱，我就怎么唱。这就不行了，我们唱的是21世纪的春天，不是清朝或民国时的春天。一个小岔曲都这样，就别说“太平年”“四板腔”“怯快书”了。

我年轻的时候唱单弦，观众一直挺喜欢的。首先我条件好，我声音甜美，观众容易接受；再者我的语言掌握得好，唱出来全是一道汤就不行。要唱出深情，唱出内涵，唱出潜台词。演员能唱多深，观众就能体会得有多深，你的魅力就有多大。演员唱出来是“一道汤”，跟照着词念似的，就是不行，观众就是不买账。演员要多方面地发展，接受朗诵、评书等艺术的长处。京韵大鼓也是这样，有轻音，有重音，你唱出来才有东西。说是改革，你还是得懂艺术，还是得钻研艺术。

徐：我有一个感觉，解放以前唱单弦的那些老先生，都很重视和观众的交流。比如上台的“铺纲”，比如在演唱中间报牌子名，找个包袱，把观众带进来再继续唱，我觉得这种形式就非常好。它满足了中国人固有的审美特性，这个特性就是：欣赏艺术，并不把全部感情都投入艺术中。我上戏园子来，是来玩、来消遣的，所以中国的悲剧少，我上戏园子来就是为了高兴，看戏看到十二点我再哭着回去，那不是有病吗！单弦等曲艺艺术当然就满足了观众的这种需要。演员一上台就在交流，您想听唱的时候我就给您唱，您想聊了我就跟您聊一会儿，不知不觉地把观众死死地拽住。但是好像自从解放之后，这种交流的东西少了。举个最简单的例子，就是解放以后的单弦都是一唱到底，每个牌子中间的铺纲都取消了。据说这是因为铺纲“破坏了艺术的完整性”。

赵：这也是为了简练吧，就是我们所谓的“脆快”。我年轻的时候唱就不铺纲，也不报牌子名。在这一点上，荣、常、谢、谭、曹也各有不同，也都不一样。谢先生原来是相声演员，所以他以包袱取胜。谭先生就主要以唱取胜，我就爱听谭先生的唱，而对他的说白，我并不十分重视。他的嗓子好听，他的腔儿唱出来真是绕梁三日。而听曹先生，就听一个“火”。一上台就把观众的气氛带起来了，黄钟大吕。荣先生就是说故事，慢条斯理，韵味深厚。每个人都有自己的特长，都好，都有特点。正所谓“艺不错传”，个人有个人的绝活。我有时候愿意在唱段中加点话白，而不仅仅是“刚才唱了一段‘太平年’下边再给您唱一段‘罗江怨’”，这个话白是剧情里的话白。

徐：是“云苏调”里的加点儿半说半唱的这种感觉吗?

赵：还不是。比如纪念抗日战争胜利二十周年时，我那时接了一个《地雷阵》的活儿，新词，三天就得上台。原词中间有一段太啰唆，去掉又不行，唱又太麻烦。当时我就把它改成了一段说白，像评书一样，越说越快，相当于贯口，和音乐的搭配也很恰当。这在传统的单弦里是没有的。这些也属于改革，并不是我非在单弦里放一个歌儿才算改革。

徐：您觉得现在的青年演员和老先生们比，在什么地方有差距?

赵：就是我刚才说的，艺术是综合的，不是单纯地唱，一个好的演员应该钻研很多东西。抬手动脚的准确劲，就得让人爱看。这些都是艺术。我当初刚唱单弦的时候，怎么唱观众的反响都很平淡。我后来学京剧的马趟子，学起霸、云手，学舞蹈，吸收了很多东西，包括袁阔成老师的评书。一起一伏，迟疾顿挫，我都拿过来用。我还听语言课，有一个广播学院的老师跟我学单弦，我说好呀，但是有条件，我教你单弦，你得给我上语言课。这样，我就掌握了什么叫重音，什么是口形的开齐合撮，什么是出气的字等。有的人吐字不清，就是因为该出气的字不出气。这就使我的艺术又进了一步。一个人，一个演员，不去钻研，不深挖，就很难提高。艺术的提高可不是一朝一夕的事。

徐：演员要深造，就要接受传统；而观众，尤其是新观众，更接受一些新鲜明快的东西。以单弦为例，现在新写的段子大多用“怯快书”“流水板”这样的“快”牌子比较多，很多单弦连“数唱”都没有了。可如果是一个老观众，倒会觉得“湖广调”“四板腔”这种慢的牌子更好听一点。现在这些以单弦为职业的演员，在她们的节目中，您说是应该多一些比较美的牌子，还是去迎合观众，多唱“流水板”等快的牌子?

赵：应该说，在一段节目中用什么曲牌，是由内容决定的。这一点对杂剧、元曲、南戏来说也是这样。故事中有悲伤的组成部分，当然要用一些比较悲的牌子。现在的单弦用快牌子多一点，可能与选材有关吧。

徐：传统的单弦的语言都是很有意思的，而谭先生的单弦尤为高雅一点。因为谭先生后来唱了很多二溥的词。由于溥儒、溥僡都是恭亲王奕䜣的直系子孙，文学修养极高。二溥先生溥儒本身是留学西洋的博士，又是与张大千齐名的大画家，他们写的词句当然是美不胜收、用典精妙。我见过一些三溥先生的岔曲，有直追唐诗之感。但是对观众来说，无疑太文了一些。您觉得单弦是雅一点好还是俗一点好?

赵：雅俗共赏！单弦艺术本身不是案头文学，所以一定要做得雅俗共赏。因为文人们学识渊博，所以他们写的东西有时自己并不觉得有什么难懂，但对艺人和观众来说就有点深了。比如我唱《钗头凤》的时候，就有一句词老搞不明白，就是“可怜她井臼恭操任劳怨”，这样的词如果不看文本，只听唱的话，恐怕很难搞懂。后来我还是问了三溥先生的姑爷吴光辉教授才搞清楚。但二位溥先生的词并不是没有幽默的，也不是都难懂。他们在文字上的功力，他们在辙韵上的修为，是一般人很难达到的。比如溥僡先生写的《五毒传》，描述的是吃、喝、嫖、赌、抽等嗜好者的情态。全篇曲词共用了八个曲牌，每一个曲牌换用一个儿化辙韵，除去“曲头”“曲尾”和“莲花落”三个曲牌用的是小人辰儿辙和小言前儿辙，其他的曲牌用的都是比较不常见的六道儿化辙韵，但是听起来，那份恰当就别提了。比如他写馋鬼：“先有馋鬼儿，溜里溜鳅儿，见饭馆他就进，绝不摸摸兜儿，瞧见人家吃，就顺着嗓子眼往外伸小手儿，他跟那吃的就好像有多大仇儿。就属那趟子马儿，永远讲大搂儿，一喝汤他那嗓子好像是小水沟儿，见好的就往里倒，并不认死扣儿，抓上馒头就像是打篮球儿……”我不知道要有多么深的文学修养才能写出这么漂亮的词来。

徐：聊了这么半天，最后请您聊聊您学单弦的经历吧。

赵：我们家里是干这个的，平时往来的人都是这个圈子里的人。从四岁起我就蹬着小板凳唱。那时候女的唱单弦的很少，大部分都是唱大鼓的。女孩子唱京韵、梅花、小曲的都有，就是唱单弦的很少。那时候我也唱大鼓。

解放以后我选了单弦，我觉得单弦比大鼓好表演，观众也好接受。这也和解放以后思想的变化有关吧，我总觉得节目要反映现实，觉得大鼓的三眼一板不易表现新事物，这也有一种革新的念头在里边。

解放以后唱单弦的特多，好像忽然之间就出来这么多唱单弦的女同志。和我们一起的马增惠也有一副好嗓子，我们那时候的演出是非常受欢迎的。1952年我进了中广，跟谭先生深造。我当时的爱人金维源也是单弦界中的高手，我还向民族大学的教授王辅仁等好友学习了很多东西，又提高了一大块。

在这期间，有一个比较有意思的事就是，我为了丰富自己又学了评弹。第一是喜欢，第二就是好奇。北方曲艺我差不多都会，学什么都不费劲儿，我就想学南方的评弹。那时候我都三十岁了，自己花钱买三弦，就那么硬学。好不容易学会弹了，可是在唱的时候呢，又发现不能用唱单弦的口风儿唱，要收拢。字头字尾让人听清楚，字中不能打开太多。费的劲儿可大了，但是收获也特别多，学到了人家的高雅、细腻，不像北方曲艺这么粗犷。北方曲艺像酽茶，解渴；南方曲艺像美酒，醉人。最后我终于学会了，也录音、录像了。陈云同志说我们是南曲北唱。学评弹必须学乐器，我和马增惠都是又学三弦又学琵琶，跟当时民乐团的老师学。我去演出都单带着琵琶、弦子，演完了就找个旮旯练，有时候到夜里一两点，我还练呢。听评弹的唱片，那唱片都让我听得成了麻花。你想，我学大鼓《刺汤》，三天，词就背下来了。我学《地雷阵》，三天，就上台了。你就说我在学评弹上下了多大的功夫吧。

到现在我打牌还“扣张儿”呢，人家问您怎么那么快，有什么秘诀？我说两百句词，我三天就上台，这十三张牌又算什么？

清代北京旗人如何卡拉OK

清朝中期北京八旗子弟的生活方式，可能是让现在的小资和中产阶级最羡慕的。那些旗人大多家道殷实，衣食无忧，教育良好，想工作的话会有好的工作机会，不想工作也有国家不算寒酸的供养——连社会保障体系都谈不到，直接就是按月发放“钱粮”，就是货币形态或者实物形态的生活费，绝对不用朝九晚五地奋斗。即使算不上上流社会的人，最起码也是有钱有闲的阶级。

他们讲究生活品质。像现在的小资把对咖啡或鸡尾酒品质的追求当成一种品位的象征，当时的他们可以把茶叶的种类和口感细分到足够写一本厚厚的大书的程度。小资们可能为买到一件上档次的饰物而美上好几天时，人家可是连日常使用的扇骨、扇面、扇坠，甚至随便揉揉的核桃都有无数的讲究和极高的经济价值。当小资们花大精力赞美偶尔得到的下午茶的片刻宁静时，人家可是一早儿就在茶馆里谈天说地，到了“饭点儿”，就呼朋引伴地满北京城寻找价格不菲的特色饭馆。

也许只有在休闲娱乐方式上，今天的小资还可以笑傲一下清代中叶的八旗子弟：看电影、电视、演唱会、演出，听CD、MP3，联网打游戏……似乎比当时的人只听听昆曲、看看京剧更加丰富。但是如果说到参与性的自娱自乐，今天的人似乎只能说出一个“卡拉OK”。而那时候的八旗子弟们，可以用“子弟书”“岔曲”“八角鼓”“票房”“走局”等一大堆现在听来遥远无比的名词，勾勒出一幅几乎完美的无论是参与性和成就感都远远强于现代的“历史版卡拉OK”。

那个时候他们玩的高雅音乐，叫子弟书；玩的通俗音乐，叫八角鼓；那时他们用的乐器，叫三弦，其作用和吉他几乎完全类似。

和在卡拉OK时只能唱其他人的歌不同，八旗子弟在唱子弟书和八角鼓的时候，更乐于唱自己创作的作品。这有点像现在喜欢摇滚、金属什么的那些孩子，自己组建乐队并创作作品；但绝大多数上班族都只能跟风式地幻想一下。在当时，可是几乎每个旗人都有创作的能力和条件的。

虽然最晚到民国时期，子弟书的音乐已经完全失传，我们只知道它有东调和西调两个流派。东调又称东韵，曲调类似高腔，宜于演唱沉雄阔大、慷慨激昂的故事；西调又称西韵，其曲调类似昆腔，宜于表现婉转低回、缠绵悱恻的情绪。但通过对其他流传下来的鼓曲如八角鼓的研究可知，所有的北方曲艺，基本上都只有一个大致的音乐结构，“因字行腔”是中国传统鼓曲音乐最大的特色。换言之，在合乎整体结构的前提下，你完全可以按自己的唱词编排唱腔。

当然，这种音乐不会太细致，但是可控性和可操作性是极强的，无论是自己操三弦伴奏还是请别人伴奏，都非常方便。粗糙一点的话，可以光有个节奏，就像很多用吉他伴奏的人一样；而如果想细致的话，弹三弦的高手完全可以用三根弦儿完成无比繁复、富于感染力的伴奏，甚至模拟人声。

音乐伴奏的问题解决了，最值得谈的问题就在于歌曲本身文本的创作，这也是子弟书、八角鼓等最吸引人和最具历史价值的地方。

就像很多把高雅音乐视为生命的人一样，子弟书在八旗文人或准文人那里，是什么也取代不了的。因为他们不单把演唱子弟书当作消遣，而且把创作子弟书当作表现文才的舞台和肯定自我的方式。在清代，儒学的正统地位依然不可动摇，就学术来说，大兴朴学，真正的文人全部埋头书斋，踏踏实实地去钻古书堆。然而，八旗文人，由于其地位的特殊及与生俱来的特权，很少有人真正有很高深的学问，但是他们也有创作欲望，在子弟书的创作中，他们能感受到自己存在的价值。在诗、文、曲都不可能有什么超越性的创作的当时，他们还是希望有一种足以引为自傲的文学创作，子弟书自身的特点恰恰符合他们的创作需求。他们满怀希望地写下一个又一个经自己的笔和心润色浸染的故事，用自己的词汇和语言风格解读戏曲或小说中既有的情节。用米兰·昆德拉的话说就是“变奏”。虽然子弟书没有“彻底地重写”，但那细致入微的描写，赋予了这些古老的戏文新的生命力。

子弟书的唱词基本为七字句，曲本有仅数十句的短篇，也有中长篇分回目的，一般一段不超过一百句。开始的八句，类似七言律诗，称为“诗篇”，比较文雅，起到一个提纲挈领的作用，末尾大多有两句或两句以上的结语，点明写作的意图、时间等。有的诗篇干脆用原作的诗文加以改动，如《酒楼》的诗篇：

壮怀磊落有谁如，一剑防身且自娱。
整顿乾坤扶危主，扫清宇宙灭胡奴。
怜才邂逅能识李，避祸藏娇早畏卢。
论男儿英雄未趁风云志，空向长安困酒徒。

全文用《长生殿》第十出《疑谶》中郭子仪的上场诗“壮怀磊落有谁知，一剑防身且自随。整顿乾坤济时了，那回方表是男儿”改动而成。诗篇后过，作者（唱者）把听众（读者）带入所要讲的故事中，极尽铺陈描写之能事，尽力使听众（读者）沉溺其中，故事完结之后，忽地跳回到现实当中，再叙述、议论、感叹几句，一笔煞住，余音袅袅。如《蝴蝶梦》的结语：“考正史庄子何尝有此事，这都是梨园演就戏荒唐。借荒唐以荒唐笔写荒唐事，欲唤醒今古荒唐梦一场。”

撰于嘉庆二年（1797年）的《书词绪论》是清代第一部可能也是唯一一部研究子弟书的专著。从这本书或者说这篇长文里我们可以知道，一般子弟书的爱好者，常约朋友一起弹唱——这就相当于我们在周末聚会去唱卡拉OK——唱别人的词的人卖弄嗓音，自己写词的人在文采上各争长短。虽然还没找到可以证明的文献资料，不过照流传至今的八角鼓票房的情况来看，子弟书立书社也是非常可能的。

著名的子弟书作家有罗松窗、韩小窗等。罗松窗是乾隆朝人，一般认为韩小窗是嘉庆时人。如果非要让当代读者有个直接的印象而强作类比的话，这两个人可以算是当年的罗大佑和李宗盛，每个人都有极高的天赋，都留下了不少经典的作品供人传唱。但可惜的是，除了文本的遗产，没有任何资料可以佐证罗松窗、韩小窗二人的演唱水平和器乐水平如何。

清代八旗文人阶层从整体上较之明代的文人阶层是有较大的世俗化的趋势的。子弟书与明清之际的传奇相比，子弟书比传奇俗很多。但子弟书毕竟还是具有“诗形”的，对于子弟书的创作，还是有“辨古、立品、脱俗、传神”等多方面的要求。而咸丰、同治之后，士大夫阶层进一步世俗化，对于表现自己文才的需要减少了很多，对于子弟书的创作是一个致命的打击。同时，可以“神闲气定”地欣赏“词婉韵雅，如乐中琴瑟”的子弟书的人少了，大多数人都去追逐“市井流言恶舌贫嘴”，因此，北京的子弟书在道光之后迅速消亡。而这个时候，一直和子弟书并存的通俗音乐“八角鼓”迅速蹿红，在北京地区的娱乐史上占据了前所未有的地位。

八角鼓是一种打击乐器，直径不足一尺，木制八角形鼓框，单面蒙蟒皮。据说八角鼓来头很大，八角暗示八旗。其双穗，代表左右两翼，或“谷秀双穗”。周围有二十面小铜镲，表示二十四固山（二十四旗的满语）。鼓只是一面有皮，意指内、外蒙古，鼓无柄把，意思是永罢干戈。

这种说法由来已久，直到今天，八角鼓票友们一提到此还津津乐道。给每个零部件都赋予神圣的意义，可见这种乐器应是满族人首创的。

八角鼓又是一大类演唱艺术的总称。它最基本的音乐形式是岔曲。岔曲的来源在文献上的记载很多，都是民国时期的，时代已经相当晚了，最常见的说法是：乾隆年间，阿桂大军征伐大小金川，军中有位叫宝恒、字筱槎的，把当时京师盛行要“高腔”中的脆白演变成一种歌曲，因此岔曲最初叫“脆唱”，后来因创始人是宝筱槎，将其名字讹为“小岔”，称为“岔曲”。这种曲调在军中广为传唱。回朝后乾隆帝命八旗子弟以此腔调排练演唱凯歌，用八角鼓击节伴奏，遂盛行于京中，风靡一时。

这是比较典型的中国式思维方式，一如文字决定于仓颉而医药决定于神农。早期的岔曲，如乾隆六十年（1795年）的俗曲总集《霓裳续谱》中的岔曲，在笔法上继承明代民歌的痕迹非常重，并且多为秦楼楚馆调情之作，丝毫也看不出“马上曲”或“凯歌”的味道。而这些岔曲的曲调体制或者说格律与现传岔曲并不相同，这说明岔曲不是成于一时的。

岔曲和子弟书一样，都是八旗子弟创作的，但岔曲一般都没有几句，以抒情为主，更方便创作演唱。它中间一段间奏称为“过板”，过板前的部分叫“曲头”，过板后的部分叫“曲尾”，基本格式就是这些。简单得无以复加，所以创作量极丰富，现存的岔曲就有一千几百首，比如：

> 怕的是梧桐叶降，怕的是秋景凄凉。怕的是黄花满地桂花香，怕的是碧天云外雁成行。怕的是檐前铁马叮当响，怕的是凄凉人对秋残景况，怕的是凤只鸾孤月照满廊。

这样的作品比比皆是。还有：

> 新年到来，诸事安排。家家贴着门神对子芝麻秸，炮仗纸儿放得满地白。新年新衣添新气，又只见满街上闹闹哄哄、拉拉扯扯把年来拜。发万金吧太爷，不敢太爷，好说太爷，岂敢太爷，太爷新春大喜就大发财。

这种更让人看到康乾盛世的遗风，虽然文字上朴实，但气韵和历史感更强的佳作也不少。

岔曲也同样是用三弦伴奏的。自弹自唱或者请人伴奏皆可，不过到了清代后期，好像喜欢练习三弦的人少了，请别人伴奏的情况越来越多。

旗籍子弟对这种形式几乎进行了不遗余力的支持与推广，连王公大臣、皇帝太后都对此乐而不疲。岔曲比子弟书短小活泼，纯用北京话，甚至比京剧更容易流行。于是，整个清代中后期，北京的八旗子弟几乎没人不会唱两口岔曲；自称“子弟票友”，把去“票房”当上班一样的正事干的大有人在。

请注意，这个“票房”可不是指电影或演出卖票的地方或收得的票款，它是“票友玩乐排演之所”，票友在这里演唱交友，甚至排演外出免费演出的节目。而“票友”是唱八角鼓的人的专门称谓。资料显示，最少在晚清时期，北京八角鼓票房林立，有很多都是王公府第组织的，可见八角鼓票房这种固定时间、固定地点的“卡拉OK聚会”，在当时是多么时兴和火爆。

于是，八角鼓这个词又有了一个含义更为广大的定义：一场说、唱、变、练都有的晚会演出，包括岔曲、戏法、鼓曲、群唱以及后来的相声等很多形式用于这个意义的时候，“八角鼓”也叫“全堂八角鼓”。据说，子弟书也曾是“全堂八角鼓”的演出形式之一，不过这种说法缺乏史料佐证。

当时北京城里有一大批极其乐于进行这种完全免费演出的人——这种演出在他们的嘴里，叫作“走局”。在一般北京人的心中，家里办喜事寿事，如果能请到一台好的“全堂八角鼓”是非常合适且有面子的。按现在的情况，等于你在结婚的时候，找一大群爱好文艺的朋友来演出，平时西装革履，只在练歌房K歌的同事们都郑重其事地上台一显身手，而且明显水平很高。他们不但一分钱都不要，甚至连你的茶水都不喝，以示清高。

不过这种情况最多持续了一百年的时间，到晚清和民国时期，民生凋敝，而且八旗子弟失去了每月固定的钱粮，家道中落的多了起来，有的人去走局时偷偷要钱，更多的人已经失去了每天唱卡拉OK的乐趣，只是日复一日、年复一年地为生计奔波。

《老炮儿》，跟北京无关[①]

一

解放战争时期，歌剧《白毛女》轰动一时，久演不衰，在下连队演出的时候，有个小战士看着舞台上黄世仁欺负喜儿，怒火冲心，抄起旁边的钢枪就要打死他，幸好班长眼疾手快，一把把枪夺下来，这才救了“黄世仁”一命。

这个故事很多资料上都有，大约真的发生过。我们总是说，这是因为这个戏编得好，演员演得好。编剧有在苦难社会中生活的经验，把恶霸地主的凶狠残暴写得淋漓尽致，演员演得也太好了，简直把地主演活了。一味地夸戏好，其实就有意无意地忽视了另一方面：小战士太幼稚。看戏直接看进去了，当真事了。倒真是受了阶级斗争的教育，但是从欣赏艺术这个角度来说，不能不说他心智太不成熟。

看电影《老炮儿》的好多人，都和这个小战士一样，看戏，看进去了。一方面说明戏好，另一方面不说了。

① 本文是作者为电影《老炮儿》写的影评。

二

《老炮儿》里的人，我都不喜欢。

六爷是个流氓，或者叫玩闹。在北京话里玩闹和流氓意思相近，但玩闹比流氓高级得多。而且流氓是贬义，玩闹的贬义色彩就不那么明显。这里边的区别，有点儿像“抢劫的”和“绿林人”的区别。他年轻的时候横过，老了，还要扎挣着横，但已经没了横的资本。他用帮人学会“规矩”来当“横”的心理支撑，在胡同里霸气得很，其实街坊邻居只是给他面子，都让着他。城管真不敢打他？知道他是几年大狱上来的，不想招事儿而已。小偷真觉得不听他的就“出不了这胡同”？同样，不想招事儿而已。

当然，他年轻时的横也不是真横，无非就是在“文革”时和“文革”后敢于打架。虽然影片可能为了审查过关有意无意地回避了“文革”，给出他的英雄事迹就是“1983年他手使一把日本军刀对付十几个人”和“1994年因为打架被判了刑”，其实真要这样，1983年“严打”他就已经进去了，1994年未必出得来。但我们很明白地知道，这影片想表述的是“文革”时期他们这批孩子的“英雄事迹”：敢旷课，敢不上班，敢打架，敢下黑手，有兄弟，一呼百应，后来都成了小流氓儿。注意，流氓加上小字，必须儿化。流氓让人怕，小流氓儿只能让人讨厌和看不起。

当然，等六爷长大一点，就从小流氓儿变成了玩闹，变成了大流氓，因为哥们儿义气或姐们儿交情，或者因为“正义”和“规矩”，敢打更大的架。但社会已经从“文革”的无序转向有序，从半无政府变成了有政府，甚至矫枉过正，出现了“严打”，跳个贴面舞就能判二十年（二十年之后出来，看见满街的歌厅和小发廊直接就疯了），六爷这样的不“进去”是不可能的，甚至被枪毙也不足为奇；但可能事儿没那么大，判了几年就出来了。

他们老了，回忆自己的青春年华，多么热血，多么“精彩”，所以他们看现在平淡的生活无聊，看现在平等的年轻人没规矩，但问题是他们所回忆的，因一时意气或一时义愤就拿管儿叉子把人捅了，把自己的青春送给大狱或直接换个枪子，这样真的好吗？回忆的都是值得珍惜的，但珍惜的是回忆本身，而不应该是那些荒唐的日子。

老炮儿们是鲜活的，甚至有些人是可爱的，但是我们肯定不想生活中真有这么一个几年大狱上来的，满嘴脏话，还以为自己特正义动不动就找事儿的老街坊。

再说说六爷嘴里的“规矩”，盗亦有道，天下最讲究规矩的就是黑帮（相声里的辈分、排字儿，所谓的尊师重道，全是从青洪帮那里继承来的），原因无他：你敢不守规矩，我就敢杀你。

对平民老百姓来说，规矩当然要有，但不能不近人情。对问路的人爱答不理，给脸色看，就是有规矩了？满嘴脏话，但是对长辈不说就是有规矩了？我想起了电影《三毛流浪记》，组织流浪儿童卖报纸、拣烟头的流氓跟三毛要当天的抽头儿，三毛不理解，旁边一个流浪儿伤感地说：“你给他吧，这是规矩。”当然可能有人说，在六爷的规矩里，这就是不规矩，因为不能欺负小孩。但仔细想想，这些江湖上的规矩本质上都有相同之处，就是都要靠打来立。

二十年前，我中学时，去一个同学家，进门先问他爸爸好。后来他跟我说，他爸爸生气了，说我没规矩。我很奇怪，我说，我问他“您好”了。他反问我：“‘您’是谁呀？你不懂叫人呀？”我才明白，光是“您”不成，叔叔是叔叔，大爷是大爷，该叫人得叫人。这确实是北京的老规矩，但是直到现在，我也不认为“您好”比“叔叔好”没规矩。

二十年后，我去天津演出，开车去的，到市里不认识路了，正赶上上下班的高峰，天津的路又窄，我好不容易停在一个路边，摇下右边的窗户，问路边一个修自行车的老人某处怎么走。我叫了三声“大爷”，他都低头修着车，没理我，我以为他耳聋。还是他旁边那个等修车的车主过来问我什么事，我问他某处怎么走，此时那个修车老头用很纯正的天津话冲他喊：“他问道儿连车都不下，你搭理他干吗？”

问路应该下车，没错，就像北京琴书里唱的，古代问路应该下驴。但如果当时下车，后边一会儿就堵死了。在当今这个交通状况下，在充分表达了尊重以后，问路不下车是不是还算不守规矩？

跟城管较劲儿，是六爷在影片开头很光彩的一个片段。但城管给他面子，不是尊重他，只是怕他闹事而已。一个连三百块都拿不出来的本地老炮儿，跟他打回架值当吗？城管扇人耳光不对，扇本地人更不对，如果用六爷他们年轻时的话说，叫纯属没有斗争经验。但六爷出来挡横的方式就真的对吗？六爷借说话打城管队长的脸就真的对吗？如果城管队长因此变脸，谁说也不行，车拉走，人再妨碍执法也报警抓走。六爷又能怎么办？找闷三儿打城管去？

说到闷三儿，“闷三儿”是传统相声里的一个人物，“坛子胡同闷三爷，跟尜尜胡同抽四爷，蛐蛐胡同逮五爷，他们都是把兄弟”。闷三儿可能也符合“蔫人出豹（暴）子”这句北京古语。那一茬的流氓里，混到现在，有的当了老板发了财，有的混到了社会最底层，在“拔份”这个事上，都颓了，只有闷三儿一个人还冲在打架斗殴的第一线，还老进局子，还能一呼百应地叫来数十个可以打架的年轻小伙子……闷三儿确实血心热胆，闷三儿的心里确实住着一个年轻的李逵，但就算在流氓这个群类中，闷三儿也是最不长进的那一批人。

在生活中，因某次机会我和一个所谓“混社会”的人吃饭，我问：“您特能打吧？”人家说：“徐老师，我早不打架了，早不是那岁数了，而且打架有什么用？找人吃顿饭就全解决了。真要狭路相逢赶上事了，也是手下兄弟往上冲。”可见，闷三儿这样的人，在真流氓里，也是不招人待见的那一类。

六爷被人打了，闷三儿带着人冲过去砸修车厂，要打人。六爷赶到拦住。闷三儿哭了，“憋屈啊！”真像要给宋江出气的李逵。问题是生活不是《水浒传》，不憋屈又如何？打架，杀人，然后进局子，判刑？

当然，他是个血性汉子，交朋友用真心，真能替朋友把命扔了。可是大家扪心自问，真有这么个好朋友好兄弟，遇见点什么事，你还没怎么着，他先冲上去，杀七个宰八个的，你自己闹心不闹心？

霞姨算是影片里唯一一点亮色了，虽然在剧情里显得特别不合时宜：六爷想自己解决的时候她老嚷嚷着报警，六爷要举报的时候她又死活拦着。她十六岁就跟玩闹们混在一起，抽烟喝酒，混到四十多岁还很漂亮，自己开个小酒吧，衣食无忧。这样的女人，无论是青年还是中年，对男人都有绝大的魅力。她对六爷真心的好，她早过了迷恋街头霸王的时代了，也因为曾经迷恋街头霸王四十多岁了还单身。她对六爷的感情，与其说是爱情，还不如说是友情或义气。可是谁家要有这么个姊妹或闺女，肯定是老大难吧。

片子里最后来到湖边的老炮儿们都很可爱，虽然都是被骗来的，但既然来了，

“不就是茬架嘛，说什么癌呀？”一个个抡着兵器，拖着残躯，冲向冰湖，也冲向久已忘却的热血青春。三十多年前，他们的青春就是这么火热，三十多年以后，早就冰凉了的老木炭忽然最后冒了点烟，虽然肯定着不起来了，但也让人感动了一把。片子最后，一帮老炮儿像三十年前一样，又从看守所的大门出来了。看着外边的世界，他们乐着，对他们来说，这里边有一种时空交错的甜蜜的荒诞感。

问题是，五六十岁了还去动刀子打群架，谁家老人要这样，子女还不愁死！

总之，《老炮儿》里的人，我都不喜欢。

三

但是我喜欢《老炮儿》这部电影，六爷这种老炮儿和小飞这种小炮儿（没这词，我编的）茬上了，只有一种可能的结局，就是老炮儿的大败。别说一个老炮儿，就是一切平民和他们茬上了，都只可能有这种结局。您以为自己是个炮，跟他们遇见，你才知道，你撑死算个砸炮儿，自己粉身碎骨能有个响动就不错了。码人茬架？笑话。人家理你吗，你找得着人家吗，你打得过人家吗？就算你打得过人家，公安干警同志能让你打？

武松和西门庆斗得了吗？西门庆有钱，能走县官的门路，武松虽然是个都头，哥哥被害死，这个都头什么用都没有，只能斗杀西门庆，然后自己当逃犯远走高飞。

您呢？你斗杀得了西门庆吗？您远走高飞得了吗？

电影里设计了一个“对账单”，这个情节设计说实话有点简单，太巧，也有点不合理。总之吧，因为它，小炮儿才想跟老炮儿玩玩，老炮儿也才有机会按自己的规矩跟小炮儿斗斗。什么是他自己的规矩，又是打群架。

码人，还码得着吗？显然码不着了。借钱都借不着，何况码人啊。

自己也病了，病了不治，老炮儿也有一怕，敢情怕做手术。

但是老炮儿不怕死。老炮儿不是没见过死，他能拦住闷三儿，不让那些兄弟去打架，就是怕“生瓜蛋子没轻没重，真打死人，把他们就裹进来了”。他这个打了一辈子架的人为什么有这种见识？那一定是自己当生瓜蛋子的时候，见过周围的人出过大事，或杀人，或被杀。一辈子就完了。

所以这事不能把这些小孩裹进来，要干，只能咱们自己！

六爷找军大衣，给已故的媳妇上香，把人寿保险的保单给霞姨，带上日本刀，走出门去，这一步步，都是在走向死亡。他又不是没打过架，他知道他很可能回不来。但他还是一步步地去了，这就是感人之处。

这和当年一堆一堆，好几十人好几百人的茬架不一样，那会儿充满兴奋，大家一起哄就去了。他们都把这当成上战场，就算死了，都无上光荣。何况这么多人呢，可能连伤都伤不了。

六爷一个人背着刀骑着自行车赴战时，一定神游到了三四十年前。大街上飞奔的鸵鸟，就是六爷的化身。它不应该处于这个时空，它明明应该飞奔在草原上，在以个体速度为唯一指标的地方，它明明是第一。但是它被带到了城市的铁笼中……终于它又跑起来了，所以六爷非常兴奋，“跑！跑！别让他们抓住你！”

可能吗？

当然，这应该是个暗喻，拍得有点过于明了，观众秒懂了，韵味就少了一点。

六爷死在野湖上，那一地的冰纹，美得钻心彻骨，像个极品的老坑端砚。六爷就像一块墨，磨着自己写下尽量有点尊严的一生，把自己磨完了，就死了。

四

六爷不是不知道自己活得失败，但是他不承认。

只有一次他承认了，跟儿子喝酒骂了起来，儿子说：“我不许你提我妈，你进去了，你知道我们是怎么活下来的吗？”六爷沉默了，说：“难道你还让我给你跪下吗？”

六爷服软的时候，真是让人掉眼泪的时候。

给子女立规矩，首先自己得有规矩，自己满嘴粗口，要求自己的儿子懂得尊重别人，可能吗？

拍这种父子矛盾的题材，冯小刚的这个片段是经典了。在我的评价体系里，上一个母女矛盾的经典也是冯小刚拍的，《唐山大地震》。

妈妈为了救弟弟亲口判处了姐姐的死刑。姐姐活过来以后，不再回家，自己活了三十二年。后来遇见了弟弟，弟弟把她领回家。这段母女相见的戏，怎么拍？母亲不抬头地做着饭，向屋里挥着手："先进屋，先进屋。"女儿进了屋，看见自己的遗像和地震那天晚上自己跟母亲要的西红柿。这时妈妈进门，还是不敢抬头，语气似乎很平静："那什么，我先给你道个歉吧。"就要跪下。

那时候，我在电影院里真是哭得稀里哗啦的。

五

说回开篇提到的《白毛女》，要用钢枪打死黄世仁的小战士一定很热血，很冲动，但是看戏看进去就不好了。恨黄世仁，不能恨《白毛女》这个戏。看《老炮儿》的好多人也很热血，也很冲动，但他们很多都不是小孩了。

有好多人评价，这个世界就是没规矩了，就需要六爷这样的人，这个戏就是教人要有规矩云云。这是太爱六爷以至于爱上这个戏的例子。

也有好多人评价，六爷这样的人才没规矩，当年就是他们破坏了中国的好规矩，才让现在的青年变成了这样，这个戏传达的价值观，我无法理解云云。这是太恨六爷以至于恨上了这个戏的例子。

电影是通过讲故事写人性，写人在各种情况下人性的反应。六爷是主角，但六爷的价值观并不一定是电影要传达的价值观。不会有一个电影导演希望告诉观众只有打群架才是解决事情的终极手段，也不会有一个观众看完电影回家觉得只有满口脏话说话才有气场。主演要"高""大""全"，现在的电影早不那么拍了。所以，说六爷是悲剧英雄和说六爷是失势流氓都太肤浅，看电影不能停留在好人、坏人这个层次上，那样是"见与儿童邻"，就是小孩思维。

这部电影深刻地说明：在当代和谐社会的中国，私下斗殴无法解决任何事情，只有依靠法制才是解决问题的唯一途径。一切为非作歹的官二代、富二代，都要付出相当的代价。

六

写到此处，必须要写到北京了。这是怎么写都会招骂的部分，因为现实生活中矛盾太尖锐。

但我还是要写，因为我太爱我的故乡北京了，我太爱北京文化了。

影片能打动人，是因为叙事好，情节好，人性表现得好。六爷这样的人，北京有，天津有，上海有，广州有，哪里都有。这是一个写老炮儿的电影，不是一个为了描写逝去的北京而拍的电影。虽然导演和主演都是北京人，在电影里加入北京元素，什刹海冰场、大院子弟、胡同酒吧、北京土话……只能看作电影的副产品。

但是有很多观众，尤其是北京孩子，主动把这个副产品放大了，因为虽然只过去了二三十年，他们长大的那个北京城没了，没了的意思就是再也回不来了，所以他们只能抓住一切疯狂回忆。《老炮儿》成了一个爆点，我的朋友圈里有多少北京孩子再次转发北京当年的照片、“文革”的往事。老莫、嗅蜜、茬架、二八钢圈、小混蛋，这些词反复地出现在朋友圈里，虽然他们可能连“小混蛋”要不要加儿化都不知道。

“六爷，宣武没了，都改西城了”，我关注了一下，北京人写的影评、观后感，好多都会写上这句。外地人写的，几乎都没这句。

网上有一个转发量很多的“年度最操心影评”：张学军从北医三院打车回位于后海的家，路过了北四环外的慧忠路隧道，很明显是师傅绕道了。

为什么北京人这么爱转发这条，因为这条可乐，因为这说明我们北京人对北京熟悉。

这种回忆，当然是对现在的情况的无声反抗，现在的情况是什么样不用我多说，就这样还有人嚷嚷“北京是全国人民的北京，让北京土著搬出北京”呢。

还真是，北京人差不多都在五环以外了。

看戏，别看进去。

而且这种北京文化，已经是中华人民共和国成立以后的新北京文化了，当年的旧北京文化已经被破坏了。网上很多“捍卫北京文化”的，捍卫的都是这种新文化。虽然他们生在北京、长在北京，但他们出生的时候北京就没城墙了，他们本身就是旧北京文化被破坏之后的产物，所以才靠变着法儿地骂脏字、说脏话来回帖，可其实也骂不出什么花儿，老是那几个字。

连“老炮儿”这个词都有疑问，有人说：应该是老泡儿，北京周边劳改的地方，一般都在河边。还有一句俏皮话，叫：护城河的王八——老泡儿。

像这样的例子很多，很多标志性的北京词都是20世纪60年代以后才兴起的，明显是新北京文化。比如表示关系好的“瓷器”，老北京人说的是“自己”，“自”念二声，“己”轻读。到了20世纪60年代以后，老人少了，才慢慢变成“瓷器”。再比如“灌肠”，“肠”字轻读，而不是“灌肠儿”，那是医院里干的事，可是现在北京人都念“灌肠儿”。最具北京特色的“哥们儿”，北京的老人都是念“哥儿们”的。

就以骂人而论，旧北京文化讲究的是骂人不带脏字，带出一个脏字来都把自己的身份降低了。2012年，梁思诚故居被“保护性拆除”后，我在台上演出时说：“梁思诚一生都在呼吁保护北京城，现在他的故居都被拆了，拆就拆吧，还保护性拆除？都拆除了还保护啊？对说这样话的人，就应该抢救性地枪毙，治疗性地活埋，以后拦路抢钱的都没罪了，人家是理财性抢劫。”老先生说：“这才是北京的相声，骂人，不带脏字，被骂的人也跟着乐，乐着乐着琢磨过味来，不对啊，这不是说我吗？”

北京话其实也改变很多了，大家听听王世襄先生说话，启功先生说话，再找找老舍先生的录音听听，或者听听侯宝林，听听六爷每次溜冰都听的袁阔成，听听那个时候的北京话，多好听，多温文尔雅。他们是不是满嘴“你丫”“我×”？

电影也没特意全找北京的演员，所以电影里的北京话也不是都那么标准。我没看《老炮儿》之前，发了个微博，说：

> 《老炮儿》还没看，但是得普及一下北京“爷文化”的基本常识：第一，两个字后一个是爷字的，爷字轻读，如“张爷”“六爷”“款爷”，重音在张、六、款字上。第二，三个字最后一个是爷字的，爷字可以不轻读，如“马五爷”“北京爷”。第三，自称爷的，不是耍流氓就是没文化。当然，“大爷”是一个比较特殊的词，因为爷字轻读重读的意思不

一样。北京话里的“爷”轻读的情况特别多，夫妻间都互称“大爷大奶奶”，兄弟间都互称“二爷三爷”，管子侄辈年轻人叫“少爷”的老人也不在少数。爷字轻读之后，就没有谄媚，只有尊重。

看了《老炮儿》以后，果然，听见了好多重音在“爷”上的“六爷”。

六爷儿子跟他爸爸说“宁（您）说的我性（信）了”，冲这舌头就不是亲生的。

这都说明，电影没想完全恢复老北京，人家还得顾着全国的观众呢。

所以，电影里的男女老少骂大街，说的也不是北京。男女老少齐抽烟，说的也不是北京。

控烟协会说这个戏里的人全抽烟，影响烟民形象。这个戏里全都是中国城市最底层的民众和最高层的富二代、官二代，他们不骂街谁骂街？他们不抽烟谁抽烟？

看戏，别看进去。

当然说到骂街不好表现这事呢，文学家艺术家都遇到过。金庸在一个小说的后记里写到，写下层武官说话不好写，怎么写都太文，可是满纸“他妈的”又嫌不雅，最终他的整本小说里也只有有限的几个脏字。表现下层社会，是不是有其他的办法？这事导演、演员得多想想。不是把生活照搬到屏幕上就是艺术了，艺术得加工。《老炮儿》现在这样，我觉得没问题，等以后中国电影分级之后就更没问题，但是，有点偷懒。

北大故人

1997年刚考上北大的时候，我几乎忘形，但刚一到燕园报名，就被拉上了去往昌平园的大公共汽车。据说是为了让刚上北大的文科的像我这样忘形得不知道自己姓什么的高中学生“收收性”。在昌平园第一次开会，新班主任很真诚地说：“上大一的时候，在这个园子里很好，正好可以多看看书。燕园太乱了，你们刚上大学，很有可能把持不住。”当时谁知道上大学是怎么回事？谁又不是抱着一颗拼命学习、玩命充实自己的心上北大的？所以都觉得老师说的话很在理。

我们在昌平园区上课和生活。那是一个硕大无比的园子，内部称为“200号”，位于昌平环岛的西侧，隐身于遥远的农田与树木当中，如果从园区的正门即南门沿着两边是树、中间大概两条车道宽的田间道路——直走，大概走三十分钟能走到一条稍宽的路。再沿着那条路往东走大约二十分钟，大概可以走到昌平环岛，该园区的位置大至如此。毕业二十年后，我们好几百个昌平园同窗再访昌平园，发现园门旁边就是地铁站，假如当年如此……算了，不“假如”了，假如当年如此，估计就不会把我们运过去了，所以一切“假如”都不算数。

园子里的大部分地方是空地或树木或堆放的杂物。教室及图书馆、实验室、机房等地皆处于一座被称为“主楼”的建筑中，后来才听说本来要在园子里盖成“北京大学”四个字的一片楼，也就是说，从飞机上俯视这片建筑，正是“北京大学”这四个字，后来因故停工，只留下了“北”字的左边一半，即我们的主楼。如此可见，这建筑群如果真的建起来，着实硕大无朋。

主楼的四周都是树木，也就是一片一片的小树林，如果往西走，会有一条水泥路通往我们的宿舍，但我们大多愿意走一条树林中的小路，再穿过操场回宿舍。那条小路在密林掩映下蜿蜒前进，路旁不时有倒下的向日葵或老玉米；那操场乃是一个正规的足球场，四边的围墙就是极高的杨树，整个场地上只有两个铁柱焊成的球门，此外尽是荒草。一脚射门之后，得跑出几十米去捡球。在那个场地上踢球，只有甘肃、青海那边来的同学不惮捡球之劳，用他们的话说：这算什么？我们上中学的时候踢球，都得骑着马捡球去。

如果这操场也在密林深处，读者就会把我们的学校当成霍格沃茨魔法学院，不幸的是它的四周都是水泥路。我们的生活也绝不神秘而富于浪漫主义，简单来说吧，就是死板加无聊。

高三的生活刚刚结束，这些脑子木然、只知道背单词的学生又开始了“高四”的生活。白天上课，没课的时候自己自觉去上自习或去踢球，晚上去图书馆看书，看到十点回宿舍熄灯睡觉，日复一日。不是不应该看书，而是那个时候完全不知道该怎么看书，并且完全不知道从各个方面改进自己的思维方式和知识结构——在昌平园几乎连电视机都没有，北京的学生周末还能回家，外地学生只能“进城”，进城也只是买点生活用品而已。

这哪像一个大学生啊，还是学文科的。

当然这是死板如我的生活，也有很少机灵或善于开拓生活层面的同学每天出去，去旁边村子里买东西，和村民交谈，甚至骑自行车去十三陵或十三陵水库，或者自己去荒山上玩——这是二十年后我们交谈才知道的，我们没出过校门，他们对周围的环境、人、事了如指掌。我们说：你们干吗不叫上我们啊？他们说：你们跟我们又不怎么说话。总之，有一部分人的人生注定要比别人精彩。

园区里只有一个小店，我们管它叫“小黑店”，东西又贵又不好。我们的学生电台还曾经在广播里公开指责校园黑店，号召同学们不要在黑店里买东西。在那么大的一片园区里，那个喇叭里传出来的声音是那么的稚嫩和微不足道，恐怕一个高中的广播台都不会那么激昂慷慨。小黑店的那个大妈——估计是和园区有点儿关系的本地农民——踏踏实实地往门口一坐，洗菜。

整整一个大一，鄙同年，即那年北大所有的文科生，妄图谈恋爱的超不过五十人，成功的不超过十对。这帮孩子真是老实，可是连恋爱都不敢谈，还像个大学生吗？

我是直到大一的下半学期，才大着胆子拉着一个漂亮的小班委去小树林里照相，她也满脸绯红地跟着我到处跑；而且我还叫了一个最老实的男生帮我们照，因为怕别人说出去。直到照最后一张的时候，才一咬牙一闭眼，微微搭了一下她的肩。她嗫嚅了几句，跑掉了。我也在满怀欣喜和垂头丧气之间回了宿舍。下午下课，那个女孩在楼道里找到我说，我觉得咱们照的那张照片，不好。我问她，不好怎么办？她想了想说，你把照片毁了吧。我说好，回去我不洗照片就是了。还好那时候没有数码相机，要不这张颇富纪念意义的照片肯定留不到现在。

如果这些老实孩子在昌平园待四年，他们到老都会满怀羞愧地和人谈话，见谁都叫老师，一看见不平事立刻情绪激昂，把图书馆里的书一本一本都看完并忘记……幸好，在大二的时候，为了给下一批“收收性”的学生腾地儿，终于让我们回到了燕园本部。

我们中文1997级文献专业，一共十个人。当初分专业的时候，因为文献专业的课程太过枯燥艰深，名额少，同学选报的人也少，大多数同学报的都是文学和汉语专业，结果要招十个，正好报了十个，都不用调配。中国这些年来最好的女诗人之一的马雁，就在我们专业，我们经常上十个人的小班专业课，所以也就常见。其实她的气质很应该选文学专业的，而她选了文献，或许是因为向往大三实习要去的敦煌。

我依然能记起和她大一时在昌平园刚认识的情形：在远离北京市中心的那片很荒凉的园区，在那幢很干净但没什么人气儿的男生宿舍，我上楼，她下楼，她从楼梯上轻灵地跳下来，故意用浓浓的四川话叫我“老徐”。

现在想来，男生宿舍楼好像确实没什么人气儿。因为大家都没什么东西，甚至连书都买不到。而且一楼是老师办公室之类，常年没人，二楼仅有几间屋住人，整个楼道都很空旷。大批学生住三楼、四楼，白天，都去上课了，也没什么人声。那时候我们还不太敢逃课。

马雁是很少会来男生宿舍的女生之一，她那时很青春，很开朗，也有很浓的文艺气质；个子比我还高些，小尖脸，但一笑脸就像腰果一样圆。她人缘很好，和我们宿舍的人都很说得来；她很爱笑，但往往笑完就要说些很睿智的讽刺之言；她那时也很上进，曾经去竞选昌平园学生会的干部，特地写了演讲稿来我们宿舍请我们听，我们也都给她提修改建议。她文笔极佳，用语又非常生活化，我记得其中一句是“上厕所的时候看到厕所的门全坏了，每个人都装不认识，给我乐的”。我建议她把这句去掉，不雅。她也乐于接受。

我头脑里常有她念这句时的画面，不是因为幻想女厕所的样子，而是因为当时的北京城胡同里，公共厕所都是一排或两排水泥坑位的，一片灰黑色之中，几个方整的长条形深黑色。每个人不但“坦诚相见”，熟人还打招呼，还聊天，甚至隔着中间的墙还和女厕所的熟人插上一两句话。

后来，她落选了。一共三名主席，她总排名在第四位，很可惜。不过她没往心里去，那也确实不是她该走的路，很难想象她当了学生会主席会变成什么样子。

不过也不能妖魔化学生会主席，我们的正选主席也不是满嘴官话的那种学生。他热情开朗，充满活力，好像那个在广播大喇叭里激昂慷慨地声讨小黑店的就是他。后来他也没走仕途，出国很多年，现在开投资公司，热心于同学间的公益，生活自律，坚持健身，一身肌肉，摸来完全不像四十许人。

在昌平，我们唯一的一次全员集体出门活动是秋天的时候，去旁边的山上撸柏树籽。那些山不高，原本都是秃山，大概是三北防护林之类，种了很多柏树，也都还不高，为了让树尽快长大，就得在每年树籽丰茂的时候把树籽全撸下来，随地一扔。我们就当出去玩，非常兴奋。正好中文系大二的师兄们来昌平园看望我们，这是师兄们主动自发地来给我们传道解惑，因为他们也才度过了这一年的生活，知道应该给后来者关怀讲解。他们来得也很不容易，因为无论是谁，到这来都要坐近两个小时的车。我们很亲近他们，也很感激他们。一个师兄听说我们要去撸树籽，就发了一些议论，大意是这些树年年种年年死，就是政绩工程，都是无用功之类，还让我觉得很惭愧，觉得我们还都是高三的学生，就知道傻学傻玩，眼界毫不开阔。

几年以后，这位师兄娶了和我相约照相的那个漂亮的小班委，现在他事业有成，还有娇妻爱子相伴，好不羡煞旁人。“防火防盗防师兄”，诚哉斯言！

还说回马雁，在山上的时候，马雁是短头发，头上围一个手巾，戴着手套，树籽一撸一大把，神气就像20世纪50年代宣传画里的女性农民，除了身体不那么壮实。中午休息的时候，她摘下手巾和手套，拿出一本书来，双腿并拢，坐在山坡上看书，腿细而修长，神情专注，就像20世纪80年代电影里的知识女性。我拿出相机，给她照了一张相。在相片里，在那一片秃山上，她面无表情地看着我，眼中有光，睿智而平静，如果她能永远那么睿智而平静该多好。

或许是她已经去世的缘故，我一想起她，无论是学习还是演讲，无论是劳动还是休息，都是那么诗意化，她诗意地活在自己的生命里。

在昌平园，我们在主楼的一间大教室里，还看了她们剧社演的话剧，讲一个旅行者遇见塌方困在山洞里出不来的故事。她抱着腿缩坐在一块大石头下，讲着不知所谓的未来。好多同学都去看，热烈鼓掌之余，还热烈讨论。在那么简陋的环境下，她们的布景却做得很有意思，而且居然还有灯光设计。

到燕园之后，我们除了上课，其余时间就见得少了。虽然是同班，但我会逃课，她也会逃课，就见得更少了。

大三时我们去敦煌实习，又有了一段时间的相处。那时候去敦煌，要带很多行李，坐一天多的火车。她穿拖地长裙，脚踩拖鞋上火车时的样子，我始终念念不忘。偶尔我翻了翻同学们在沙漠中的合影，看着她那标志性的美丽又带点揶揄的笑，又想起了火车在夜间前行，我们去车厢连接处，看着窗外的黑影在车轮与铁轨的“咔嗒咔嗒”声中飞驰向后，她递给我一支烟，然后打火机一闪，她那张忽然变得过分成熟的脸，在我的回忆中也飞驰向后，却越发清晰。

我其实是到毕业好几年以后，因为工作太累才开始学吸烟的，那支烟早就从我的记忆中掉出去了，我也不知道抽掉没有。

毕业后，她离开了北京，没几年，我们同学、她的闺密结婚，她来当伴娘，在婚礼上匆匆见过一面，之后就是音信杳无。听说她的际遇很不好，也没有联系，也没有准确的信息。但她在新诗圈里声誉日隆，我在偶然之间还能读到一两首她写的诗。在整个社会已经忘了诗歌是什么的时候，她依然是一名优秀的诗人——但上天对待优秀的诗人一向刻薄。

毕业十年的时候，听说她在上海闵行区所住的宾馆里意外辞世，把自己留在了上一个十年。

也许优秀的诗人都是抑郁的。

我们虽然已经不太年轻了，但还远远没到同学聚会时聊“咱们这届剩多少人活着”的时候。得知马雁去世，而且是这么个死法，我有隔世之感，以至于泫然涕下。

听说她这些年过得一直不太好。看到她去世前几个月的照片，已经发福了，也不太像三十岁的人。以她的风度和魅力，其实她活到六十岁也不应该这么显老的。我曾向北大学生呼吁：学弟学妹们，多读一读她的诗吧。她已经复命归真，如果北大人把她忘了，那将是诗歌的遗憾；如果北大人都不读诗了，那将是中国的悲哀。现在想想，这些呼吁也挺幼稚的。

直到现在我都无比热爱足球，这大约也是昌平园的遗风。刚上大学那会儿精力充沛无处释放，宿舍楼与主楼两点一线的生活痕迹使得这精力被压抑得更深，在这种状态下，学习也深入不下去。我每天都去图书馆看书，花半个学期看完了厚厚一本研究《聊斋》的专著，内容是文学分析等，看完之后发现毫无收益。为看书而看书的话，就根本不知道怎样看书了。我们的哲学奇才吴天岳同学每逢聊到昌平园的生活，总想起从燕园“万里迢迢”来上课的哲学系教授开了一黑板的书单，“我去图书馆借，一本都没有！”昌平园的图书馆就是主楼里的几间屋子，哪里能喂得饱后来的学术大拿呢？

然而吴同学还是不怎么运动，打球什么的都与之无缘，不是在宿舍看书就是在主楼看书；而他看书的时候，我多数时间都在操场踢球，看来我这生活压抑导致天天踢球之说也是强为之辞。我们中文系班主任张渭毅老师开班会的时候还说：“大家应该用这些宝贵的时间多看点书，天天搞体育是不行的。”我估计主要是在说我。

昌平的大操场中间全是石子儿和沙子，几乎没软土，更没草，但四周都是百草丰茂。印象最深的是秋风萧瑟之时，早起冲寒去上课，穿过大操场，看到半人多高的野草尽白，大吃一惊，细看时才知道全是白色的冰碎，心想这大概就是所谓的严霜。百草经霜一打，自然命不长久，故“春雨最肥，秋霜最瘦”。城市里的孩子不识五谷，未见严霜，乃是环境使然，倒也不必惭愧。

在那个大操场上，我们上了大学时代的第一堂体育课。大学的文化课与中学有很大的不同，不以考试为目的，教你的是思考方法、学术思维，不用死抱课本，或者根本就没有课本，就是让你多读书。体育课是不是不同，当时我还不知道，颇为期盼。我们分了几个班，足球、篮球、排球等，我当然是选了足球。在城市里上中学，根本没地方踢球。我们上中学时在假期常常翻墙去别的中学的操场（篮球场）踢球，还被看门老头儿一次两次地轰走，我们再翻墙出去——现在总算有了大操场，设施再不好，也要上场疯上一疯。

老师30岁左右，是很厚道、矮墩墩的那种教练的形象，北大的体育老师都有专著出版，讲足球的，还专门有一章写大雨等极端天气时应该怎么踢的内容。他说希望我们像个运动队一样，不管他叫老师，也叫教练，我们当然也很愿意。每次上课教几个基础动作，带球、传球、射门等之后，就分拨儿打比赛，而且是踢大场。有的同学是真有基础，水平够踢个半职业队的。你很难想象居然有人论学习能考上北大，论体育球技又如此出色！其实这样的人在北大很多，音乐、体育、演唱……你不能不觉得真正的好学生哪个方面都好。

我们班有一个女同学的书法，我看她大一时的水平已经不输于一般的书协会员。我这点儿书法本事其实都是后补的，一直到现在还在苦练，上中学的时间全用在学习上还唯恐不够呢。

除了这些天才，足球队大多数学生都像我一样，只是爱好足球，可是没什么机会踢。那是中国职业联赛刚开始的那几年，是足球队员真能成为城市英雄的年代，所以年轻男性几乎没有不热爱足球的。我们都没有什么专业技术，踢大场开大脚根本开不起来，会踢球的同学一下能过好几个。教练再吹停，说说防守的基本方法等，总之就是老师带着大家玩儿。

但是踢大场的体能真得够，得能跑，那会儿年轻，技术不够，但是体力十足，平时文文弱弱的“小眼镜儿”拼斗起来也十分硬朗，汗水流在眼镜上再被风干，眼镜上都是一道一道的。大操场上没草，一遇到大风天气就是一阵黄沙滚滚，一阵风来，顶风方都得转身低头，以免沙子打在脸上生疼；顺风方人马借机从风沙内杀将过去，倒是颇有气势。且风声和奔跑声中，传来“你们太不局气啦”的呐喊，又让人哈哈大笑。

印象最深的是有一次教练吹停了比赛，跟大家说：“咱们会踢球的同学呀，主要在中前场多进攻；不太会踢的同学呢，主要在后场稳固防守。但不是说进攻就没防守的事儿了，也不是防守就没进攻的事儿了。前场的同学，防守的时候，你们得回来！现在我们是，一防守，前场的同学原地不动，跟那儿指挥：‘拦他！贴住！上抢！’一进攻呢，后场同学原地不动，在后场呐喊助威：‘好！过他！好球！’那不行！足球是集体运动。”现在想起来真的是颇有画面感。

我们实验班人太少，体育是和法律系男生一块上的。法律是大系，男生众多。有一个大个儿，我印象很深，因为平时都在一个楼住——我们只有一个宿舍楼，我们都去同一个活动室，就在楼道的尽头。活动室里什么都没有，但是有一个电视机，想看球儿就得自己搬着宿舍的小方凳去排排坐。现在回想起来，一堆20年后的精英们在空旷的活动室里，看着架子上那台十几寸的电视机，或欢呼雀跃，或顿足长叹，也确实有趣。

因为北京人多一点儿，大家似乎就都成了国安的球迷。赶上国安队和天津队的比赛，观众中北京同学和天津同学的关系和表现就比较微妙。那正是联赛初期北京队和天津队结怨的时候，施连志刚刚飞腿踹过高峰，所以同在一个屋里看球的两城的同学，既不好表现得太过对立，那样有损同学感情，又不好表现得太和光同尘，那样显得自己太没立场。

法律系那个大个儿男生就是天津人，叫桑志锟，有一米九多，可以说是又高又壮。四方脸，细眼睛，脸皮微糙，额头有几条横的褶子，他眯眼一笑的时候，眼睛这条线就沉在了褶子那些线里面，不大容易找得到，所以面容非常令人想亲近。虽然他一米九多，但是丝毫不会给人压迫感。而且他脾气极好，带有天津人特有的幽默感，并且多了几分厚道。

我们聊过什么，我都已经忘了，但我们聊天时的状态却一直都在我的脑子里。

后来在足球班，我们常一起踢球。他球踢得确实不错，又是这么大的个儿，自然在后卫线上是中流砥柱。我们都盼着上体育课踢大场，没想到有一天出事儿了。

那天正在比赛，他就在中线附近，我们应该是对立双方，因为我正面向他跑去。我方队员传了一脚球儿，球在空中时，他转身要去追，突然之间面容痛苦，直挺挺地摔在了地上，脸重重地着了地。

我离他只有三五米的距离，离他最近，吓坏了，赶紧跑过去。其他同学也都围了上来，体育老师冲过来把他抱在怀里叫着："大桑！大桑！"桑志锟的脸全磕破了，依然意识不清。体育老师一边招呼我们同学去喊医务室的人，一边自己给他做人工呼吸，但是大桑依然没有反应。医务室就在我们宿舍楼的一层，两位女同志跑来了，拿着一个大约是吸痰器的医疗设备，到场边现拆包装，结果不会用，一位手忙脚乱地看着说明书，自言自语地说："这怎么使啊？"一位给大桑做心肺功能复苏，按他的心脏，也毫无用处。

折腾了二三十分钟，大桑依然躺在冰冷的地上纹丝不动。昌平医院的救护车终于来了，人们用担架把他抬上了救护车，我们都非常揪心，课当然也不上了。回宿舍过了一段时间，有同学传回消息说，大桑在送上救护车的时候，大概就已经不行了，所以到医院没救过来。

同学们大多是第一次见生死，又是青春年少，压抑不住脾气，有的痛哭，有的在大吵大闹，还有的同学去喝酒，痛饮狂歌，深夜还有同学在大操场上凄厉地喊："大桑，你回来吧！"我记不清了，好像在我们楼下还张贴过声讨医务室的檄文。那两位女同志也表现得确实不好，手忙脚乱，根本不知如何处理。但是说实话，现在想来，能发配到昌平园去干活的一定是没资历、没背景又相对年轻的女同志，而且昌平园什么医护条件也没有，大概就是有点普通的药品，遇到这种事情确实也没什么办法。这是事实，不是20年以后的我替她们开脱，也不是替20年前的我道歉。

那天晚上，我在楼下也许说了什么很大声很过激的话，以至于后来实验班班主任彭峰老师找到我说："有人反映，你说了一些很不好的话。"然后又好言劝解了我一番。好在这里荒山野地，远离燕园，假如我是在燕园说了这些，恐怕就不是班主任找了，也许会有一些更严重的后果。

后来在宿舍又听说，当大桑的父母来的时候，传球的同学一下就跪下了，哭着说："我不该传那脚球啊！"这都是当年的往事了，现在想起来依然痛彻心扉。

大桑，应该是先天的心脏病。我当时还很激动地说，应该做解剖，看看到底是什么样的问题！假如是学校医疗室给耽误了，那学校应该负责！还是我们屋比较成熟的同学劝我："如果查出来就是遗传性的，你让他父母多难过？"

对呀，父母养这么大个儿的一个好孩子，而且考上了北大，该多高兴。但在北大上了几个月的学，领回了一具冰冷的尸体，这对任何父母来说都是不可接受的吧。

过了快20年，我们再回昌平园聚会的时候，饭桌上，还有同学说："咱们应该敬一下大桑！"他把年轻的灵魂永远留在了这里。后来我们在同学群里纪念他，还有十几年没联系的法律系同学私下对我说："其实我们一直和大桑的父母有联系，我们全宿舍的人都拜他们做干爹干妈了。几乎每年我们都带他们出去玩一趟。"还给我发来了他们和大桑父母出去玩儿的照片。照片里的男人并不太老，精神很好，也是大个儿、方脸、细眼睛，让我恍惚间觉得，大桑要是活过这二三十年，也是这样子。

这个事情让我非常感动，而且他们完全不愿意让别人知道，并非沽名钓誉。大桑在昌平园只生活了几个月，出事是在上半学期，所以就算感情再好，也无非就是几个月的交情，他的同学能十几年几十年地念着他的父母，颇有古之君子之风。这可算是北大学生的义气！

燕园里最热闹的时候，不是开学迎新，那时候虽然人多，但是有些混乱，新生们也太拘谨；也不是学期中举办各种活动，北大里举办的活动太多了，很少有什么活动能吸引大多数人的目光；更不是考毕放假，那时候考完的回家心切，早早订好回乡的车票，往往上午考完下午就已经在火车上了，没考完的依然如临大敌，一脸严肃地杀奔考场，遇见毕业班的拉着铺盖回家，一个宿舍的兄弟依依不舍地"执手相看泪眼"，不但没有热闹劲，还着实有点伤感。北大校园里最热闹的时候，当数开学半个月到一个半月之时的"社团招新"。

北大因为兼容并包的传统和独立精神的提倡，加上各个意想不到的方面都有特长的学生太多，因而北大的学生社团既多且杂，我上学的时候有八九十个社团，号称“百团大战”。社团的主题无所不有，文学、戏剧、学术、体育、宗教、道德、艺术……几乎是无所不包。因为社团往往是学生的兴趣所在，而且社团中全校各系、各级的学兄学弟都有，传帮带和交流的气氛很浓，学生在社团中的关系往往不像同系同班的关系那么冷冰冰，所以往往对社团的感情，比对本系的感情还深。

我知道很多毕业生，毕业很多年之后都没回系里去看看，但每年还要回自己的社团参加一两回活动，虽然早已新人换旧、物是人非，每次都感慨非常，但依然不离不弃地去寻梦。

所以，每到社团招新的时候，各个社团都拿出看家的本领，八仙过海，各显其能，把给自己的社团多拉进一些新鲜血液当作一件非常重要的事情来做。贴海报、挂横幅、发宣传品、播录音、专人讲解，忙个不亦乐乎。

其中，抢占有利地形是最为关键的。社团招新都在三角地，但三角地实在太小，放不下那么多的桌子，而且哪几天是你们社团招新，哪几天是他们社团招新，要上报团委和学工部待批。于是首先就是发动一切能量，寻找一切在团委和学工部的关系，提前动手，尽量争取提早摆出摊来——对新生来说，如火如荼的社团招新绝对是新鲜、好玩而令人兴奋的，而且往往参加的第一个社团，肯定是他的兴趣所在，因而产生的亲近感和向心力最强。如果摆出来晚了，往往对新生的吸引力就不那么大了，而且新生都加入了一两个社团，即使再看见有想加入的社团，也会因怕杂务太多影响学习而作罢。

除了争取到了前几天摆摊，还要争取每天提早摆出来。三角地就那么几棵树，在空当最大的两棵树中间拉横幅无疑是最显眼的，而且横幅只要拉出来，就说明这几天是归自己所有，因为晚上横幅是不摘的，其他社团想占这个地方是绝无可能的，难不成在其他社团的大横幅下摆自己的摊？所以我在招新的时候，往往会见到来晚了的人一脸沮丧地去找其他地方，然后被随后赶来的社员们痛批。

下课的时间是最宝贵的，这个时候三角地人潮涌动，各个社团都使出十八般武艺，有录音机的放出音乐，口才好的舌灿莲花，有点儿实力的大社团还能拉来点赞助，搞点小礼品什么的，最终的目的就是让新人们在纸上写下自己的年级、宿舍、姓名，然后就是盼着每周社团活动的时候他们都能来。

但也不是所有社团都这么兴盛，把着三角地东边一角的京剧昆曲爱好者协会招新的桌子很小，横幅也很破旧，字也都是别针别上去的。而且社员既少，也不是那么受学生关注，所以有点冷落凄凉。最惨的一次招新，大家都有事，只有社长老哥一个人看摊。那老哥是哲学系的博士，五短身材，穿一件破棉袄，乱蓬蓬的头发，又别扭又很有特色的小胡子，嘴里叼着一根烟卷，往墙角那一蹲……这几乎是北大社团招新以来最经典也最奇特的一个形象。

我与京昆社绝对有前世的缘分，这一点我坚信不疑。1995年，我刚上高中，卫东兄就曾对我说："你考北大吧，我在北大给学生上昆曲京剧的课。"我还记得那是他在我们家逼仄的门厅里几乎是蹲在地上吃饭时说的，我清楚地记得他说话时的情态、语气。那时我还不知道京昆社。

1997年夏天，我已经考上了北大，但还没报到，就与卫东兄到了未名湖的岛亭，第一次看到了京昆社的活动。那是在暑期，同志们在加排《探母》。我见到了刘宇辉老师、魏岩萌姐姐、朱晓鹏哥哥，还有唯一一次见到的景贵飞，当然，那时我还不知道谁是谁，但是对各位的印象极深。魏姐姐高媚的嗓子，景老板沉稳的做派，年轻的琴师，还有一位嘻嘻哈哈学"太后"的刘老师。该排台上的位置了，卫东先生呐喊一声："丫鬟，丫鬟！"从外边叽叽喳喳地跑进来两个小女生站立两厢，其中一个穿一件淡淡的小连衣裙，面容清秀。当时我就想："唉？这小姑娘不错啊。"

后来和学长时建新聊天，谈起那次岛亭之行，时老板说："你是不是在暑期去的？我还看见你了呢，当时我就坐你边上。张先生还介绍你能唱大国舅。"当时我真觉得对不起时老板，因为我光顾着看小姑娘了，真没注意到他。那个小姑娘就是彼时或已卸任的社长刘蓉林，目前在三联工作，虽然已经过去了20多年，依然面容清秀，堪称女神。

随后我又去了昆曲传习社，在曲社又见了"淡淡的小连衣裙"和一位长着丹凤眼的师姐。师姐一听我是中文系的，高兴地说："中文系是咱们京昆社的传统系。"并且谆谆教诲道，"中文系的学生不会逃课就不是好学生。"那是我第一次听到"逃课"这个词，以前在中学时代都说"旷课"。

自那次之后，直到第二年九月，我从昌平园回到燕园，在社团招新时才又一次见到她，她远远地就冲着我笑，第一句话就说："就等你了，你还用签吗？"这就是现在社科院的王艺同志，中文系毕业，考了考古的研究生，又考回中文系做博士，学问、性格都很爽利，堪称侠士。

终于回燕园了，燕园的空气让我陶醉，三角地招新时百团大战、横幅东拉西扯让我兴奋，我觉得这儿是如此的朝气蓬勃。而把着东边一角的京昆社招新的小桌子很小，横幅也很破旧，字也都是别针别上去的——就是这个横幅后来也不见了，还是到两年之后才又做了新的。

我是下午下课回来才路过的三角地，那时人流涌动，所有的人都急急忙忙地往回赶，别的社招新的人也大都撤了，我看见京昆社的横幅下面，还是有好几个人在。除了王艺姐姐的笑脸凸显了出来，我不记得还有谁。

"就等你了，你还用签吗？"

我看见那张招新的纸条上已经颇有一些人了，显然招新成效显著。我为京昆社高兴，或许是因为张先生的缘故，我从一开始就特理所当然地把自己当作京昆社的一员。于是，我写下了自己的姓名。

从2000年开始，大一的新生都直接到燕园来，那也是大家第一次对招新有一点信心。以前每次招十几个，来七八个，最后留下两三个就知足了，还有一个都留不下的。招新第一天晚上我去见丁智勇，他告诉我："我们招了四十多个。"那是一种连自己都不太敢相信的语气。

而且那学期还是请的京剧院的人来教。最后呢，掰着手指头算算，也留下了三四个。

传统艺术也就是这个命运，也别多要，也别少给，就这样了，爱合适不合适。

说有缘者自来，可毕竟还是希望多留下几个。那会儿社里的活动还是尽量迎合新人，让新人觉得有意思、有参与感。记得我刚被招进来的时候，开始还真有不少人跟着卫东先生唱《游园》，唱《弹词》，我也出奇的认真，好像以后我就从来没那么认真过。卫东先生从七点一直带着唱到九点，两个小时唱下来，真是嗓子冒火。

现在想想，我来京昆社那次其实是这几年来京昆社最"危险"的一次。老社员好像只有丁智勇和王汐坚持来，而且也是和众人一起坐唱，再有就是暮气沉沉的欧阳老哥，以至于我一直以为岛亭是一个只供新生学习的地方。后来徐鹏姐姐等“前辈”把自己的事情诸如保研等事忙完了，也开始前来，不过基本上是来了之后径直钻到下半层去唱皮黄。一个裹在红大衣里的长着小小勾鼻子的娇小女生，这是我对她的第一印象；“深闺内端的是玉无瑕”翻着高儿地从下边直冲上来，这是我对她的第二印象。

还有就是王汐，我一直以为他叫王茜，一个面面的帅帅的小男孩，把自己的嗓子装饰起来唱马派。20年后，他成了某银行的中层领导，还是一个面面的帅帅的小男孩，还是热爱京昆。到现在我一直想不起来好朋友丁智勇给我的第一印象是什么，也就是说，我不知道此人是什么时候钻到我脑子里来的。但是孙丹，他后来的媳妇，第一次来我是记得的，一个长脸长腿的女子，坐在椅子上，膝盖并拢，两脚分开，上身坐得笔直，瞪着大眼睛茫然无措地看着四周。她是考古的闫志从“北大话剧队儿”拉来的假模假式学话剧的女同学，谁知道后来她就进了人艺，又成人艺宣传处的处长了呢？

我一直很恼火不参加活动的老社员，尤其是招完新人之后的几次，那样对于留住新人是非常不利的，尽管有不止一个人和我说上了研之后和本科的心态是不一样的。但是直到后来京剧院来人教唱的那个学期——一则我不想学，二则我白天去勤工俭学上班，最早也要七点半才能回来，回来之后看见岛亭里灯火通明，济济一堂，也不好意思再进去——我几乎每次都去，但都是在外边坐着，有时是进去在下边坐着，尤其是丁智勇和王汐没来的时候，一直坐到他们把老师送走，才上来看着他们关窗、关空调、关灯、关门、锁门，那时我才有点明白那些老社员的感觉。我坐在外边，风吹进我的心里，外边很黑暗，里边灯火通明。一大屋子人一齐跟老师唱着《武家坡》，我一个人在外边给他们默默地拍着板。里边的人我几乎都不认识，可我还是非常明确地知道，这儿是属于我的，我也是属于这儿的。

加入京昆社的第一个学期里，我就已经和丁智勇、王汐、时建新等同志出去吃了好几次饭，而且我记得那时好像大家就为着京昆社的未来和演戏的事情有些郁闷。在“小地方”家常菜，我们四五个人围着一个小小的方桌，点六七块钱一个的菜。那时候还没有四环路，北大小南门出去就是军机处胡同，里边胡同纵横，很有几个小饭馆。那些小饭馆的老板没少见北大学生的各种形态。

我记得有一次排完戏，丁智勇、王汐、我三人一直聊到深夜，还不想睡，而且都是为京昆社的将来发愁，为演戏的困难排遣不开。凌晨两点多钟，杀到四十二楼一层，从丁智勇的屋里蹑手蹑脚地拿出三把椅子，坐在那里用一种麻木的清醒郁闷。天很黑，但不是万籁无声，时常有从外边刚回来的人。我们坐的地方正对着夜里还开着的那个门，每次有人一回来，就把门开着不关，于是一阵刺骨的风吹进来，让我们一齐激灵灵地打了个寒战。

在我们这个时代之前，京昆社的人虽然不多，但是大多很内行，唱功也很好，而我们这个时代的社员，大多唱功不佳，半内行居多，“痴迷”的更少。从1999年唱《大登殿》以后，除了徐鹏和刘老师，唱功就指着丁智勇、王汐两人。虽然李响和闫志成长起来了，但毕竟还是差了那么一点，“京昆社四大青衣一人一段大慢板”的时代早已过去了，但长此以往，等丁智勇、王汐一走，没有头牌老生青衣的京昆社如何演戏?

其实到现在，京昆社办得还挺好，还是十佳社团什么的。2011年，京昆社二十年社庆的时候，我们还回去演了一出《凤还巢》。但现在的京昆社大概以欣赏为主，和我们那个时候学戏、排戏、演戏的活动内容是大不相同了。

在我毕业那一年，京昆社排戏的疯狂毫无保留地凸显了出来。三个月排大小七出戏，专业剧团也不过如此。卫东先生顶着大太阳一天一天地往这边跑，角儿们也都置办了自己的行头，每一天都离不开排戏，真够敬业的。

在练功方面，大家可不是这么勤快，比如每天早晨的喊嗓子。早晨去湖心岛喊嗓子是京昆社的光荣传统，就是人一直不多。在很多时候都只有一两个人，好像只是向外界宣告：京昆社在此，京昆社还是有人不睡懒觉的。

有几次卫东先生也来了，那可是地铁只有环线和一号线的时代，他从双井往北大赶，要赶上七点教我们喊嗓子，四点多就得出门。他告诉大家如何喊，如何用气，如何练腰腿，我记得写在他脸上的心气儿和精气神儿是什么样的。当时也还是颇有几个人不睡懒觉的，但一两个学期之后就完了，只剩一两个人。从最早的王汐、田媛天天必到，到只有王汐一人支撑，又到只有李响一人支撑。

丁智勇当社长以后，戴着头牌老生的大帽子，而且还肩负着带师弟师妹们喊的重任，总是说了要来可最后没来。有一次，他和我头天晚上起誓发愿早晨一起去喊嗓子，结果第二天上午快九点的时候，我在学三吃早点时遇见他了，我们二人相视一笑，各自吃饭，并无一言。

当然，我们还是有勤快的地方的，比如说每年年终的吃通宵饭。12月31日晚上，我们在岛亭自做自吃，自娱自乐，我第一次见到了已毕业的同志对京昆社的归属感和拥有感，也第一次见到了午夜未名湖上的狂欢和似乎遥远的钟声。其可笑可谈，可伤可感，有我的《千年元旦通宵记》为证。

当时网络并不发达，只有QQ和树形的论坛。我最早在京昆社的论坛上叫“大宗师”，后来QQ、MSN啊，各种网站上的昵称都改成了别的，四十岁以后又改了回来，以至于现在我翻看当时的帖子、文章，看到叫我名字的，似乎20年并没有过去。

在当年我们自己印制的《北京大学京昆社十周年纪念专刊》里，即将毕业的我写道：

> 枫岛上星星点点，岛亭里影影绰绰，我想这将会是我梦中的常景。我定会常回来，我也能常回来，然而我写此文并非矫情，而是为着难于抑制的伤感。那是很浅很浅的一丝，却缠住了我的心。我就像岛上那棵被藤子死死缠住的树一样，不怕被缠死，只想永远地留在那里。

同一本专刊里，我看到了同级法律系的陈旻倩写的“我的京昆社”，马上就仿佛看见了她高而瘦弱的身体，细眉小眼睛，非常白，非常文静，一笑嘴却很大，很开心。我们刚认识的时候，有一天晚上，我想拉她出来聊天，她在家不在学校，于是约在网上某聊天室聊。我去了一个校外的网吧，上网进聊天室。那时的聊天室就是好多人在一个网页上，一条条地聊，满网页都是往上走的聊天记录，人多的时候走得飞快，一晃就好几屏。谁都不认识谁，想跟谁聊就点谁的名字，有点像现在在微信群里@谁。

那就是那个年代的社交，陈旻倩找了一个没什么人的聊天室，已经在里边等我了。我一去，她还说：“我还以为之前那个‘者黑’是你……”

不知道为什么，这句话，这个ID，我居然记到了现在，无比清晰。

说回“我的京昆社”，有她这篇文章，我就不用再费力写更多的细节了，因为她写得非常好，而且这是当年之文，记叙甚准，可补我之回忆空缺。

第一次知道北大有个京昆社还是在高中，那时班里流传着一本北大的招生简章，于是我充满崇敬与向往地捧读，然后翻到“社团活动”一页，眼前一亮地指着“京剧昆曲爱好者协会”那一行字对我的同桌说：以后考上北大，我一定要参加这个社团。

关于中学时代，特别是那些因无知而豪情万丈的很多情形，我忘记的比记住的多，但不知道为什么，即使在过了这么久以后，我还常常能很清晰地回忆起那一刻的心情。

没想到一转眼我竟可以回顾我的大学生活了。四年里我结交的最好的朋友只来自两个地方：宿舍楼和岛亭。如果说宿舍的编排还有些机缘巧合，结识社里的朋友在我看来则多一点注定的成分，似乎只要能走进北大，我们就一定会或早或晚地走到京昆社这个地方来。尽管相聚的时间不多，社里的朋友却总是使我有投缘的感觉。我常常觉得这不仅仅来自共同的爱好，似乎还来自个性上的某种相似，也许这能够解释为什么岛亭对我来说就像一个实在的“去处”，特别是在现在这样一个到处充满了功利和实用气氛的年代。

给我的文章冠上“我的京昆社”这样一个标题并不是在主张我对京昆社的所有权，京昆社不属于某一个人，相反也许应该说，我属于京昆社。仅仅是当我面对着眼前的一张白纸，尽力搜寻着记忆中的一切细节时，它突然从我的脑海中跳了出来。之所以用这么一个可能有点俗套的标题，是因为当我想象自己用带着些傻气的自豪语气大声读出这五个字时，我对京昆社所怀有的一切感情，它们似乎表达得再贴切不过了。

加入京昆社是在大二那年的春天。那时我大病初愈，少言寡语，看着本应熟悉却陌生的校园，总是无来由地生出种种冷淡和疏离的感觉，一日走过三角地，突然一块歪在角落里的黑板跳入了我的视线：京昆社——这个几乎已经被忘却的名字又重新回到了我的大脑里。那一天我很认真地把黑板上的字从头读到尾，走到黑板的背后，又转回前面，沮丧地发现那上面既没有时间也没有人名，没有地址，没有电话。之后的日子，黑板仍然倒在三角地的角落里，估计只有我每天仍然不甘心地绕着它走来走去。后来我才知道，黑板是社里招新留下来的，我错过了招新，所以只看到了这块没名没姓的黑板。

我找到组织的过程有一阵是被徐亮当成经典戏剧故事传讲的。其实并不曲折——上计算机课的某一天，我发现了北大社团主页，接着发现了社里的主页。踏破铁鞋无觅处，可能是用得太滥的比喻，却极贴切。

我经常觉得应该感谢王汐维护着社里的主页，如果没有这个网页，我也许就不得不把入社时间继续推后。京昆社主页也许看的人不多，我则几乎每次上网都要上去看看，无论更新与否，对我来说，它总是亲切和有趣的。

记得第一次去投靠组织的那天晚上正教《游园》，活动散了，我随着大家送张老师到南门外车站。一路上笛师——我后来知道是时建新——十分热情地向我介绍社里的情况，问我要不要学唱，要不要学乐器等。记得最初的几次活动，总是时建新很健谈地给我讲社里的事情、历史、人物，不仅使我对京昆社增加了很多了解，也帮我缓解了很多生疏的窘迫。那时我已经有很长一段时间没和人交谈过了，张口便怯生生地颠三倒四，心里也很怕被别人发问。和时建新的谈话却让我很放松，因为他大多自己一个人不停地说，并不等我反应，有时别人发问，我张口不及的时候，他还会帮我回答一下，着实帮了我不少的忙。

回忆入社之初，我常常觉得很应该感谢时兄，他自己也许从来没有意识到他的友好对一个尤其胆怯的新来者有莫大的帮助，我却总是记得的。就这样，我毫不迟疑地留了下来。记得那个时候，时兄正是大四的最后几个月，活动结束后的晚上，大家常常被他拉到静园草坪去群聊，徐亮的话最多，我的会话水平也就是从那个时候开始全面恢复的。常常在聊了一阵之后，时兄拿出笛子站起身来走到几步之外，笛音飞起，轻灵如水，夏夜微风习习，灯影闪动，一时四下语寂。

入社参加的第一件大活动是排《大登殿》。北京的九月是一年里最好的时节，天空很蓝，不灼热的阳光里有种淡淡的秋天的味道，周末的早晨沿着六院的围墙朝湖边去，从我身边骑行而过的女生黑发飘逸的背影给我留下了极深刻的印象。记得田媛每一次去岛亭都要先找那把不会夹到她头发的椅子，我则十分乐于被她抢去我座下的椅子。

第一次参与排戏的乐趣是无法言尽的，包括欧阳那总是跪错的左腿和丁智勇总也伸不直的手指。扮成宫女穿上戏装是新奇的经历，我也因为从来都没有被打扮得这么漂亮过而对着镜子吃吃地傻笑了好久，唯一遗憾的是自始都只站在台上看着角儿们的背影。前不久中国京剧院来演过一次《大登殿》，坐在台下的我突然有种极熟悉的感觉，只是看着台上的内侍不如郭晓琪那一次的冷峻，宫女不如田媛的扮相漂亮，小花脸不如徐亮的灵动，代战不如王汐的高贵，王宝钏不如刘老师的有韵味，薛平贵的腔也不如丁智勇的好听了。没了客观标准，也许就因为是第一次经历自己排戏的全过程，那一次的《大登殿》才成了我的偏爱。演出时没亲眼见的是据说极严肃上、下场但自始手脚一顺的欧阳，只在后台听见了观众的笑声，但似乎就是这样才亲切得像是自己的戏。我则从第一次上台开始就热爱上了龙套这个职业，到那年冬天演《打面缸》和《天官赐福》的时候，就几乎已经成了社里的资深龙套。

演出完的第二天是中秋节，满月摇金，湖光塔影的那个晚上，和社友徜徉未名湖畔，六七个人就那样一直沿着湖边的小路走走停停，聊天，讲鬼故事，谈话的内容现在早不记得，只记得好像总有说不完的话。晚上很凉，我还记得丁智勇时不时地打着被田媛称为“马派味道”的喷嚏。后来我们打了大半夜的争上游，不知道是怎么回事，我的牌运特别好，我不常打牌，也从来没什么好手气，后来也再没有那一次的好了。那天晚上，田小姐给我起了个名字叫“小牌仙”，直到现在，我在很多BBS上都还用着。大学生涯中，我的晚归记录99%是和京昆社有关的，和田小姐一起敲楼门的那些记忆中，从来都没有什么不安的心情，好像都是一边聊一边敲，楼长不来就继续聊，很是放肆。

关于冬天的很多回忆都和去戏曲学院学琴有关，经常是在寒风凛冽的周末中午和郭晓琪一起步出里仁街的小胡同。印象最深的一次是等着下午去戏校看昆曲的间隙，在陶然亭公园里悠然散步，一人手里捧一块京糕美滋滋地吃着，险些误了时间，急走到公园门口，远远望见王汐在路口热锅蚂蚁似的张望着左右，便不着急，又放慢了脚步继续吃手里的东西，直看着王汐那困惑的背影转进戏校的门里去，两个人才哈哈大笑起来。那是一些愉快的无忧回忆，如今郭师姐即将远飞异乡，我也将离开学校，唯独记忆历久如新。

断断续续学琴的一年里，我能整段拉下来的只有“为国家那何曾半日闲空”。我一直没有什么长进，社里的老生们倒都早早地学了这段，明为伴奏，实则伴唱。早晨的湖心岛上经常是李响一遍又一遍地忍受着我的琴艺，李响的耐心对我是一种极大的鼓励，常常在我没板的琴声里，他唯一的表示只是挑起眉毛狐疑地看着我的手指，然后抬起手来一边唱一边给我打板。还有时社里的老生依次等候伴唱，丁老板则总是在唱完以后很宽心地对我说“这段不熟，我唱得不好”，然后才给我指出毛病。记得二进宫的二黄慢板只学得了一句，王汐就每次都给我伴唱一句。诸事繁杂之后，学琴就搁置了下来，至今二黄慢板也就那一句，想起王汐当时总是等着想唱下一句的样子，常常觉得对不住他。

应该提到我的室友们。在最初的那些星期三晚上，她们总是用一种难以置信的语气说：“你去京昆社？”渐渐她们开始习以为常地说：“你又要去了呀……”现在的星期三晚上，每当我不急不忙的时候，她们反倒问起我来：“你难道不去京昆社活动吗？”有时我是在羡慕的眼光中推门而出的，虽然我一直觉得幸福这种东西应该来自一个人内心的感受，而不是他人的赞许，但在那一刻还是有几分得意的，忍不住“猛听得金鼓响画角声震”地打起流水板来。

零零碎碎地写到这里，社庆演出也已经结束。在《让成都》的最后一场，后台的工作终于结束，我一个人靠在上场门的大幕边听戏，台下似乎也和丁老板一起入了戏，默不作声，不知为什么我的毕业综合征在这个时候突然发作了起来，耳中听的是戏，心中感慨无数，忽然泪下，回头才看见李响不知什么时候卸了妆也站在那里听着，看他释然愉快的表情，我忙低了头走去。和郭晓琪走在回宿舍的路上，我说这大概是我在学校里做的最后一件有意义的事情了，郭师姐停了一秒说“这大概是我这辈子最后一次上台了”，一时无语。沉重了一下之后，两个人的心情又兴奋了起来，一顿饭都说着演戏的事情。我和郭晓琪同年入社，两年社龄和京昆社的十岁比起来只不过是短短的1/5，但对我来说，这两年充满了许多珍贵的回忆。不记得是哪个名人回忆他的大学生活时说，因为有了美好的回忆才有继续走下去的勇气，在我那些湖光塔影、乐声缭绕的夜晚的回忆，也许真的只有曲中人、戏中人自得其乐、自会其意。

毕业之后各奔东西，她后来又出了国，音信断绝。在2016年建了京昆社的微信群，才又联系上。但毕竟天各一方，而且多年未见，相互加了好友，也没聊过——可能都怕尴尬吧。当年误认“者黑”，现在有了先进的通讯工具，反倒不知道说什么了。

忽然有一天，我看到她在朋友圈发了回国的消息：

今天回北大看望恩师梁根林先生。用恩师一词毫无半点夸张，年纪越大，回想起往事，越是深深地感激梁老师当年给予我的支持。近日和老同学聚会，才得知多数大学同学都不知道我在大一那年得癌症的事情。那年五一放假回家，突然发现患鼻咽癌，已经三期，一时间天翻地覆。暑假里其他同学在军训，我在肿瘤医院做了两个月大剂量放疗。治疗手段全部用尽，医生就把我送出了医院，那时我自己隐隐知道，如果不回学校，不回宿舍，不留在九七级，精神上就难以坚持下去了。那个年代，一个年轻女孩得了癌症，没有留在一种悲剧性的病患角色里，而是回到了现实世界，虽然看起来虚弱无力，但又和常人无异，几乎没有人知道到底应该怎么对待我。除了年纪还小的同学室友，几乎没有人还能把我当一个正常的还有希望的年轻人看待。现在想起来，那时候梁老师也只有三十多岁，他一样不知道应该怎么处理我的状况，他唯一想到的是怎么最大程度地帮助我和保护我，畏惧未知的东西是一种共通的人性，去除人性束缚的是一个人的善良和信念。梁老师是当年唯一支持我回学校上课的长辈，在那个年代，他的考虑是不留档案，由于梁老师支持我试一试，体力可以就继续上学，不行就不勉强，父母才同意我回学校。当时没有人知道我还能不能活下去，还能活多久，连家人都只求生存，不再对未来抱有任何希望了，梁老师把我当成一个有未来的学生看待，仅此一念，就在精神上鼓励我度过了最痛苦和最绝望的时期。大学时期因为各种选课缺考，不停地找梁老师签字盖章，不好办理的事情，有几次是梁老师带着我在行政办公室，我站在他背后，他谦和地给教务老师们赔着笑脸，最后也都办下来了，这些事当年都是不为人知的。一晃毕业都十五年了，这个月出来，飞机上带了一本书，The Power of Kindness，切题。

不但我，她法律系的很多同学都震惊了，都不知道她当年受了那么大的苦，承受了那么大的压力，纷纷给她留言祝福。她又回道：

微信确实神奇，Facebook完全没有微信的力量，说不好是微信功能强大还是文化差异强大。得癌症的故事，早年是我自己隐藏着，二十几岁的时候只想过一个正常人的生活，既不愿意被歧视，也不愿意被特殊优待，宁可承认自己体力、能力都不如别人，也不愿意从此就被贴了标签。那时候如果有癌症病史，都没有资格报考大学的。才大一期末就没有考试，很害怕什么事情都没弄好就被学校劝退了，那时有梁老师在，心里踏实很多。现在想起来，北大的制度真心是自由的，换个学校还真说不好能不能毕业了。最近几年说话口齿不清楚了，也给我一个不再隐藏自己的机会，以后要进儿童医院专门学习给重症儿童和青少年的心理治疗，自己过去的经历是要处理坦然才好去帮助别人的，所以快奔四了要学习敞开自我。谢谢大家的支持和祝福！

我看了，真说不出是个什么滋味。我又看了她的照片，两个孩子非常可爱，她依然白皙瘦弱，且风采依旧。

我偷偷看着她的朋友圈，但她发得也不太多，在群里也不说话，我也不知道怎么跟她说话。

有的时候，不联系，不是不想联系，是真不知道说什么，也不知道怎么说。

此篇《北大故人》，主要是忆北大同窗。写罢之后，再读一遍，我对着电脑木然良久。想总结几句，除了“鸡汤”，我想不出别的词。但他们不需要“鸡汤”，我们也不需要。希望大家都安康幸福，仅此而已。

后记

A F T E R W O R D

故人·北京·生死间

落日故人情。

落日虽然也有温暖，也有一份尚在挣扎的鲜红，但更含有一丝悲凉。

故人本就是跟时间作战的盟友，当你用故人称呼他时，你们都已经一起被时间打败了。

故人是故旧之人，可以存，可以亡。

故人如尚在，若别来三五春，当问故人近况如何？他应被酒消磨，而你则伤心故人去后，冷落新诗。人生战场，有人念，有人忆，有人因你醉，便是三生石上所定的今世盟友。

青云忽得故人书，可令你白日放歌须纵酒；若到江湖夜雨十年灯，便是最难风雨故人来。

灯如豆，酒如水，故人别来鬓成丝。故人非旧容，你更非旧容，和时间的战争，你们打一阵败一阵，败一阵退一阵，但有彼此，就还能重整旗鼓，举杯时，便是突奔猛进。

当故人已逝，他就从和时间作战的战场上撤下来了，回到了大后方的安全高地，远远地注视着你，给你力量，看着你挥舞着长矛，冲向一派虚无。

这场战争，你毫无胜算，但又非打不可。

这本书里写的故人，都是故去的人，都已经撤了，远远相望。

这些故人，都不是功臣名将、大德名贤，若是官修正史，恐怕少有他们的名字。但他们的人生都该写，并不因他们的人生有多精彩，而是因他们的人生都独特。

谁的人生绝对精彩？谁的人生又不独特呢？

并非只有梅花是故人，却是故人磊落似梅花。

这些故人，大多都是我的长辈，极少部分是平辈——以我的岁数，还没到写大量怀念平辈人的文章的时候。

但这些长辈，我都看成老朋友，当年他们也都拿我当个小朋友。忘年之交，其交弥久。

故人生死各千秋，冢已累然，不用赋招魂。

但每每忆及当年，总是不胜今昔之感，以至于喟然长叹。就为这一叹，仍要提笔，写我的感念，写他们的人生，写中国文化里一些重要的东西。

我能感于心的，大概少数读者能感于心；我觉得重要的，大概没几个人觉得重要。但我还是要写，我本以为是自己要写，后来发现，是他们给了我强烈的写作欲望。

故人折简索新诗，安能不写？

若到天涯思故人，京师故人不可见。故人不可见，京师亦不可见，其实京师亦是故人，且是已逝之故人。

不但1949年以前之北平不可见，1949年以后之北京亦不可见，20世纪80年代之北京亦不可见，甚至昨天之北京亦不可见。

山水曾游是故人，生于斯、长于斯的故乡大城又怎能说不是故人？

它早变了。

当然有些事情变得好太多了，也或许有些事情变得不那么好了，总之是变了。变了就是没有了。

我们怀念它，并不是因为它变得好了或变得坏了，更不是因为复古，我们怀念它，仅仅是因为它变了。

它当然会变，人都会变，它怎么不会变？

等闲变却故人心，却道故人心易变。

以其不变者观之，皆造物者之无尽藏也。我是这么安慰我自己的。

所以我写北京故人，写故人，更写北京，北京就是离我最近、感情最深的故人。我拦不住它变，它也拦不住我老。

我寄愁心与明月，故人听我自江湖。

故人已逝，隔绝生死。

说到生死，有个故事。

十四年前，有一晚，我和某才女聊QQ，聊到网上新出现的“作诗机”的事。此是网上的一个软件，她出个上联：挑灯莫语身前事，结果作诗机出来一堆不是人话的七个字，而且全是用“世上”对“身前”的，我也对了一个：

挑灯莫语身前事

盖棺才知世上人

对完之后，我忽然发现，这仿佛是两只鬼在对对联，而且还很沧桑，很慨叹。我当时还说：“鬼联啊鬼联，鬼气森然啊。可以写诗话了，呵呵。”

那几天我一直和某才女比临帖，主要是楷书，兼有行书，话说这一天的夜里，我在QQ上把偶尔临的《曹全碑》给某才女发了过去。某才女说：“啊？改隶书了？你别打击我啊，我可脆弱……别逼我啊……等我写个遗书投缳去……”

于是她就真写了一个，是《卜算子》，道是：

挽万丈青丝，绞白绢一络。结束纤魂束不牢，还做飞花朵。

她发来的是上阕，我正随手写下阕，她自己已经写了出来：

夜下语轻轻，似对阑珊啜。约看流星那日盟，这便消了么？

某才女说："我去寻短见了，顺便找找我唯一一本隶书字帖《乙英碑》小临一下。"但我还是把我的下阕发了过去：

万里去投胎，素衣轻不裹，待到落草睁眼时，别在猪圈卧。

我哈哈大笑，说："我这是猪八戒二次投胎时吟的词。"某才女不干，非要多找几种死法，我也与她凑趣，于是就出现了：

（某才女）

此去狱几重，前路休来问。情似金莲一踏空，项上朱环嫩。

终得舞随风，身手颇沉顿。徒有相思结万千，我舌仍三寸。

（《卜算子》，上吊）

（我）

池内水如冰，游鱼休轻问。湾里舟下寄幽魂，当头垂枝嫩。

不语自无言，欲语常迟顿。惜将光阴还替身，珍重气三寸。

（和《卜算子》，投水）

（某才女）

红舸最难摇，浪朵不堪把。我是瓶中凤尾花，覆在琉璃下。

愿血与溪融，愿骨同沙化。飘到江南六月天，滴滴朝君洒。

（《卜算子》，投水）

斟盏月光凉，掺以情花蜜。怏怏干了这一杯，好捡今宵醉。

对饮两欢欣，共向云乡坠。君在忘川望妾时，妾在红尘尾。

（《卜算子》，服毒）

（我）

漫道蛇头青紫，休提鹤顶朱红，身在奈何桥上听，尽是砒霜命送。

才入口即消魂，方落腹千斤重，寄言儿女莫轻生，恩爱只成一梦。

（《西江月》，服毒）

刀，惊散风流血未凋，抬红腕，恩爱一杯销。

刀，自将碧血染红绡，人世远，窗外雨潇潇。

（《苍梧谣》，割腕，二首）

（某才女）

空镜子分时，彼岸花开后。腕底缠绵挑了缝，再把前缘绣。

血色夜斑斓，记有人红袖。一脉相思一脉寒，不是携君手。

是腕底生花，是袖边团绣。新月掀出冷笑唇，衣角红如垢。

把夜色渲浓，将薄霞凉透。记取冰锋一吻凉，凉到天明后。

（《卜算子》，割腕，二首）

这首词词句绝佳，如“彼岸花开后”的巧妙用典、“一脉相思一脉寒”的情境相融，我绝对是写不出来的。而且我对诗词本来就是二五眼，不过就是凑凑字数，平仄不调，根本没什么格律。不像某才女精于词格，不但文辞美，境界高，而且格律和韵脚都一丝不苟。

我于是自嘲说：“我这都不是平水韵，全是十三辙，我们系的老先生要知道我这么糟蹋诗词准能气死。”

她说：“十三辙才顺嘴儿，你应该弄个小人辰儿什么的，显着死得也欢快。”

于是，我写道：

无端响了丧盆儿，纸一堆儿，任人评说此生得几分儿。

不后悔，不争辩，不择食儿，但凭阎王给我找个门儿。

（《凤栖梧》）

说实话，这小辙的还真不好写，得是成词中固有的带儿音的词。比如，“端脸盆儿”可以带儿音，“迈火盆”就不能带；如果硬拉，为凑辙非把“火盆”说成“火盆儿”，就没意思了。

某才女看了之后，说：“哈哈哈，太可爱了，太可爱了，这应该是一个死亡终结曲哈。我也攒一个去，死得美好点儿。”她写道：

月是蜜糖黄，夜做深蓝久。谁唱玫瑰与百合？我的摇篮旧。

摇到外婆桥，人事飘零后。摆椅悠悠似儿时，缓缓星光扣。

（《卜算子》）

我此刻的心情啊，就像湘云因自己的“寒塘渡鹤影”而逼出了黛玉的“冷月葬花魂”之后的心情一样，没想到又做成了她的一首好词。摇到外婆桥，我的摇篮旧，绝命后再忆出世时，老极人而出稚极语，惨绝，亦清绝。

我们由鬼而人，由人而鬼，真的成了一堆鬼在作诗了。好玩。然后，我去厕所，我坐在马桶上，一按冲水，除了马桶中的水出来了之外，墙上挂的洗澡喷头里也忽然有水流了出来，滴滴答答流了一地。

当时差不多凌晨一点四十。

要是平时，我准吓死了。这会儿正玩得高兴，而且喝了点儿小酒，所以立刻就想到，可能是一开马桶的水，水管往马桶的水箱里注水，使得喷头里的水受压流了出来——虽然以前从来没出过这事儿。不管解释得对不对，我一点儿都不害怕；从厕所回来之后，我还兴冲冲地把这事给某才女讲。

某才女说：“这事真是灵异，你可别吓我，太奇怪了，刚才QQ拼命掉线，自从鬼话开始，网速快得出奇。不过，我刚发现我这签名也够幽冥的。”

我一看她QQ上的签名，也是一首《卜算子》：

剖出一颗心，寸寸为君碧。鞘上雕花二十三，昔我依它睡。

今我剔肝肠，刃冷如冰坠。堕入修罗成火莲。死地即生地。

死地即生地，当年某才女才23岁，就这么通透了。当年的她一定很嘲笑我的幼稚，因为我写死就是写死，而她每个字写的都是爱。当然，也许现在的她也会嘲笑当年的她的幼稚，我不知道。

前几天，我把这些诗词发在了公众号上，本系的老系友们看了，都夸“才女妹妹好文笔”，以至于点赞打赏。某才女也转到了自己的朋友圈，好多人看——她是央美毕业，也有一帮精英学弟。

我说：“学中文的师姐们都夸你写得好呢！”

她说：“学美术的师弟纷纷表示看不懂呀！”

看不懂？不知道是看不懂诗词，还是看不懂生死。

但我们对生死真的应该这么看，唯其如此，才能超脱出小情小境，写好大块文章。

写故人，我写的不是他们，是我自己。

回头却望尘凡处，应记尘凡有故人。

图书在版编目（CIP）数据

北京故人：时光深处的北京文化 / 徐德亮著. —北京：中国工人出版社，2020.11
ISBN 978-7-5008-7524-6

Ⅰ. ①北… Ⅱ. ①徐… Ⅲ. ①曲艺演员–列传–北京 Ⅳ. ①K825.78

中国版本图书馆CIP数据核字（2020）第222411号

北京故人：时光深处的北京文化

出 版 人	王娇萍
责任编辑	周小彦
责任印制	黄　丽
出版发行	中国工人出版社
地　　址	北京市东城区鼓楼外大街45号　邮编：100120
网　　址	http://www.wp-china.com
电　　话	（010）62005043（总编室）
	（010）62005039（印制管理中心）
	（010）62379038（社科文艺分社）
发行热线	（010）62005996　82029051
经　　销	各地书店
印　　刷	三河市国英印务有限公司
开　　本	710毫米×1000毫米　1/16
印　　张	20
字　　数	350千字
版　　次	2021年1月第1版　2024年5月第2次印刷
定　　价	56.00元